JN095976

「無理しない」観光

価値と多様性の再発見

福井一喜
[著]

ミネルヴァ書房

はじめに

二〇二〇年に華々しく開催されるはずだった東京オリンピック・パラリンピックをきっかけに、日本には多くの外国人観光客がやってくると期待され、観光はたいへん盛りあがっていた。だが、期待通りにはいかなかった。パンデミックで世界中の観光がストップし、他方で、感染の危険が残っているのに、経済や政治のために観光が解禁・推進され、観光が非難されることすらあった。

そもそも観光は、観光客が集まりすぎるオーバーツーリズムや、観光公害などの社会問題をつぎつぎに生み出していた。観光客はくるのに地域の経済はなかなか活性化してくれない。地域はそんな「失敗例」にならないように、政府に補助金をもらうための書類作成に追われ、疲れきっている。東京などの大都市では、富裕層の訪日外国人をターゲットにした政策が数多く実行され、不動産価格が高騰し、投資家は多くの富を手にした。都市は金持ちのための空間になりつつある。その一方で、観光産業では非正規雇用化が進み、雇用が悪化している。

「観光立国」や「地方創生」のかけ声のもと、地域の人びとには、観光を活性化させる「自助努力」が求められてきた。だが、それで地域や社会は本当に豊かになったのだろうか。観光の影で、多くの人びとが損しているのではないか。

現代の観光は矛盾に満ちている。

その背景にあるのは、社会そのものの矛盾である。

資本主義やグローバリゼーションの激化、日本経済の悪化、人口減少と地方の衰退、自治体の財政難、超高齢社会、安定雇用の崩壊、新自由主義の徹底と限界――。観光の問題は、矛盾に満ちて無理のある、現代社会の問題と結びついている。

私たちは観光を、社会のあり方とともに問い直さねばならない。現代の観光は、グローバル化と人口減少の時代に、あらゆる地域に自力での経済活性化を求め、東京などの大都市では、ひたすらに投資で利潤を追求する社会状況を象徴している。

ならば、これから私たちは、どんな観光をめざせばよいのだろうか。本書は観光にとどまらず社会を広くとらえ、「無理しない」をテーマに、これからの観光の可能性を考えていく。

本書は、序章、第Ⅰ部（第一―三章）、第Ⅱ部（第四―六章）、終章で構成されている。

序章では、観光をめぐる近年のさまざまな議論や観光政策を踏まえて、議論の構図を整理する。観光の議論にはいくつかの対立があるが、その多くは「観光は経済を活性化する」という前提を共有している。だが、それは本当だろうか。第Ⅰ部では、観光による経済活性化の限界を示していく。

まず第一章で、観光の活性化がどのような格差を、いかに悪化させたのかを明らかにする。第二章では、その格差が、人びとの努力や政策の不足ではなく、観光という経済活動の性質によって必然的に悪化したことを解説する。第三章は、近年期待されている観光のデジタル化が抱える矛盾を論じる。

第Ⅱ部では、観光のさまざまな価値と、それを具現化する方法を論じていく。

第四章は、観光は自治体の財政を改善できるのか、実効性のない観光政策が量産されるのはなぜか、それらの問題にどう向き合えばよいか、といった問いに答えを出す。その上で第五章では、観光のどんな側面を生かせば地域の経済を活性化できるのかを解説し、第六章で、地域の暮らしやすさや文化、国土、環境を守るといった、観光の多様な価値を明確化する。終章では、新型コロナウイルス感染症（C

ＯＶＩＤ－１９）の影響や意味も考えながら、これからの「無理しない」観光の意義を論じよう。

観光は、まだまだ大きな可能性を秘めている。私たちは観光の価値の多様性を尊重すれば、真に豊かな社会をめざせると思う。観光の可能性は、社会の未来にもつながる。矛盾に満ちた観光の、社会の可能性を探っていこう。

「無理しない観光」——価値と多様性の再発見

目次

はじめに

序章　なぜ「みんな幸せ」になれなかったのか
――観光をめぐる理想と現実

1　「観光で日本と地域を再生しよう」

観光こそ、日本の救世主

観光は日本に残された、数少ない成長産業である。日本は地域をあげて、観光による経済発展をめざすべきである。「観光立国」こそ、地域経済の再生、「地方創生」の要である――。よく見られる言説である。政府のステートメントにもある。左は、観光庁の「観光立国推進基本計画」の抜粋である。

この先、人口が減り、少子高齢化が進む中、我が国が目指すべきは交流人口の拡大である。観光産業の裾野は極めて広く、大きな経済波及効果を有する総合産業と言い得るものであり、そのポテンシャルは限りなく大きいと考えられる。このため、観光産業を我が国の基幹産業へと成長させていく。(1)

経済のグローバル化と人口減少は、日本の国力を大きく損なっているとされる。「ものづくり大国・日本」を支えた製造業はグローバルなコストダウン競争にさらされ、工場を発展途上国や新興国に移転させていった。日本から基幹産業と、安定した働き口が失われている。

人口減少はその結果にして原因であり、加速装置である。安定した生活が約束されなくなった日本では少子化が進んだ。人口が少なくなれば日本という「市場」が小さくなり、日本で物を作って売る意味も小さくなる。よって、さらに産業が衰退し、人口も減る。衰退国家の負のスパイラルである。

観光が、そこに一筋の光をもたらす。

人がいないなら、外からきてもらえばいい。ものづくりではなく、人を生かした産業を興せばいい。観光という「稼げる」産業を育てて、地域に雇用の場を確保しよう。観光は、宿泊業や旅行業といった観光産業だけでなく、交通機関や、地域の小売店、飲食店、さらには農業や漁業といった、さまざまな産業に関わる総合産業である。だから、訪日外国人や、東京など大都市からの観光客をたくさん集めれば、地域の経済は活性化できる。

——こうした主張は、政府や自治体の観光政策だけでなく、識者による観光論から人びとのＳＮＳへの書きこみに至るまで、さまざまな場で見られた。

観光は「裾野」が広い

日本はまさしく、「観光立国」の時代に突入していた。

二〇〇七年に観光立国推進基本法が施行され、「観光立国」は、日本の国家戦略とされた。世界的な国際観光の広がりを背景に、訪日外国人を誘致し、お金をつかってもらうために、さまざまな施策が行われてきた。たとえば二〇一五年には、一九七〇年から四十五年ぶりに、訪日外客数が出国日本人数を超えた。(2) それだけ日本が、訪れるに足る、魅力のある国になったとも言えよう。

ある時期には、少なくとも日本の著名な観光地では、訪日外国人と思われる人びとを目にしない日はなかった。どこに行っても、日本という国を、外国人たちが満喫していた。それはそれなりにすばらしい光景だった。

訪日外国人から人気を得たビジネスは、外国人に和服を着せ、人力車に乗ってもらい、日本らしい土産物を買ってもらい……という「伝統的な日本」をアピールするものだけではない。コスプレして東京の都心をカートで走ることが流行ったり、ハートマークが描かれた日本のファッションブランドのTシャツが人気を博したり、あるいは日本のブランドではないはずのナイキやアディダスのスニーカーショップがなぜか人気になったり、スキー場が外国人に運営されるようになったり――。こうしたことも、「観光立国」という政策の影響がいかに広いかを意味していよう。

観光への期待の核にあるのは、そうした、観光の「裾野」の広さである。

観光は、旅行業や宿泊業といった狭い意味での観光産業だけで成り立っているわけではない。観光地に行くには交通機関をつかうし、観光地に着いたら、食事をしたり、おみやげを買ったりする。宿でも夕食が出るが、その食材や調理設備を提供する会社もある。ベッドのシーツはクリーニング会社が、客室や浴場は、清掃業者がきれいにする。マスメディアやSNSは、観光地のプロモーション産業として観光に関わっている。じつに多様な産業が観光を支えている。

それゆえ、ある消費者が観光地に滞在する経済効果は、観光に直接関係するとは限らない「裾野」の、さまざまな産業にも広く波及すると考えられている。観光庁の試算では、観光の経済効果は四・一兆円で、GDPの〇・八%に達するとされた(3)。

国土交通省も、「賑わいの創出、雇用の創出、経済の活性化等観光のもたらすメリットは大きく、観光はまさに『地方創生』の切り札となっている」(4)と、観光の経済的なメリットを強調し、観光へおおいに期待していた。幅広い経済活性化のトリガーになる観光は、地域や日本の救世主とされた。

2 観光で経済を活性化させる方法

観光を活性化させれば、いろいろ再生できます

財政に余裕がなく、また製造業や農林水産業など、いろいろな産業が衰退している地方の地域や行政にとって、観光による経済活性化の可能性は、「裾野」が広いため魅力的である。仮に、ある自治体でさまざまな産業や地域のひとつひとつに補助金や優遇措置などの施策を手あてしたら、どれだけ財源があってもきりがない。しかし観光にしぼって活性化させれば、それを入り口にして自治体のさまざまな産業や地域が再生されるという、魅惑的なストーリーを描ける。

また、もし単純に税金を投入して、農業や製造業、あるいは中心商店街などを再生しようとすれば、有権者から「特別扱いだ」と反発されるおそれがある。たとえば、衰退している中心商店街を税金で再生しようとすれば、ほかの地域の住民から反発が起きかねない。りんご農家を保護すれば、ほかの産業や稲作農家は違和感を持つ。

しかし、これらを観光地化させて、商店街の来訪者数や、りんご狩りの観光農園の売上が、前年比で二〇〇%増加といった「実績」が出れば、補助金として税金を投入する名目が立つ。これだけたくさん

の人がきた、これだけの経済効果があった、だからこの地域や産業は、税金で再生するにふさわしいではないか。そう言えてしまえる。逆に実績が出なければ、スムーズに補助金をカットできる。人気の場所や産業は、税金を集中させ「残すに値する」価値があると評価しやすい。

現代社会は、こうして「客観的な価値」があると言えないものには、税金を出せないような段階にきているのかもしれない。[(5)] いずれにせよ観光による活性化には、特定の部門や地域に税金を出す・出さないの判断を、アリバイ的に正当化できる力がある。「選択と集中」の時代において、観光による経済活性化は、とても理にかなっている。

いろいろ観光産業化してください

観光による地域経済の活性化は、どうすれば達成できるのだろうか。

それを論じた議論は、それこそ山のようにある。観光研究者から企業経営者、コンサルタント、メディア関係者など、かなりさまざまな方面が、活性化の方法を論じてきた。基本的には、地方の地域の住民や行政、企業などに対して、地域の雇用創出や経済成長のために、マーケティングなど企業経営的な方法を導入する「自助努力」が求められる。代表例として、左の提案が挙げられる。

これからの日本で観光が成長エンジンになることは間違いありません。大きな潜在能力がありながらも産業化できていなかった分野も、「観光」という「扇の要」に組み合わせれば、大きな成長が期待できます（中略）。「自然」「文化」そして「スポーツ」という産業化できていなかった分野を「観光」という「扇の要」で結びつけることができ、それによって日本は世界でも稀に見る多様性に富んだ「観光大国」になることができるということなのです（中略）。「やる」という覚悟を決めるか決めないか、それだけなのです。[6]

日本は「観光大国」になるために、国内の自然や文化など、本来は経済的な価値をつけられないものを、観光のための商品として、効率的に稼げる産業にする必要がある。そういう主張ととらえられる。まだ商品化されていないものを、観光のための商品にしてしまえばよい。引用した書籍では、文化財はもはや税金で保護されるべきものではなく、「文化財を単に税金を費やす『研究・教育』の場から、『自ら稼げる観光施設』に生まれ変わらせることで、自分たちで稼いだお金で、施設のメンテナンスや伝統文化の普及などを進めていくのです[7]」と主張される。

自分に必要な金は自分で稼ぐべきだ。それは文化財や自然、スポーツなども例外ではない。みんな「自助努力」すべきだ。努力して成功したものが、金や地位を得るべきである。とても明快である。

努力と工夫で活性化できるのです

観光のもうひとつの経済的性質として、観光は、地域の努力や工夫による活性化の余地が大きいと考えられている。

観光地の経済的価値は、寺や神社、自然環境、その背後にある文化や歴史といった、本来は価値をお金に換算できない財からも成り立っている。こうした財を経済学で「自由財」と呼ぶ。

自由財の経済価値はだれにも決められない。だれにも決められないということは、演出の工夫しだいで、原理的にはいくらでも高められる。

家の裏の森と白神山地の森は、植生などは全然違うかもしれないが、いずれも自由財として見れば、おなじ「森」である。森だが、日本初の世界自然遺産であることや、ブナの原生林が国内最大規模であるといった記号的な価値が、白神山地の経済価値を高めている（写真序－1）。「これはこういうものなのです」という演出やストーリーは、観光地の経済的価値を高めるのである。観光で地域のブランディングが必要とされる根本理由は、ここにある。

これは観光地にとっては、経済発展の希望である。わかりやすい観光資源や、人口や交通条件に恵まれていない地域でも、自分たちの演出の工夫次第でなんとかなる、ということになる。

だが同時にそれは、「自力でなんとかしなければならない」とされてしまう、諸刃の剣でもある。先に引用したように『やる』という覚悟を決めるか決めないか、それだけ[8]」と言われてしまうのは、観光の活性化は「自力でなんとかできてしまう」からでもある。観光の可能性は、逆説的に、地域に「自助努力」を強いることがある。

写真 序－1　白神山地の景観．秋田県の北西部から青森県の南西部にかけて約13万 ha の広大な山地帯．
（出所）©白神山地ビジターセンター　http://www.shirakami-visitor.jp/nyuuzan.html

訪日外国人の富裕層に特化してください

では、観光で経済を活性化する手法はどのようなものか。これもさまざまな主張がある。たとえば、富裕層を中心とした訪日外国人客のさらなる受け入れ、地域運営へのマーケティングやマネジメント手法の導入、それによる場所・地域のブランディング戦略などがある。こうした論者は、たとえばつぎのように述べる。

観光立国が「効果」としてこだわらねばならないのは、「いかにしてお金を落とさせるか」なのです[9]。

地方の旅館には、地域の生活文化のショーケースとなり（中略）インバウンドによる外需を地域経済に循環させる核となることが期待される[10]。

富裕層を他の観光客とは別扱いにし、より積極的に取り入れ、より多くの消費を行わせる政策を推進していくべきである[11]。

提言したいのは東京都内の一部エリアを「英語特区」にするという発想です（中略）。特区内の学校も授業は英語です。百貨店やスーパーの値札もドル建て表示でよいでしょう。特区内のレストランやお寿司屋さんもすべて注文は英語です。銀行も役所も英語が使用言語です[12]。

さすがに「英語特区」は冗談だと思われるが[13]、いずれも現在の日本で進められている、進められようとしている方策である。とりわけ、訪日外国人富裕層の消費を増やそうというのは、観光の性質を考えれば、たしかに合理的である。

もし観光客がくるだけで、一円もお金をつかわなかったら、地域にとっては経済的になんの意味もない。混雑して迷惑だし、道や駅を歩く人が増えればその分、道も駅も劣化する。人がくるだけ経済的に損である。困るのは地域住民である。

したがって観光客の数はできるだけ少ない方がよく、その消費額は多い方がよい。そして日本の人口は減少の一途である。ならば少人数の外国人富裕層を誘致して、その人びとから効率的に多額の観光消費を引き出すべきである。理屈で言えば合理的である。

だが、その理屈が、観光の矛盾も生み出している。そちらも見てみよう。

3　観光へのいらだちとみんなの「自助努力」

エリートとグローバル企業のための観光

観光による経済の活性化は、日本だけの課題ではない。背景にあるのはグローバリゼーションである。いまの世界経済は、あらゆるヒト・モノ・カネが、グローバルに飛びまわっている。国際的エリートは世界の大都市を飛びまわり、物流ネットワークが世界中に物資を流通させ、金融機関はあらゆる場所へ活発に投資する。

あらゆる地域が結びついたいまの世界は、ある意味「フラット」である。世界中を「フラット」に移動できるなら、経済活動を行う地域や場所が、東京だろうが、上海だろうが、ロンドンだろうが、インドのバンガロールだろうが、以前ほどの違いはなくなってきている。それがグローバル資本主義の世界である。世界中で国際観光が盛んなのも、世界が「フラット」になっている証しである。

しかしながら、そこには逆説がある。

地理学者のデヴィッド・ハーヴェイ（一九三五―）によれば、世界は「フラット」になればなるほど、つまり、地域どうし、空間どうしの違いが小さくなればなるほど、より小さな違いが、重要な意味を持ってしまうという。

どこでも仕事できるなら、より仕事しやすい場所を選ぶ。エリート労働者やグローバル企業、国際投資家などは、まさに場所や空間を自由に選べる存在である。自由に選べるならば、より投資効果が高く、より大きな経済利益を生み出せる人気の場所に集まってくる。分散の可能性が再集中をもたらすパラドクスである。

結果として経済活動は、世界的な大都市に激しく集中しつつある。そのため先進各国の政府は、エリート労働者やグローバル企業、国際金融資本などを自国に確保するために、世界中の国々、世界中の都市どうしで争っている。

都市経済論の研究で、一流のクリエイターや科学者、プログラマーといった都市の経済力を左右するようなエリート労働者たちは、娯楽と多様性が豊かな、魅力ある都市に集まる、というものがある[14]。いわゆる「クリエイティブクラス」の理論であるが、これは先進各国の都市政策に大きな影響を与えた。

エリート労働者が集まれば、そこにグローバル企業も国際金融資本も集まってくる。すると、その場所の不動産価格や、その国の株価が上がっていく。そうして高い経済価値を持った場所や空間は、さらなる金融投資や、グローバル企業の集中立地を惹きつける。最終的に、この循環はＧＤＰ（国内総生産）にあらわれる。ＧＤＰが上がれば（減少を押しとどめれば）それは政治指導者の実績となり、支持率にも反映される。

現代の先進国で観光が重要な政治的意味を持つ理由は、ひとつはこの期待にある。世界的な建築家にランドマーク建築を設計させたり、世界的なスポーツイベントや国際芸術祭を開催したり、素敵な最新ハリウッド映画を配給したり（写真序－2）、高級ファッションブランドの店舗を並べたり、大都市から自然豊かな地方に移動できる交通手段を整備したり、観光地を多言語対応させたり……こうしたことが行われるのは、自国や地域が、世界から観光の対象として魅力的だと認められれば、エリート労働者やグローバル資本からの投資が得られ、経済成長や支持率の維持につながるというロジックが成立するからである。

写真 序－2　歌舞伎町の景観．かつての新宿コマ劇場などを再開発して建設された新宿東宝ビルには飲食店，ホテルのほかシネマコンプレックスが入居し，地域の「文化的」な新たなランドマークとなった．
（出所）　筆者撮影

いまや国や大都市の経済力、あるいは株価やＧＤＰなどの数値を維持するためには、観光客から見て魅力的な国や地域でなければならない。そういうことにされていたのが、現代の先進国である。

観光がもたらす気候変動、監視社会化、オーバーツーリズム

こうした観光のあり方には、さまざまな批判がある。たとえば、先の「フラット」化のように、現代社会では人の移動が極度に活発化することになる。

移動の活発化は化石燃料を大量につかうので、気候変動のリスクを加速させる。環境活動家のグレタ・トゥーンベ

リ（二〇〇三―）は、航空機での移動は温室効果ガスを大量に排出するから「恥」だと指弾する。[15]また、移動が活発になるほど、テロやパンデミックの危険も拡大する。[16]すると、国や地域にとって「好ましくない人びと」を入れないために、デジタルな監視社会化も、さらに強まっていく。[17]

日本でも、経済優先の観光に対する違和感や批判は少なくない。左は文化経済学者による批判の一例である。

「いかにして観光客にお金を落とさせるか？」あるいは「観光振興は外国人観光客の懐頼り」という発想に拘泥するような知恵の浅はかさでは、百年先・二十二世紀に生きる子どもたちに対してわがまちや、さらには日本の観光を伝え続けていくことは決してできないのである。[18]

これは先ほど本章で紹介した、訪日外国人客の観光消費を増やそうという活性化論への批判といえる。実際、近年ではそうした経済優先の観光が、オーバーツーリズムや観光公害といった、地域のキャパシティを超えて観光客が訪れることによる社会問題を生じていることも、よく知られている。

オーバーツーリズム研究では、五つのキャパシティ（容量）が問題とされる。概略を紹介しよう。[19]

＊

- 「物理的・空間的容量」――ある空間での適切な活動ができる許容範囲を超え、施設や交通機関などで過剰な混雑が発生する。

- 「生態的・環境的容量」——生態系の破壊や水・電気・ガスなどのインフラ使用量が急増し、ガス管や水道管が劣化したり、電気料金の値上がりなどにつながる。
- 「社会機能的容量」——たとえば、観光産業が集まりすぎて、地域住民や店舗の追い出し、家賃の高騰が起きる。それらは地域の人口減少や、地域への愛着の低下を引き起こす。
- 「心理的容量」——観光客のマナーの悪さや、地域で観光客向けの経済活動ばかりが行われることによって、生活環境から心理的な快適さが失われる。
- 「経済的容量」——観光産業が大幅に発達することで、地域の伝統産業が衰退したり、労働条件の悪い観光産業に地域の雇用が集中してしまう。

＊

これらはかならずしも明確に区別できるとは限らないが、このように観光の副作用は多岐に渡る。観光はさまざまな産業が関わって「裾野」が広いのだから、副作用も大きくなるのは当然であろう。観光による経済の活性化は、逆に経済を衰退させる危険がある。経済を重視しすぎた観光は、短期的には地域を「高級化」して経済効果を生むかもしれないが、中長期的には地域の個性を弱め、生活の質を低下させてしまうと考えられている。観光の逆説である。

ジェントリフィケーションと地域のテーマパーク化

とりわけ近年では、観光の活性化を一因とする「ジェントリフィケーション」も問題視されている。

ジェントリフィケーションとは、地域の「魅力」が高まる→不動産価格や家賃が高騰する→高級マンションや商業施設などに再開発される→地域の店舗や住民が追い出される→地域住民がより「上位」の階級・社会階層に入れかわる、という現象である。もともとロンドンの労働階級と中流階級のあいだで発生した現象だが、似たようなことは日本の都心部でも起きているとされる[20]。

重要なこととして、観光におけるジェントリフィケーションでは、再開発によって、住宅地域がホテルや投資用マンションなどになることも多い。それらに再開発されると「住民」自体が消えてしまう。それは「住民の喪失」であり、「住民層の上昇」である本来のジェントリフィケーションよりも深刻である。東京ディズニーランドに住んでいる人が（おそらく）いないように、これは大げさにいえば、地域のテーマパーク化である。バルセロナやパリでは、こうした「ジェントリフィケーションを超えたなにか」がすでに起きていて、「都市は娯楽と消費の塊、いわば観光版ファストフードになっていく」という[21]。

問題は都市に限ったことではないが、経済の活性化のために、地域が「外からきた人がお金をつかって楽しむ場所」「外から投資をして儲ける場所」に変わっていくのは、観光のひとつの現実である。すると、ここでいくつかの疑問がでてくる。観光で得をしているのは、金持ちの観光客や投資家ではないか。それなら観光客や投資家は、その地域を責任持って守れるのだろうか。震災や豪雨といった災害に襲われたり、高齢化がさらに進んで地域住民の生活が難しくなった時に、どれだけの観光客や投資家が、地域の共助に参加できるのだろうか。地域住民たちはなぜ、オーバーツーリズムなどで損しなければならないのか。地域は、だれのものなのか。これらは、観光による経済活性化をめぐる矛盾である。

だったら観光客ではなく「関係人口」をつれてこよう

観光による経済活性化にさまざまな矛盾があることは、幾重にも論じられてきた。

近年はそれを一因として、もう一方では地方での人口減少を要因として、観光を超えた「関係人口」も注目されている。観光客を意味する「交流人口」が国土交通省のキーワードなのに対して、「関係人口」は人口や地方自治を扱う総務省のイチオシである。左は総務省による説明である。

> 「関係人口」とは、移住した「定住人口」でもなく、観光にきた「交流人口」でもない、地域や地域の人々と多様に関わる人々のことを指します（中略）。地域によっては若者を中心に、変化を生み出す人材が地域に入り始めており、「関係人口」と呼ばれる地域外の人材が地域づくりの担い手となることが期待されています。(22)

長期的な人口減少のなかでは、すべての地域が定住人口を確保するのは難しい。かといって、観光客を集めてもいろいろな問題があるし、観光客では地域の問題を解決する主体にはならない。ならば、地域社会のメンバーになりうる人を、一時的にせよ他の地域からつれてくればよい――。それが「関係人口」論である。

関係人口論では、定住人口は必ずしも多くなくてもよいという考えもある。(23) 定住人口が多いと、それだけ多くの行政サービス＝支出が必要だし、みんなが地域の問題に取り組んでくれるわけでもない。ならば地域にとって有為な人物さえいればよいというのは、発想としては合理的である。また自分が住んでいる地域に限らず、いろいろな地域の問題に主体的に関わっていける社会を作ろうというのは、ある意味で自由で豊かなのかもしれない。

では、関係人口になりうるのはどのような人か。

ある調査では、「地域への関係意欲」が高い人は、地元産品の購入意欲や地元での就業意向、地域の選挙への投票意欲が高く、困窮者への支援意向が強く、学ぶ意欲と多様性の尊重に秀でているという。(24)万能人物である。

たしかに、こうした人物は地域社会の問題解決に欠かせない存在になろう。だが、それゆえに確保も難しい。そのため関係人口論では、科学的なマーケティング手法を応用した地域のアピールや「シティプロモーション」が必要だと主張される。そして関係人口を得るには政策も大事だが、結局は地域住民が主体となるべきで「地域のまとめ役となる人は、そのことを忘れてはいけない(25)」と釘を刺される。

こうした言説において、地域住民はいつも苦労を強いられる側である。地域に大変な「自助努力」が求められるのは、関係人口論でも変わらない。

あるいは、有為な関係人口を得るのは難しいので、地域に深くコミットしてくれなくても、とにかく地域に「関係」してくれる人物を確保するのが重要という見方もある。「ハードルを下げ、人との関わりの回路が広がる。そうやって関わるうちに、中には結果的に、移住して定住するという可能性もあるでしょう(26)」という見解もある。

希望的観測である。科学的なマーケティング手法を導入して地域をアピールする努力の先に「可能性もあるでしょう」では、地域の人びとは、いつ報われるのだろうか。

アートもつかって地域を活性化しよう

他にも、建築やアートを活用した地域の活性化によって、多様な人びとが集まって地域社会の問題を解決できるという論調も少なくない。

こうした議論では、老朽化した公共施設や町並みをアートで美化して、アート活動の拠点とすることで、そこに人びとが集まってにぎわいが生まれ、地域の活気が再生したという事例が、全国からたくさん集められる。アート活動に関わるのは、人びとの生きがいにもなるという。

こうした議論の主張は「アート」という題材の性質上しかたないとはいえ、左のようにえてして希望的で、抽象的である。

> 新たな地域社会のモデルとして、新たな文化・知識・価値を創造しクリエイティブな活動が継続的に起きる地域には人々の注目が集まるようになるだろう。変化は、国ではなく地域から、それも利害や規制など従来のシステムに強く拘束された大都市からではなくクリエイティブな活動が息づく農村など過疎地から起きてくるだろう。地域のイノベーションを主導するのは、アーティストなどの創造的人材である。彼らが集住する地域から次々と地域創生に向けた動きが出てくるのではないか。(27)

希望と期待、あるいは画餅である。

アートを活用した観光まちづくりや地域活性化において、現代の日本で最も成功した事例と思われる「瀬戸内国際芸術祭」についてさえ、こうした議論では、希望的な理解がされている。いわく「瀬戸内の島々が人々の旅行の目的地となることで、交流人口を生み、さらに経済効果が生み出されることが期待されている。こうしたヒト・モノ・カネの流動を生起することで、地域に暮らす人々が誇りと元気を取り戻すことも期待されている。瀬戸内国際芸術祭は回数を重ねるなかで、これを着実に実現しているといってよいだろう」[28]という。重ねがさねの期待である。

現実には、瀬戸内地域における実地調査では、ほかの地域からの移住や起業は、ゼロではないが限定的であることもわかっている。[29]さらに言えば、こうした地域芸術祭は全国で似たようなものが開催されてきたが、意義が疑問視され中止になったものも出てきている。[30]残念ながら当然であろう。

筆者はアートそのものの価値は否定しないし、自身も、地域社会とアートのプロジェクトに関わっている。だがそれゆえに、精神的な価値はべつとしても、十分な交流・関係・定住人口の獲得や経済効果などの現実性には懐疑的にならざるを得ない。

もうこれからは「脱成長」をめざそう

近年のまちづくり論では、これからは「非地位財型幸福」を高めるべきという主張もある。「非地位財型幸福」とはお金やモノ、地位などが手に入る「地位財型幸福」とは異なり、「やってみよう（自己実現と成長）」「ありがとう（つながりと感謝）」「あなたらしく（独立とマイペース）」「なんとかなる（前向きと楽観）」の四つからなるという。[31]それらが大切なのはだれでも知っているが、それでどうやって自活すればよいのだろうか。

あるいは、経済的な豊かさは望めないから「地域を維持できるだけの最小限の豊かさでよい」といった「小さな経済」論や「脱成長」論も散見される。

しかしながら、東京や大都市、あるいは中国やインドなど経済発展している地域が存在している以上、「脱成長」は、そこから置いていかれる「衰退」とイコールである。現状維持を目指すには、経済発展しなければならない。

地域の電気ガス水道といったインフラや自然環境の整備にも、お金が必要である。というか、だからこそ観光で稼ごうというのが観光政策論ではなかったか。

私たちは現実として、経済的な豊かさがなければ生きていけない。地域の維持にも、一定の経済的な豊かさが絶対に必要である。「脱成長」したら、そうした地域で暮らす人びとの生活はどうなるのだろうか。

ものごとには順序がある。もし本当に「脱成長」をめざすなら、前提として少なくとも必要なのは、東京などできわめて強力に稼げる産業を育てることと、そこで稼いだお金を、財源と権限とともに地方に再分配する制度を精緻に設計することである。だが、こうしたやり方は根本的に難しく、多くの矛盾を抱えてもいる。(32)

言うまでもなく、現時点の日本経済が低調で、かつ「東京一極集中」を強めながら地方が衰退しているのは、右の前提が成立していないことを意味している。だから、いまのままで地域が「脱成長」をめざしても、経済的・財政的には「衰退の加速」にしかならず、地域のインフラや自然環境は、物理的に崩壊していく。

お金だけが幸せのすべてではないよ――本当に？

そのほかにも、農村部のコミュニティを生かした「お見合い」や婚活事業を人口減少への対策とする論などもある。

お見合いや婚活で人口減少をカバーできれば苦労はない。人口減少についてはすでに二〇一四年の時点で、合計特殊出生率の維持のためには、当時の政府予算の倍額である一二兆円が必要と計算されている。[33]この巨大問題に、地域での婚活事業は、無意味とは言わないが、どれだけ意味があるのか。

「お見合い」論やアートによる活性化論もそうだが、こうした地方のまちづくり論では、しばしば非・経済的な価値や幸福の大切さなるものが持ち出される。地方では東京や大都市のような経済的な豊かさはないかもしれないが、大都市では得られないような価値や幸せが得られるというのである。

関連して、家族社会学ではつぎのような主張もある。

> 「農山村に雇用の場が少ない」は、よい賃金の雇用（職場）が少ないことで、農山村に賃労働や職場がないことではない（中略）。すなわち、「職場」＝経済的な所得基準から判断された相対的優位な職場が少ないことである。しかし、学校教育（特に高等教育など）を軸とした近代化、産業化政策の長期間の遂行の中で、多くの人々は社会や労働を貨幣経済的価値に偏重した視点から見ている（中略）。現在の日本の社会および政治が、企業経営者の経済至上主義イデオロギーに塗りつぶされようとしている。[34]

農山村には、雇用の場がちゃんとある。ただし賃金はよくない。そうした職を選ばないのは、人びとが「貨幣経済的価値に偏重した視点」を持っているからだ。――これは、それなりに事実であろう。事実だから困る。ではどうすればよいのか。若い世代を中心として、なんらかの方法でみずからの価値観を転換して、賃金のよくない職を選んでほしいということになるのだろうか。

では、どうやって価値観を変えるのか。それも若い世代が自分で変えればいいのか。ならば、仮に若い世代が価値観を変えて、経済的な豊かさを優先しない人生を選んだとして、「非・経済的な豊かさ」が将来にわたって、経済的な豊かさよりも本当に優先して重要なのだと、だれが保証してくれるのだろうか。

折しも金融庁は、老後は二千万円の資産が必要だから、これから国民にはそれぞれ投資するなりしてしっかり蓄財してもらおうという趣旨のレポートを発表し、物議を醸した。(35)筆者が七〇代になる頃の日本を想像すれば、二千万円「程度」の資産で安心して老後生活ができるとは思えないのだが、「非・経済的に豊か」な地域に移住したとして、この二千万円はどうすればよいのか。地方の地域ではそれも要らないのだろうか。

あるいは、若くしてそれくらいのお金はとっくに用意している「稼ぐ力」のある人だけが、関係人口として地域で活躍すればよいのだろうか。そうかもしれない。「お荷物」な定住者は不要とし、地域に役立つ有為の人物を欲しがる関係人口論が到達するのは、その結論である。

現代のふつうの若い世代にとって、最大の経済リスクは老後の資金である。しかもこれは中産階級の崩壊が進んでいる先進各国では共通の問題である。もう稼ぎきった高齢者ならともかく、日本の経済や地域社会を担っていく、これからお金が必要な若い世代にとって、こうした主張ははたしてどれだけ受け入れられるのだろうか。受け入れてしまって、安全なのだろうか。

お金はないから努力と工夫でなんとかしよう

筆者は、ここまでに紹介してきた考え方を否定しているわけではない。「非・経済的な豊かさ」論も含めて、それを望む人もいるし、また本章で紹介してきた事業は、それぞれの地域や人びとにとっては重要な意味があり、それで救われる人びとがいる。それは厳然たる事実だし、そうしたローカルな実践に向き合う人びとに、筆者もフィールドワークをやってきた人間として敬意を抱いている。またそれぞれの論者もまた、筆者と同様あるいはそれ以上の敬意を持っていることも、想像できているつもりである。

だが、こうした敬意の一方でどうしても拭い去れないのが、問題の巨大さに対して、それぞれの解決策があまりにもミクロではないかという疑問である。

観光をめぐる地域活性化の方法論は結局、関係人口論を含めて、グローバル化や大都市への経済活動や人口の過集中、基幹産業の衰退、長期的な人口減少と超高齢社会化といった、先進国に共通の巨大な構造的問題に対して、個々の地域の人びとのささやかな努力と工夫で、ある程度の対応ができているとか、対応できるかもしれない、という話ではないだろうか。

根本的な問題はスルーされた上で、表面的な対応が繰りかえされている。そして根本的な問題が解決されないので、地域の人びとは表面的な対応をさらに繰りかえし、「自助努力」で疲弊してゆく。

こうした日本の「観光戦略」論のなかに、とても象徴的な一節がある。

地域には資本金はないが、近隣の地域とつながることが力になり、行政を動かすことも可能になる。さらには同じ志をもつほかの地域とつながることによって、全国的な動きやトレンドを作り出

すこともできるだろう。(36)

そう、お金はないのである。お金はないけど、地域の人びとがなんらかの方法でがんばっていれば、いつかいいことが起きる「だろう」というのが、いまの「観光戦略」論である。

4 「無理しない」観光論

混迷する観光論

観光をめぐる議論は混迷している。混迷を再確認する作業だが、ここまでの論理を整理しよう。

＊

①観光は日本や地域を再生する救世主である。観光する場所として魅力のある国や大都市には、エリート労働者やグローバル企業や国際投資家も集まるので、経済成長も期待できる。日本は政府や民間をあげて、さらなる「観光立国」に取り組まねばならない。

②観光による経済活性化のためには、あらゆるものを観光の材料にすればよい。文化財や自然環境などをビジネス感覚で活用して、富裕層など国内外の観光客を集め、効率よくお金をつかわせるのである。そのために地域の人びとはますます「自助努力」すべきだ。それができない地域や施設は税金で保護すべきではない。

③観光による経済活性化には弊害も多い。すでにオーバーツーリズムや「ジェントリフィケーションを超えたなにか」が問題になっている。また、経済のために文化や自然、地域を商品化して本当によいのか。長い目で見れば、観光による経済活性化も社会問題を引き起こす。

④観光による経済活性化には副作用もある。ならば観光だけでなく、アートなども活用しながら、地域の問題にコミットしてくれる「関係人口」を集めるべきだ。外部の人材と地域住民が協力して「自助努力」すれば、問題が解決できるかもしれない。地方の地域には人びととのふれあいや豊かな自然、やりがいなど、お金にはかえられない「非・経済的な豊かさ」もある。

＊

難しいのは、右の①から④のどれも、それなりに正しいということである。

たしかに、人口減少とグローバル化のなかで観光が経済的に注目されているのは事実である。そして実際、あらゆるものを観光資源化することが、観光による経済活性化の有力な方法だろう。だが、それは重大な社会問題を引き起こしかねない。ならば関係人口を集めるのも手である。べつに「非・経済的な豊かさ」そのものが無価値なわけでもない。

地方都市や農山漁村の住民や観光産業の人びとからすれば、観光による地域の再生は、自分の生活がかかった喫緊の課題である。悠長なことは言っていられず、観光による経済活性化を追求せざるを得ない。それは関係人口を求める地域社会も同様である。この状況は、観光のリスクを問題視し観光を批判する者からすれば不服であろうが、経済活性化をめざす側からは、そうした批判者たちは現実が見えていないと非難されるかもしれない。

この議論の出口は、どうすれば見つかるだろうか。

結局これは、観光が生じる経済効果と社会的リスクとのトレードオフの議論になっている。観光は大きな経済効果を生むかもしれない。だからそれを達成すべきだ。いや、そこにはリスクもあるから慎重になるべきだ。二者択一の議論だから、一致した結論が得られない。

だれのための観光？

だが、そもそも観光は、本当に大きな経済効果を生じるのだろうか。

観光に力を入れれば、だれでも、どの地域でも、「自助努力」しだいで、経済を活性化できるのだろうか。たとえばオーバーツーリズムを問題視する議論など、観光への批判論においてすら、観光は短期的には地域の経済を活性化すると考えられている。だが、それは本当なのだろうか。

べつの言い方をしよう。もし観光で経済が活性化するなら、その利益を得るのは、どのような地域の、どのような人びとか。

これは、観光をめぐるトレードオフの、さらに根底にある問題である。そもそも観光がトリガーになって多くの地域の経済を活性化しないなら、わざわざリスクを負って観光発展をめざす意味は小さい。

この問題を検討するには、観光を突き離して考える必要がある。「どうすれば観光で経済を活性化できるか」とか「観光の経済効果はどれくらいあるか」といった、「観光」だけを論究する視点を、超えていかねばならない。

観光や観光地はそれだけで成立するわけではなく、ほかのさまざまな産業や地域との関係のなかで存在している。また観光には、製造業などとは違う、観光ならではの経済的な性質がある。だから観光のことは、観光だけ見つめていてもわからないのである。必要なのは、社会を広くとらえ、そのなかに観光を位置づける視点である。

したがって本書において筆者は、観光の世界の外側に立って、観光とほかの産業——農林水産業や製造業やサービス業一般など——との関係や、地域どうしのつながりを総合的に理解する、広い視野を持って考える。そして海外を含めた、さまざまな地域や空間、産業や経済活動の総体的なシステムのなかで、観光は、どのような地域のだれを経済的に豊かにするのか、真に社会を豊かにする観光とはどのようなもので、いかにめざせばよいかという、個々の地域を超えた一般的なセオリーを導き出す。

すこし話を先取りしておこう。右の視点に立って、観光による経済活性化の状況を統計的に分析すると、雇用が増えたり経済成長したのは東京などの大都市圏や大都市ばかりである。そして、不安定な非正規労働者が増えている。それは観光客や観光消費額が大幅に増えた地域でもおなじである。

その原因は、地域の努力不足や富裕層獲得の不徹底ではなく、「観光」という経済活動が持つ、いくつかの原理的な性格にある。だからどれだけ努力しても、オーバーツーリズムや観光公害をクリアーしても、アートを活用したり関係人口を獲得しても、観光による経済活性化は、より恵まれた一部の地域や人びとに集中的に利益をもたらす。観光は経済を活性化するどころか、さまざまな格差を悪化させてしまう。

「無理しない」観光論

本書で論じようとするのは、いわば「無理しない」観光論である。

観光で経済の活性化をめざすのは、格差の悪化など、いろいろな「無理」がある。だからといって、「幸せ」や「やりがい」のような抽象的な「非・経済的な豊かさ」ばかりを追求しようというのも「無理」があると思われる。現実として、社会のさまざまな部分で、観光による経済の活性化が重要視され、進められてきたからである。また「非・経済的な豊かさ」だけでは地域は成立できない。

だから筆者は、観光を大切にすると、経済以外にどんなメリットがあるのか、どんな価値が私たちの生活にプラスされ、社会を豊かにするのかを、できるだけ現実的に、具体的に示していきたい。また観光産業化や観光消費ではない、観光のどんな側面を生かすと経済の活性化につながるのかも示そう。

本書の論考は、筆者が専門とする「地理学」の考え方に基づいている。(37)

地理学は、地域差を考える学問である。

人間の活動はみな、どこかの地域のなかで起きている。どの地域にも、それぞれの地理的環境——自然環境や経済状況、ほかの地域との位置関係など——がある。人間の活動はそうした環境からある程度まで束縛されるため、かならず地域差を生じる。では、いかなる地域差が、どのように生じるのか。こうした観点から世界を理解していき、地域差が生み出す、地域の多様性を尊重するのが地理学の思想である。

観光も、かならずどこかの「地域」で行われる。だから観光は、地域差や環境からの束縛と不可分である。観光を理解するのに地理学の視点は有用である。

注

（1）観光庁「観光立国推進基本計画」二頁。

（2）日本政府観光局（ＪＮＴＯ）プレスリリース「二〇一五年　過去最高の一九七三万七千人‼四五年ぶりに訪日外客数と出国日本人数が逆転」。

（3）観光庁「旅行・観光産業の経済効果に関する調査研究（二〇一七年版）」による。なお同調査は、観光産業自体の生産や付加価値に加え、経済波及効果として、①原材料の仕入れや営業・一般管理費の中間投入、②それらにより生じる雇用者所得による家計消費、③それがもたらす他産業の生産誘発までの、「生産→所得→消費→生産という一巡」を含めて計算している。だがこうした計算の仕方には、いくつかの問題点がある。第一部で解説する。

（4）国土交通省「持続可能な観光政策のあり方に関する調査研究」一頁。

（5）本当は、それをなんとかするのがすぐれた政治指導者だろう。この問題は第四章で論じられる。

（6）アトキンソン（二〇一七）三一二—三一三頁。

（7）アトキンソン前掲、二九七—二九八頁。

（8）アトキンソン前掲、三一三頁。

（9）アトキンソン（二〇一五）一五四頁。

（10）矢ケ崎（二〇一五）三四頁。

（11）戸崎（二〇一九）七三頁。

（12）牧野（二〇一五）二二六—二二七頁。

（13）不思議なのだが、なぜ「中国語特区」ではないのだろうか。それも作ればよいのだろうか。「アラビア語特区」はどうだろうか。話者人口や経済力で考えれば無視できまい。最大限に譲歩して外国語特区を作る発想を認めるとしても、「英語特区」を自明とするのは、地理学者である筆者には理解不能である。

（14）フロリダ（二〇〇八）など。彼の研究は有名だが、批判も多かった。

（15）ＮＨＫ「ヨーロッパで広がる〝飛び恥〟」https://www.nhk.or.jp/gendai/comment/0008/topic013.html　二

〇二一年八月二一日アクセス。

(16) アーリ（二〇一五）はこの問題をめぐる議論を展開している。

(17) 代表的な論者である社会学者のデイヴィッド・ライアン（一九四八―）らは、つぎのように述べる。「多くの国の人々が監視のもたらす影響に気づくようになっています。ロンドンやニューヨークだけでなく、ニューデリーや上海やリオデジャネイロでも、監視カメラは公共の場のおなじみの風景になっています。二一世紀に入ってからは、どの空港にいる旅行者も、パスポート検査に加えて、九・一一以降急増したボディ・スキャナーや生体認証チェックなどの新たな監視をくぐらなければならなくなっています」（ライアン・バウマン二〇一三、一二頁）。なお彼らは、こうした監視の技術が広がっていること自体を問題視しているのではない。その事実を社会が受け入れつつあることをどう解釈すればよいのか、ということを問題としているのが興味深い。

(18) 井口（二〇一八）八頁。

(19) ここで紹介する分類と説明は阿部（二〇二〇）による。

(20) イギリスの「中流階級」は日本の「中流階級」と意味が異なる。日本の「中流階級」は「ふつうの人たち」というニュアンスになろうが、イギリスの中流階級は明確に社会のエリート層である。イギリスをはじめとした西欧・北米諸国ほどに階級・社会階層がはっきりしているとは言いにくい日本で、本来の意味でのジェントリフィケーションが発生しているのかは微妙な問題である。また誤解されがちだが、地域住民が排除されるだけではジェントリフィケーションではない。

(21) ＡＦＰ通信「都市から住民が消える、バルセロナが鳴らす警鐘」https://www.afpbb.com/articles/-/3134779　二〇二一年八月二一日アクセス。

(22) 総務省　関係人口ポータルサイト「関係人口とは」https://www.soumu.go.jp/kankeijinkou/about/index.html　二〇二一年八月二一日アクセス。

(23) 河合（二〇二〇）。

(24) 河合前掲、一一八―一三四頁。

(25) 村山（二〇二〇）二八一頁。

(26) 田中（二〇二〇）六〇―六二頁。
(27) 野田（二〇二〇）六三頁。なお、「利害や規制など従来のシステムに強く拘束」されているのは大都市だけでなく、過疎化した農村もおなじである。こうした都市中心的な理解は、農村に根づいた「従来のシステム」の意義の軽視に繋がりかねない。
(28) 山田（二〇一九）一六三頁。
(29) カロリン・大塚・張（二〇一三）。
(30) 美術手帖「茨城県北芸術祭が開催中止へ。「真に効果的であったか曖昧」」https://bijutsutecho.com/magazine/news/headline/19511 二〇二一年八月二一日アクセス。
(31) 筧（二〇一五）一七九頁。
(32) あるいは、地方の地域は東京や大都市の経済力に依存せず、その地域が独立して維持できる「小さな経済」を自分たちで育てればよい、といった見方も散見される。だがこれも、ほとんどの地域でほぼ実現困難である。本書ではわざわざその理由を直接説明はしないが、第二章や第四章はそれを包括する議論になっていると思う。
(33) 「五〇年後の日本、最先進国へ改革集中を、人口維持に支援倍増」、『日本経済新聞』二〇一四年一一月二一日。
(34) 徳野（二〇一五）二五頁。
(35) 金融庁「金融審議会　市場ワーキング・グループ報告書「高齢社会における資産形成・管理」」、および「「老後2000万円」金融庁撤回へ、年金、将来不安根強く、制度改革が急務。」、『日本経済新聞』二〇一九年六月一二日。
(36) 橋本（二〇一九）一―二頁。
(37) 地理学に詳しい読者は、本書は観光を論じるので、その学術的方法論は「観光地理学」だと思うかもしれないが、そうではない。本書は狭義の観光地理学に縛られず、あくまでもジェネラルな「地理学」の考え方で、観光や、その周辺のさまざまな事柄を広くとらえて、結びつけていく。その方が社会に埋めこまれた観光のすがたを明らかにできるからである。

第Ⅰ部　観光で稼ぐのは難しい——観光による経済成長の限界

第一章　高級ホテルの従業員は高級ホテルに泊まれる？

――観光する人／される人に生じる格差

1　買う者と買われる者の格差

高級ホテルに泊まれますか？

私の教え子が、ある有名ホテル会社で働いている。スペイン語が話せるおもしろい学生だった。あいにく社名は出せないのだが、[1]「日本的」でモダンな建築やサービス、その演出で知られる高級ホテルチェーンである。

筆者にとってもあこがれの宿だが、高い。東京の大手町にある宿の場合、最も安く基本的な客室・プランで、二名一泊で九万円以上する。食事は別途、併設のレストランで「季節の夕食」に三万六千円かかる（二名分・サービス料一〇％別）。一泊で一二万円以上。無理。私はこのホテルの想定顧客ではない。

教え子の彼が元気かどうかはＬＩＮＥで聞かないとわからないが、給与は検索すればわかる。二〇二二年卒の場合、大卒初任給は二一万と四千八百円である。ほかに、賞与が年に二回あり、年一回の昇給もある。[2]

悪くない待遇だと思う。だがこの高級ホテルに泊まれるレベルの給与水準かというと、やや疑問である。少なくとも、気軽には泊まれなかろう。年一回の昇給が相当なものでなければ厳しいだろう（社員割引で泊まれるだろうか）[3]。

この会社を批判したいわけではない。というか観光産業の待遇としては、だいぶ良い方だと思う。有名ホテルの待遇を調べれば、おなじような企業や、もっと厳しいところはいくらでもある。

しかしながら、もし観光で経済を活性化できるというなら、観光の経済効果が大きいというなら、近年の日本で最も成功していると言ってよいだろうこの会社の給与水準は、もっと高いはずではないだろうか。

この会社の「おもてなし」のサービス品質はすぐれているし、施設の建築デザインや景観なども高く評価されている。ただこの会社に限らず、高品質な観光サービスを享受できるのは、従業員（や筆者）のような人びとではなく、主には富裕層や高所得者層である。

高級ホテルの従業員は高級ホテルに泊まれないのではないか。象徴的な現象である。

べつに社員を搾取しているわけではなかろう。そうではなく、観光産業とはサービスを「買う者」と、サービスを提供して「買われる者」とのあいだに、しばしば格差が生じる産業なのである。

都市が富裕層の「オフショア」になっていく

社会学者のジョン・アーリ（一九四六―二〇一六）は生前、世界で最も重要な観光研究者――より正確には「移動」の社会学者――だった。彼は、現代社会では「オフショアリング」が進んでいると、独特な表現をしている。

写真１−１・２　谷中銀座商店街の町並み．東京谷根千地域の中心といえる．
（出所）　筆者撮影

オフショアリングとは、金融の世界で、外国企業に税制上の優遇措置を与えている国や地域、いわゆる「タックスヘイブン」（租税回避地）に収入や財産を秘匿することである。アーリが言うように「富裕層が自分たちの財産を管理しつつ、直接管理する財産以外の多くは『オフショア化』し、そのほとんどを明るみに出さずにいることができるので、『庶民だけが税金を払っている』かのようである[4]」という、よく知られた（嫌な）現象であろう。

彼のユニークな点は、おなじような現象は、つまり富裕層だけが、一般庶民からは見えない秘密の場所に隠れて「いい思い」をしているというのは、国際金融だけでなく、観光でも見られると指摘したことである。

娯楽のためのオフショアリングは、オンショアの法律や規範を、まったくか、あるいは部分的に無効にさせている。多くの訪問客が、自国での法律や規範から逃れるために、楽しく自由な場所へと旅立つ誘惑にかられてきたのである。(5)

グローバル化や金融資本主義の発達を背景に、世界中を自由に移動できる富裕層たちは、ふだん生活している地域から遠く離れた場所で、観光やレジャーを特権階級のように楽しめる。そこはときに富裕層にとって、自国での法律や規範を逃れて好きに楽しむこともできる、歪んだ「自由な場所」である。

筆者は以前、東京文京区の千駄木にあるワンルームマンションに住んでいた（写真1－1・2）。いわゆる「谷根千」の下町情緒のある町並み(6)は訪日外国人からも人気で、夜になると時々、欧米からきたと思われる人びとが、路上で飲酒していた。この人たちの母国では、夜間の路上飲酒は合法なのだろうか。国や地域によって多様だが、もし違法だとしたら、これは旅先――オフショアだからやっているのかと、アーリの議論をよく思い出していた。

観光には「南北問題」がある

もっと深刻な例もいろいろある。

発展途上国などでは、日本を含む先進諸国からやってきた一部の観光客たちが、現地で違法薬物の使用、違法な臓器移植、性的搾取などを、経済力にまかせて行ってきている。これらはそれぞれ、ドラッグツーリズム、メディカルツーリズムの一種(7)、ネイキッドツーリズムとも呼ばれている。母国では認められない・できないことを、異国という隔絶された場所での経済力で「自由」に享受する、観光の負の一面である。

英語圏で短編の名手と言われたタイ系アメリカ人の小説家、ラッタウット・ラープチャルーンサップ（一九七九―）の、タイを舞台にした短編小説集、その名も『観光』（原題 SIGHTSEEING）のなかに、つぎのような皮肉の一節がある。

「セックスと像だよ。あの人たちが求めているのはね」ママは、観光シーズンたけなわの八月、島中を走り回っているガイジンに飽き、（中略）泊り客にげんなりすると決まってこう言う。そしてぼくを見てこう言うのだ。「おまえがいくらこの国の歴史や寺院や仏塔、伝統舞踏、水上マーケット、絹織物組合、シーフード・カレー、デザートのタピオカを見せたり食べさせたりしてもね、あの人たちが本当にやりたいのは、野蛮人の群れのようにばかでかい灰色の動物に乗ること、女の子の上で喘ぐこと、そしてその合間に海辺で死んだように寝そべって皮膚ガンになることなんだよ[8]」

経済力のある地域から、より経済力の弱い地域へ人が移動し、その地域のローカルな資源を楽しむというのは、ある意味、観光の基本原理である。つかえるお金の量がおなじなら、より経済力の弱い地域に行った方が、よりたくさんのことを楽しめる。観光の「南北問題」である。

一九九〇年代のイギリスのポップバンド・ブラーのヒット曲の歌詞に「Following the herd, down to Greece on holiday」（みんなして休日はギリシャに行こう）という歌詞があるが[9]、経済力のある北のイギリスから産業の弱い南のギリシャに行って遊ぶのは、当時のイギリスの若者たちのリアルであろう[10]。

そして、お金を持った人たちが北から南にやってきても、それで南の人びとが経済的に豊かになれるわけではない。地理学者の溝尾良隆（一九四一―）は、ＪＩＣＡ（国際協力機構）での座談会で、こうした南北問題を明快に説明している。

観光にも南北問題があって、例えば南でビーチリゾートが開発されて北の人が来るが、開発のほとんどが北の資本なので、表面上外貨が入っても、すぐ流出してしまう（中略）。もしもその地域にビーチリゾートとしての適性があったとき、資本力がない場合は外国資本に仰がざるを得ない。[11]

序章で、外国人富裕層をターゲットにした消費の促進によって経済の活性化をめざそうという主張をいくつか紹介した。できるだけお金をたくさん落としてくれる人びとを集めようという論理は、そこだけ取り出せば効率的にも見えるが、こうした南北問題やオフショアリングを考えると、リスクも大きいことがよくわかる。

日本に富裕層のための「秘密の場所」が作られていく

オフショアリングの「秘密の場所」が作られるのは、途上国だけではない。日本も例外ではなく、人里離れた場所や都心の摩天楼に、高所得者層や富裕層のための空間が作られている。

世界的な超高級リゾートホテルチェーンの「アマン」は、二〇二三年、東京の虎ノ門にて、森ビル社の再開発事業に参画して、超高級ホテルと集合住宅を開業する。

ホテルだが、まず客室が広い。標準客室面積はおよそ六〇平方メートルで、高級感が全面に出されるという。そして再開発地区には約三三〇メートルの国内で最も高いビルが建設され、その上層部の五四

写真1－3　渋谷区の宮下公園を中心に再開発されたミヤシタパーク．高級ファッションブランドを配置しつつ，ホテルを併設．開発時には，都市の美化のために，旧公園を使用していた路上生活者を排除しているといった批判もなされた．
（出所）　筆者撮影

〜六四階（！）にアマンブランドの住宅が入る。(12)

一体、ここに足を踏み入れられる者は何人いるのだろうか。筆者もぜひ泊まるなり住むなりしたいが、来世に期待するしかなかろう。アマンはもともと発展途上国の人里離れた空間に「俗世間」から隔絶されたリゾートホテルを建設してきたが、いまや、日本の東京という経済大国の大都市都心部に新たな隔絶空間を作りはじめている。

こうしたホテル開発を含んだ、大都市の都心部の再開発は、いまや日本だけでなく先進国の大都市で広く行われている。だが、それで得をするのは誰だろうか。少なくない数の人びとにとっての得は、外からその空間を眺めてキレイだなと感心したり、新しく作られた商業施設で、名前だけはよく知っているブランドの店舗をウインドウショッピングできるようになるなどが挙げられる（写真1－3）。

他方で富裕層は、実際に商品を買って楽しめるし、そこに泊まることも、住むこともできる。なんなら住宅は投資用に買って転売してもいい。また再開発事業は土地や地域の不動産価値を高めるので、建設会社の株や土地の価値が上がるし、もちろん、それらと連動した関連株式や投資信託などの価値も上がろう。

ではそうした金融商品を持っているのはだれか。日本では、個人だと年収一千万円以上の者のうち四〇％が株式を持っているとされるが、全体での株式保有率は一〇％程度にすぎない[13]。年収一千万円を富裕層と呼ぶかは微妙だが、高所得者層ほど金融商品を持っているのは明らかである。再開発や観光リゾート化による都市や地域の価値上昇は、限られた富裕層たちにさらなる富をもたらす。

一方、多くの人々は収入の多くを生活費に充てざるを得ず、金融商品を買う余裕などない。この人々──というか私たちにとって都市や地域の過度な価値上昇は、社会に「特権階級のための手がとどかない空間」がまたひとつ増え、自らの経済力や消費能力の小ささを見せつけられる体験にほかならない。

高付加価値化で都市を再生する？

こうして東京は、さらに富裕層や高所得者層のための空間になりつつある。これは自然に発生した現象ではなく、日本や東京の都市政策にも一因がある。

とくに背景として挙げられるのは、一九九〇年代の後半から進んだ、東京や大阪などの大都市都心部での「都市再生」の動きである。二〇〇二年に制定された「都市再生特別措置法」によって、都心部の対象地域では規制が緩和されて、大規模な都市再開発が進められた。

この「都市再生」には、バブル経済の崩壊によって不良債権になった土地を「処理」する、つまり高付加価値化して精算するという、政治的な側面もあった。また不動産ファンドによる資金の流入もあって、今日のようにタワーマンションのような高層住宅や、ホテルを含む超高層ビルが林立するようになったのである。

たとえば東京の豊洲などは、いまではタワーマンションとショッピングモールが並ぶ「ウォーターフ

写真１－４　豊洲地域．再開発によるショッピングモール，高層マンション群，拡張され整備された街路といった再開発による都市景観が見られる．
（出所）　筆者撮影

ロント地区」であるが、再開発の前は伝統的な工業地域であった（写真１－４）。「コーヒーの街」で知られる清澄白河や、東京スカイツリーの足元の業平橋などもそうである。製造業の衰退による都市中心部の衰退という、いわゆる「インナーシティ問題」を、再開発によって高所得者層のための地域に「再生」したのである。おなじようなことは、東京以外でも日本の多くの大都市で起きている。

さらに東京都は、二〇一四年に「東京都長期ビジョン」を策定し、「世界をリードするグローバル都市の実現」を掲げた。これは東京が「世界都市」として、グローバルな「都市間競争」を勝ち抜くために、都心部にさらなる投資を集めようという政策である。

序章でも論じたように、国際投資家や多国籍企業、エリート人材などを確保するために、都市をグローバルな意味で――富裕な外国人にとって――魅力的な空間に仕上げようというのは、善かれ悪しかれ、先進国大都市の政策課題になっている。

五五階のコンサルタントと一階のスーパー店員

都市地理学者の小原丈明（一九七五―）は、こうした世界都市の都市間競争が、三つの格差を拡大すると指摘している。

第一には「世界都市のある中心国とその周辺国との格差の拡大」、つまり国と国との格差である。第二は「東京一極集中」のような「世界都市のある国における国内での地域間格差の拡大」、そして第三に「世界都市内部での格差の拡大」である。

第一の点も問題だが、本書で問題視しているのは第二、第三の格差である。「都市の魅力」を高めていくことは、国内と都市内で、二重の格差を強めていく。

第二の格差について、先の「東京都長期ビジョン」では、つぎのように東京の重要性が強調される。「日本の持続的成長のためには、日本経済の機関車の役割を担う東京が、激化する国際的な都市間競争を勝ち抜き、日本経済を牽引し続ける必要がある」[14]という。

都政の立場としては当然かもしれないが、ここに「東京一極集中」のような日本国内の格差に対する懸念はない。おなじく「地方創生」の議論でも、東京は日本経済を引っぱるためにさらなる経済力が必要ということになり、格差の問題はスルーされていく[15]。

そして、第三の格差はまさに、都心部にアマンの超高級ホテルや高層住宅が作られたり、ガラス張りの高層オフィスビルとタワーマンションを核とした高級化再開発が次々に進められているのが象徴する格差であろう。

しかも、こうした大都市の内部では、富裕層や高所得者層とその他の一般消費者という、消費者どうしの経済格差だけでなく、労働者どうしの格差も広がっていく。小原はつぎのように指摘する。

　金融関連や高次の対法人サービス業、世界的な多国籍企業の管理部門や専門職に従事するビジネス・エリートが高収入を得ているいっぽう、飲食・販売業や様々な対個人サービス業などに従事する非熟練労働者の賃金は高くはない。つまり、世界都市においては、高収入のビジネス・エリートに対して低賃金の非熟練労働者が様々なサービスを提供して彼らの生活をさせる構図となっており、産業及び雇用と所得の面で分極化が進展している。(16)

都心が再開発され、超高層マンションやオフィスビルや商業施設が作られていくと、そこには二種類の人びとが集まってくる。高級化されたオフィスビルで高賃金で働く高所得者層や富裕層と、商業施設の飲食店などで働く低賃金の人びとである。高賃金を得るマンション居住者やオフィスビルで働く人びとは、昼休みや就業後になれば、食事や買い物のため近隣やビル内の店に行く。他方、店でこの人びとをもてなすのは、相対的な低賃金労働者である。

タワーマンションの高層階に住む人びと（あるいは転売目的で買った投資家）や、超高層オフィスビルで働くコンサルタントの収入は、その建物の一階に入居するフェアトレード・コーヒー店や高級スーパー、有機野菜レストランで働くアルバイト店員の、いったい何倍あるのかという話である。

都市における、高所得者層の快適で楽しい消費生活を支えているのは、低賃金労働である。あるひとつの都心部のなかにこうした格差を生み出すのが、グローバルな都市間競争のための経済力の追求である。都市の消費機会が拡大し、都市がより「楽しく」なったことで、多くの人びとは、かえって自分たちの消費能力がいかに低いかを自覚させられる。

先進国では「新しい貧困」が生まれている

こうした先進国の消費社会の皮肉を論じてきた知識人として、ポーランド生まれの社会学者、ジグムント・バウマン（一九二五―二〇一七）が挙げられる。

バウマンは現代社会（近代――モダニティ）を「軽い近代」や「社会の液体化」（リキッド・モダニティ）などと、たくみに表現した。[17] 彼によれば、現代社会は、もともとの社会の「重い」秩序や価値観が多様化して「軽く」流動的になり、確固たる社会のあり方や生き方というものが、まるで液体のように不確かなものになっているという。

こうした社会では人びとは、自分の生き方や選択が正しいのかどうかを「重い」客観的な基準で確かめられなくなりつつある。かつては「男は男らしくすべき」「大企業で働くのが幸せ」「有名な大学に入った者が優秀だ」などの価値観には、それなりの数の人びとにとって、ほぼ疑いようのない正しさがあったかもしれないが、いまやそんな価値観を頭から信じている者などいない（そう願いたい）。

それは社会の進歩であって、それだけ私たちは自由になっているのだが、それは同時に「なにが自分にとって正しいのか」を、自分自身でいちいち考えねばならなくなったことを意味する。自由は、ときに面倒である。

こうした時代に、ショッピングや観光といった「消費」は便利である。流行しているものを買えば、しばらくは、それを消費＝選択した自分は正しいような気がしてくる。また過剰にお金をつかってたくさん消費することは、「たくさんお金をつかえる自分」＝「お金に余裕のある自分」＝「成功した（まちがってない）自分」の存在を再確認する作業にもなる。こうして、消費して購入したモノや体験が、自分の「正しさ」を作り、表現していく。[18]

日本のように経済が高度に発達した先進国の消費社会では、流行の移り変わりも速く、「消費すべきもの」も変わっていく。だから、ひとつのものを「重く」大切に抱えているよりも、つぎからつぎへと、どんどん消費するものも変えていって、時代の流れに「軽く」対応していくことが、現代社会のひとつの正しさとなる。[19]

商業施設「ルミネ」の広告コピーに「去年の服が似合わなかった。わたしが前進しちゃうからだ。」というものがあるが、[20]まさに時代を表現している。消費者はどんどん「前進」し、社会はますます流動的になっていく。

さて、こうした見方はポーランドの古都で貧しい幼少期を過ごしたとされるバウマンらしい皮肉であるが、彼の皮肉はさらにつづく。「どう消費するか」というお金のつかい方が「私とは何か」の表現や確認の方法になったならば、お金をつかえない人びとはどうすればよいのか。

彼はここに、現代先進国では「貧困」に二重の意味が生じていると考える。つまり、ひとつはいわゆる貧困、つまり失業や生活苦である。もうひとつは、純粋な生活苦ではないが、消費の機会や能力に欠けているという意味での「新しい貧困」である。

消費行動が自己表現や「正解の確認」になる高度な消費社会では、否が応でも、消費者として一人前であることが、社会の一員たる資格になってしまう。

現代社会は何よりもまず、その成員に消費者の役を割り振っており（中略）、適切な所得や、クレジットカード、よりよい時間の見通しを持ち合わせていない貧しい人々は適性に欠ける（中略）。今日の貧しい人々は何よりもまず「非消費者」であって、「失業者」ではなく、彼らは第一に欠陥のある消費者と規定される。というのも、彼らが果たせないもっとも重要な社会的義務が、市場が提示する商品やサービスの積極的で有効な購入者のそれだからである。[21]

現代社会では、資本や企業の都合のいいようにお金をつかえない人々は、少なくとも消費の場では、存在価値が評価されない。そして、社会のさまざまな空間が、次第に高所得者のための消費の場になっていく。そのとき、消費の力がない者はますます、社会から排除されていく。消費によって自分が何者なのかを確認する術も奪われていく。バウマンはそう言うのである。

富裕層への特化は「新しい貧困」を悪化させる

失業状態や発展途上国での純粋な「貧困」に比べれば、「新しい貧困」は贅沢な悩みであろう。ただ、悩みとは相対的なものかもしれない。豊かな社会では、豊かな社会なりの悩みがあるということだろう。バウマンの言い方はやや極端に見えるかもしれないが、観光においては他人事ではない。

再開発された都心部の超高級ホテルや、郊外の「隠れ家」的なリゾート、ブランド店が並ぶ商業施設などは、それを消費する力を持たない大多数にとっては、羨ましく眺めるだけの対象である。筆者などは、ホテルやリゾートの経営者やブランドのデザイナー、その株主や投資家たちにとって、なんの役にも立たない。

序章で、文化財などをどんどん観光資源化して、自分で稼げるようにするのだという主張を紹介した。もしそうだとしても、その行きつく先は、文化を消費するお金のある者だけが文化に触れられる社会ではないだろうか。

お金を出せず、消費能力のない者は、演劇や絵画や寺社仏閣を見ることすらできなくなりかねない。京都の二条城・二の丸御殿の大広間のように、かつては一部の大大名しか入れなかった徳川慶喜の大政奉還の現場を、千円払えば気軽にこの目で見て、当時の幕末政局を想像できるようになったのは、現代社会の観光の大きな豊かさのひとつであろう。

もしこれが三千円、五千円、一万円と値上がりしていくと、多言語対応のプロガイドがついたり、庭園を見ながらフランス料理を食べられるようになって素敵かもしれないが、その過程は着実に、その金額を支払えない人々を排除していく。

観光による経済の活性化を考える上では、たしかに富裕層への特化は、最短経路にして最適解に見えるのかもしれない。しかしそうしたやり方が内蔵する、都市や地域の空間や文化財などが富裕層のためのものになっていくプロセスは、十分な消費能力を持たない者を、都市や地域や文化から排除していく力を持っている。都市や文化から、必要ない存在だとみなされるのである。富裕層に特化する経済活性化の矛盾である。

より消費できる者は、より稼げるようになる

消費の話を続ける。

素敵なホテルでリフレッシュし、異国で想像もしなかった異文化と出会い、美食を味わう。これらはみな、お金を出して自分に上質な体験を与えようという、サービスの消費体験である。

体験は、本人のなかに記憶として残る。ホテルでのリフレッシュは、休暇明けからの仕事の活力になる。美食の経験は、さらに素敵な飲食店を探し、より繊細な料理を味わう知識や味覚を養う。異文化との出会いは、いかに自分が小さな世界に生きているかを思い知らされ、社会の多様性に気づき尊重しようと、心を豊かにする契機である。

これらが意味するのは「消費は自分への投資でもある」ということである。

いい服を買って気を引きしめる、午後の仕事に向けていいランチを選ぶ、がんばった自分へのご褒美を買おう、子どもの頃に海外旅行に行ったのが海外で働きたいと思ったきっかけです――。よくある話ではないだろうか。観光心理学の研究でも、娯楽の消費が生きることや働くことへの活力を生み出してくれるなど、観光や余暇の「エンパワーメント」の重要性が指摘されている[22]。

これらは先験的にある程度わかることでもあるが、ここではその意味を明確にするために、原理的に考え直してみたい。

富裕層や観光、娯楽に限らず、人はそもそも食事しなければ労働ができない。では食事は、消費だろうか。投資だろうか。あるいは労働（生産）だろうか。

食材を買ったり飲食店に行くのは消費だが、自炊は料理を生産する労働だし、飲食店まで移動する行為も、手を動かして実際に食べる行為も、ある意味では労働である。そして食事することで翌日もお金を稼ごうという意味では、食事は投資である。

こう書くと、とてもややこしい。つまり消費と投資、あるいは消費と労働や生産は、じつは区別しにくい面がある。生産と消費は、人間のひとつの生命活動の構成要素でもある[23]。

純粋に経済学的にこれらの概念をどう分けるかはべつとして、このややこしさが意味するのは、消費の問題は消費だけでなく、生産や労働、つまり働くことの問題でもあり、少なくとも消費は消費だけで独立せず、労働にも関係する問題だということである。

すなわち、ある人物の消費の能力は、おなじ人物の生産力――労働者としての「稼ぐ力」――にも関係する。高い消費能力に恵まれた者は、そのハイレベルな消費＝よりよい自己投資によって、自分の稼ぐ力を維持したり、高めることにもまた恵まれている。より消費できる者は、より稼ぎやすいのである。

よりたくさん消費した者が、よりたくさん消費できる

もうひとつ、ややこしいのだが「より消費できる者は、より消費できる」とも言える。

現代美術家のマルセル・デュシャン（一八八七―一九六八）は、美術の教科書にも出てくる人物である。彼は、既製品の便器などをつかった「泉」や「レディ・メイド」といった前衛的な作品や活動で著名だが、かならずしも、すべての人から認められはしなかった[24]。ここではデュシャンの芸術を論じたいわけではないが、彼は晩年のインタビューで、つぎのように述べている。

> 絵というのは見物人との相互作用で出来ていく（中略）。いつもふたつの極が基本にある。見物人と、作る人。その双極作用が散らす火花が、何かを産み落とす――電気みたいに[25]。

アートという商品の価値は鑑賞者（消費者）の評価がなければ成立しない[26]。デュシャンの「泉」は、評価できる者からすれば革新的な作品だが、そうでない者にとっては、なにがなんだかわからない。

これはアートに限らず、多くの商品がそうである。ある商品の価値を批評できるのは、それを批評する、なんらかの能力を養った者である。商品の価値は、それを消費する者が「どのような人物なのか」によって変わってくる[27]。デュシャンの「泉」を一〇歳の筆者が見ても意味不明だし、いまでも大した知識も感性もないので、理解に苦しむ現代アートは少なくない。

だが、ここでの問題は自己投資としての消費の能力である。

分子ガストロノミー、最先端のファインアートの展覧会、マイナーな会員制ホテル、コンクリートの前衛建築、複雑な歴史背景を備えた古刹――。これらは現代先進国において、観光や娯楽の対象として重要な資源であろう。だが一般的に言って、それらの価値を理解できるのはどのような人びとだろうか。こうした商品や事物の価値は、スマートフォンのメモリ容量や日焼け止めのUVカット率など、数字にして、簡単に知るのは難しい。むしろその価値は精神的・記号的な価値に大きく関わり、また消費者の知識によっても左右される。(28)

そのため、やはり一般的に言って、こうした商品の価値を批評し、そこから「明日の労働の活力」や「社会の多様性の重要性の理解」といった、より高い自己投資に変換できるのは、それらをより豊富に消費してきた、消費能力に恵まれる「経験豊か」な一部の人々になりやすい。そうでない人びとは、価値を批評するどころか、そうした商品の存在すら知り得ないかもしれない。

つまり、観光による経済格差は、単に、ある観光資源を「楽しめる人」と「楽しめない人」がいるという話にとどまらない。ある観光資源を楽しめるか、楽しめないかという消費能力の格差は、おなじ人物の労働者としての「稼ぐ力」の格差を再生産する。そして無論、より豊かな消費行動によって「稼ぐ力」を高めた者は、さらに、より豊かに観光などを楽しむ消費＝自己投資ができる。観光による経済格差は、このように消費と労働の間を循環しながら拡大していく性質がある。(29)

2　「観光立国」とはなんなのか

「アンダークラス」が拡大している

現代の日本では非正規雇用が広がるなかで、社会格差のさらなる深刻化が問題視されている。日本の社会格差の代表的研究者である橋本健二（一九五九―）は、継続的な大規模調査の結果から、割で、不登校など厳しい幼少期を過ごした者が多いという。[30]

非正規雇用者を中心とした下層階層「アンダークラス」が拡大していると警鐘を鳴らしている。「アンダークラス」の該当者はおよそ九三〇万人いて、平均年収は一八六万円、そのうち女性では貧困率が五割で、不登校など厳しい幼少期を過ごした者が多いという。[30]

格差の拡大は日本だけの現象ではない。商品やサービスの生産に必要な労働力は現在の二〇％で十分であり、残りの八〇％は「準失業人口」だという見方すらある。「西欧社会では、中産階級は失業の脅威に圧迫され、無産者化の過程がすでに始まり、彼らはこの過程の中で社会の下層に落ちるのであろう」[31]と言われる。アメリカ、フランス、ドイツなど欧米の各国ではこうした深刻な所得格差が広がり、中間層が消滅しつつある。[32]

格差は日本社会が解決せねばならない問題だが、その原因は日本社会だけにあるわけではない。グローバリゼーションや金融資本主義の発達など、先進国全体に関わる世界的なシステムに原因がある。こうした矛盾と平行世界にあるかのように、「観光立国」によって日本が富裕層のための素敵で高級な観光資源、消費対象に満ちていくのを、私たちはどう受け止めればよいのだろうか。

産業社会学の創始者として知られるジョルジュ・フリードマン（一九〇二―一九七七）は、労働の機械化（オートメーション化）が進んだことによる社会的矛盾を論じた古典、一九五六年の『細分化された労働』で、余暇の問題についても考察している。

労働の機械化は当時、労働を合理的で単純なものに細分化し、労働者ひとりひとりの創造性や個性といった潜在能力を発揮する余白やチャンスを、労働の場から奪っているとされた。だから、彼によれば、「工場、事務所、鉱山、作業場での職業生活における合理化された職務によって満足させられない興味、意義、参加、達成の要求やそうした職務が多くの人々の心的状態の中に作り出した潜在的緊張」[33]が、労働外の「自由」時間にも影響を与えるという。この時、余暇は抑圧された自己実現を解放するチャンスである。

技術者、産業指導者、専門職業従事者は多くのばあいまったくその職務に没頭しているが、労働者の方はそうではない。だから労働者はその最上の力、エネルギーを労働以外の時間に、ドイツ語でいう自由な時間（Freizeit）のために留保しているのである（中略）。労働者たちはその労働において奪われているもの、創意、責任、達成を余暇においてこれを回復しようとしている。[34]

こうした時代において余暇は、労働において奪われたチャンスを生かし、本人なりに自分らしく生きる機会でもあった。フリードマンは当時の娯楽をすべて肯定しているわけでもないのだが、[35] 富裕層を楽しませるための空間や場所作りに苦心する現代の先進国の「余暇」は、かつての一般大衆にとっての「余暇」の意味とは、別物になりつつある。

現代先進国において、余暇を過ごす空間は、かならずしも労働者のリフレッシュのためにあるものではない。大都市を中心として、余暇の空間は富裕層をはじめとした、高い消費能力がある人びとのためのものになりつつある。さらに言えば、現代先進国の空間は、消費能力がある人びとの力をあてにして、効率的に富を収奪するための「稼ぐ装置」へと変わりつつある。

こうした変化のプロセスや空間において「アンダークラス」のような人びとは、余暇を過ごす存在としては必要とされない。消費能力がないから、招かれざる客である。だが同時に、この人びとは労働者としてはかなり必要とされる。低コスト・低リスクで雇える非正規労働者は、経営者や投資家にとって、自分たちが安定的に利潤追求するために不可欠だからである。

「アンダークラス」や非正規雇用などの人びとは、低賃金で「楽しませる」側であって、富裕層として「楽しむ」側にまわる可能性は高くない。富裕層や高い消費能力＝稼ぐ能力を持つ者に特化する現代先進国の観光は、楽しむ者と楽しませる者、観光する者とされる者とを、さらに分断しかねない。

工場労働と「黒字減らし」のための観光政策

お金のある観光客に、たくさん楽しんでもらい、稼ごう――。それが現代の観光の一面である。お金のある者が楽しむのは、あたりまえだと思うだろうか。じつは少なくとも日本の観光政策は、そうではなかった。

ではどうだったのか。なぜ、どのようにして日本が「観光立国」に進んできたのかという軌跡は、現代日本の観光の矛盾を読み解くヒントになるだろう。そこで、できるだけシンプルに、広い視点から戦後の日本の観光政策について説明しておく。

敗戦によって領土が大幅に小さくなり、焼け野原になった日本は、経済力に対して人口が多すぎる「過剰人口」に陥った。それゆえ効率的に「稼げる」産業を興さねばならない。

日本は国土は広いが[36]、平地は多くない。限られた土地で多くの雇用を生み、効率的に稼げる産業とは、製造業である。いわゆる「所得倍増計画」（一九六〇年―）は、とても単純に言えば、太平洋ベルト地帯という日本経済の最も産業ポテンシャルの高い地域に、工場を集中立地させるプロジェクトであった。

日本は低賃金による大量労働・大量生産によってこれに成功し「ものづくり大国」への道を歩んだ[37]。

だが当然のごとく、産業が太平洋ベルトや東京などの大都市圏に集中したことは、それ以外の地域からの不満を呼び起こした。

この経済格差を是正しようとして「全国総合開発計画」（全総・一九六二年―）が策定された。全総は新全国総合開発計画（新全総・一九六六年―）や、第三次全国総合開発計画（三全総・一九七七年―）へと続いていく。これらを「国土計画」と呼ぶが、その主眼は、地方にも工場を作ることにあった。

その成否はここでは詳しく語らないが(38)、この時代に重要だったのは各地で工場労働の生産性を高めることである。つまり、工場の労働者に、できるだけ精力的に働いてもらう必要があった。

そこで注目されたのが観光だった。当時の観光にはレクリエーション、つまり再創造（Re Criation）の役割が求められていた。労働者に遊んで気晴らしをしてもらって、働くための体力と気力を養ってもらおう。一九六四年の東京オリンピックも注目された当時は外貨獲得のための訪日外国人の誘致も進められてはいたが、大きくはこれが日本人向けの観光政策だった。

第四次全国総合開発計画（四全総・一九八七年―）の時代になると、国内経済が充実したなかで、国内のリゾート開発が進められた。

より重要なこととして、当時は日本人の海外旅行も後押しされた。アウトバウンド観光政策である。西側で世界第二位の経済大国になってしまった日本は、諸外国との貿易摩擦が外交問題になっていた。だから国民に西欧や北米などでお金をつかわせることで「黒字減らし」する必要があったのである。

ここに、当時の興味深い冊子がある。一九八六年に旧経済企画庁が発行した『人生八〇年時代における労働と余暇』である。

人生五〇年といわれていた時代は、まさに「人生働くために生きている」時代であり、人間の生き方も、また社会のあり方も、労働中心であった。しかし、人生八〇年といわれる時代をむかえると、人生の約三割が自由時間ということになり、「人生、労働と余暇をいかに充実して過ごすか」が、大きな課題となってくる。(39)

ここには、当時進められ、のちに大きな批判を集めたリゾート法（総合保養地域整備法）への布石という政治的側面があったかもしれない。だが、余暇を含めた国民の人生の時間を上質化して、国民の生活の質（QoL）を高めるための社会制度の改革をめざそうという意識が、ここにはある。それは、訪日外国人を含む高所得者層からの効率的な富の収奪をめざす現在の観光や余暇の意識とは、隔たっている。この時代までの観光政策には、効率的な工場労働や「黒字減らし」のためという、やや歪んだ目的もあったかもしれない。またインバウンドによる外貨獲得が無視されていたわけでもない。しかしながら、目的はともかく内実はおおむね、国民が観光を楽しむための観光政策であったといってよい。観光は、いわば「国民の福祉」として位置づけられていた。

インバウンドと数値目標の観光政策へ

世界的には東西冷戦構造の崩壊、国内的にはバブル経済の発生・終焉と、大きな変化を経たのちには、国土計画も観光政策も変わってきた。

「二一世紀国土のグランドデザイン」（一九九八年―）や「国土形成計画」（二〇一五年―）の時代になると、観光は訪日外国人の獲得による、地域経済の活性化の手段とされる。とくに「国土形成計画」は東京オリンピック・パラリンピックによる経済効果にも言及する。(40)インバウンドについては、観光客数だけでなく、観光消費額が数値目標として強調されるようになった。ここで観光に、国や地域の経済の活性化役として、重い責任がかかる。

こうした変化の国内的な背景には、二〇〇三年の「観光立国宣言」などもある。だがもう一つ、それまでの地域経済の活性化の方法であった、ダムや道路の建設といったハード型の公共事業が、野党や世論の批判によって難しくなってきたことも重要である。

当時、建設業者を通した地域経済の活性化は、癒着や「箱モノ行政」という強い批判がなされるようになった。そこで観光の出番である。観光はある意味、道路や鉄道、公共施設（当時、音楽ホールや美術館、博物館などがよく作られた）[41]といった「箱モノ」を利用する行為である。だから観光を活性化すれば「箱モノ」に存在意義を持たせられる。

日本の観光庁が、外務省や環境省、文部科学省ではなく、国土政策や建設業、運輸業と深く関係する国土交通省の外局である意味は、一つはここにある。政治的に言えば、観光の活性化は、本質的に国交省の問題――よりジャーナリスティックな言い方をすれば、国交省の「利権」の問題でもある。「観光立国」の立役者として、自民党の二階俊博氏や藤野公孝氏、赤沢亮正氏などが挙げられるが、いずれも国交省（旧運輸省）系の議員である。[42]

観光の活性化を公共事業の代わりに据えようというのは、ある意味たいへんクレバーだと思う。音楽ホールや美術館を公共事業で作れば、モノとして後々まで残るので、その存在意義も後々まで厳しく問われつづける。しかし、たとえば観光イベントなどは形が残らない。もちろんイベント単体での経済効果などは問われるかもしれないが、後々まで厳しく批判されつづけるという事態は、比較的避けやすい。観光の活性化政策は、為政者にとっては時に、都合のいい政治ツールでもあろう。

本当にシンプルに、戦後の日本の観光政策をまとめてしまった。だがここからわかるのは、日本における観光の政策的なポジションの変化である。

観光は、かつては国民のレクリエーションのためという、いわば「国民の福祉」のためのツールであった。それがしだいに、外貨の獲得による地域経済の活性化や、ハード型の公共事業の代わりといった経済的な役割が強調されるようになってきたのである。観光には、訪日外国人の誘致を中心とした、新たな成長産業としての役割が求められるようになり、その代わりに「国民の福祉」のような考え方は後退している。(43)

経済活性化のための観光政策

都道府県や市町村でも、ある程度はおなじである。各県の観光政策の多くは「観光客の誘致、消費の場作りと付加価値の創出、域内産品や域内人材の育成など(44)」の、経済の活性化を目的とするようになってきた。

二〇一九年の日本交通公社の調査によれば、各県が重点とする観光関連の政策や施策で最も多いのは観光プロモーションである。その一方で「住民向け事業」すなわち、住民に観光を体験してもらったり、地域の観光地化を理解してもらうための事業は、まったく重視されていない。(45)

この調査では、地域住民のための観光政策が重視されていないのは、各県が、住民向け事業は市町村に主導してほしいと考えているからだというデータもある。しかし市町村のデータを見ると、実際に住民向け事業を重点としている地域は、わずか一％にすぎない。つまり結果的に、都道府県・市町村のほぼすべてが、住民向け事業を重視していない。

「住民よりも観光客」という姿勢は、国よりも深刻かもしれない。いずれにせよこうした観光客優先、

表1－1　観光計画書に頻出する抽出語

順位	単語	出現回数	順位	単語	出現回数	順位	単語	出現回数
1	観光	1,023	18	地方公共団体	107	35	文化財	77
2	地域	675	19	言語	106	36	人材	76
3	旅行	628	20	我が国	101	37	民間	76
4	外国人	425	21	道路	99	38	戦略	75
5	訪日	376	22	MICE	97	39	活性	74
6	日本	332	23	体制	93	40	世界	74
7	情報	308	24	拠点	92	41	インバウンド	71
8	魅力	218	25	全国	92	42	需要	70
9	環境	205	26	機関	90	43	芸術	67
10	海外	199	27	コンテンツ	88	44	国内	67
11	文化	193	28	公園	88	45	制度	67
12	資源	163	29	プロモーション	86	46	大会	66
13	国際	162	30	産業	86	47	国立	64
14	交通	155	31	年度	86	48	歴史	64
15	地方	140	32	受入	83	49	クルーズ	63
16	空港	138	33	新規	83	50	都市	63
17	政府	114	34	効果	78			

（注）抽出には KH Coder を使用.
（出所）「観光ビジョン推進プログラム」および「観光立国推進基本計画」をもとに筆者作成.

経済活性化優先の観光政策は、いまや全国的に見られる当然のものになっている。しかしそれは、過去には当然ではなかったのである。

日本の観光が目指すこと

実際に政府の観光政策を見てみると、いまの日本の観光がなにを目指しているのかが数字でよくわかる。

表1－1は観光政策の文書における、単語の出現回数ランキングである。どのような単語がどれくらい出現するかを見れば、観光政策が重要視している概念を読みとれる[46]。

「観光」などの基本的な

単語を除くと、出現回数が最も多いのは「外国人」と「訪日」である。ほかに上位に「魅力」「環境」「コンテンツ」「プロモーション」「産業」「効果」が挙がるなど、訪日外国人の獲得や受け入れのために、地域のさまざまな資源をアピールしようという意思が表れている。

左は、こうした観光政策を象徴する一例である。

> 国内外からの観光旅行者の地方への流れを戦略的に創出し、観光による地方創生を実現していくためには、観光に関する各種データの継続的な収集・分析、明確なコンセプトに基づいた戦略の策定、ＫＰＩ（筆者注：Key Performance Indicator 重要業績評価指標）の設定等により、地域ならではの景観形成、「食」や体験型コンテンツの提供、宿泊施設やガイドの質の向上（中略）、人材の育成等を総合的にマネジメントし、各地域の「稼ぐ力」を引き出す観光地域づくりに取り組むことが重要である。[47]

「稼ぐ」ための観光政策ということである。

一方、たとえば「住民」の出現回数は、たったの一八回である。この数は「タクシー」や「ピザ」とおなじで、「アジア」（二五回）や「グローバル」（二一回）よりも少ない。「地域住民」の出現回数はわずか一〇回である。これらの文書では、地域住民よりもタクシーやピザの方が、繰りかえし言及されている。

また「観光ビジョン推進プログラム」という観光政策文書では、合計で五一一の施策がリスト化されている。このうち「外国人」「訪日」「インバウンド」のいずれかの単語を含む施策は、全体の四四％を占めている。単純に言えば、少なくともおよそ半分が（訪日）外国人のためなのである。

ここでは、こうした事実をもって、日本の観光政策が国民や地域住民を軽視していると、即時、批判するわけではない。

ただ、国民の手軽な観光やそれによる精神的な安らぎを生み出すといった福祉的な側面は、かならずしも強調されていない。観光政策が、訪日外国人の誘致や消費の拡大のための方策、それによる経済活性化といった「稼ぐ」ことに重点を置いているのは明らかである。

3　観光で経済が活性化したのはどこのだれか？

少なくともいまの政府にとって、観光は「国民の福祉」ではなく、「経済活性化のためのツール」や「稼ぐための産業」である。ならば観光で、本当に稼げたのだろうか。観光で経済は活性化したのだろうか。したとするならば、その恩恵はみんなが得られたのだろうか。「観光立国」をめざすなら、みんなが経済的に豊かになれないなら、おかしいのではないか。検証してみよう。

観光による経済の活性化とはなにか？

だがその前に、遠回りだが整理すべきことがある。

「観光による経済の活性化とはなにか」という問題である。観光客が増えることだろうか。

観光による地域活性化の議論や分析では、観光客の数や消費額が注目されることが多い。[48]客数や消費額が増えれば、観光の経済効果が発生している、経済が活性化したという考え方である。客数だけでなく消費額にも注目するのは重要である。観光客数が増えても、経済活動が行われなければ、経済は活性化したと言えない。

しかし、しばしばスルーされるが、消費額が増えてもそれだけでは経済の活性化とは言えない。もし観光客が「お金を落とす」としても、それが地域の観光産業の雇用や経済成長に結びつかなければ、地域にとっては、観光負荷が増えて忙しくなっただけである。観光政策やその論者も、観光の活性化は雇用の拡大や経済成長に結びつく、あるいは結びつけるべきだと主張してきた。ならば観光客数や観光消費額が増えて、それが観光産業の雇用や経済成長に結びついたのかを考えなければなるまい。

もう一点、観光による経済の活性化について、観光学などではしばしば「裾野」が広い観光産業が持つ経済効果のポテンシャルがどれだけ大きいかを推定しようとする。(49)そこでは狭義の観光産業のほか、運輸業やお土産などの小売業、飲食店、ときにはそれらで働く人びとが得た所得によるつぎの消費行動までを「広く」把握しようとする。——対象を広げれば「観光の経済効果は大きい」と算出されるのも当然だと思われるが、これは観光の経済効果を、「裾野」までできるだけ広く推定しようとする、いわば「価値最大化アプローチ」である。(50)

このアプローチには微妙な点がある。

仮に「価値最大化アプローチ」によって、「裾野」にあたるさまざまな産業で経済が活性化していたとわかったとする。だがその際、宿泊業など、観光に不可欠で最も貢献する中核産業が、もし十分に活性化できていなかったら、不条理ではないだろうか。観光による活性化には疑問が残ってしまう。

逆に言えば、観光に経済効果があると言うなら、少なくとも観光の中核産業は活性化し、雇用の拡大や経済成長が発生していなければ、倫理的におかしいはずである。

図1－1　観光入込客数と観光消費額

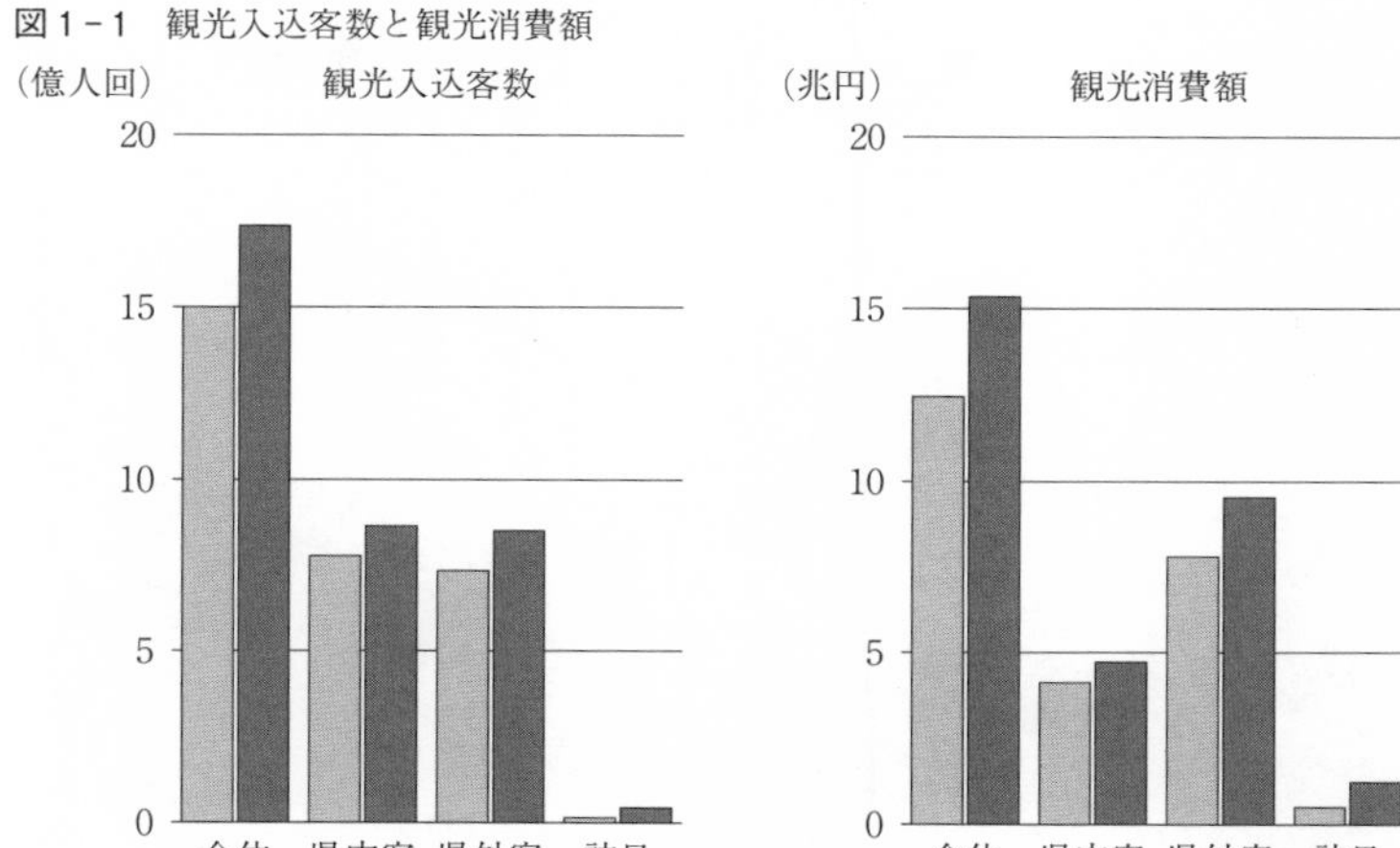

(注)　未集計および調査対象外の石川県，福井県，大阪府，福岡県，長崎県，沖縄県を含まない．京都府は2012年のデータが欠損するため2013年のデータを使用した．
(出所)　観光入込客統計をもとに筆者作成．

そこで、ここでは観光の中核産業に話を絞りこむ。具体的には宿泊業や旅行業、娯楽業を中心とした中核産業を「観光五業種」と呼ぶ(51)。そして全国の観光客数や観光消費額と、観光五業種の雇用の拡大や経済成長との関係を見ていこう(52)(53)(54)。

たしかに、客数と消費額は増加した

まずは観光客数と消費額である。

図1－1は二〇一二年と二〇一六年で、観光客数と消費額がいかに変わったかを示している。一目瞭然だが、観光客数も観光消費額も増えている。また観光客の種類別に見ても、県内客・県外客・訪日外国人のいずれも、客数と消費額ともに増加である。グラフには示していないが、増加率も客数よりも消費額の方が高い。つまり、客数以上に消費額が増えて、より「お金を落とす」ようになっている。その意味では観光

図1－2　各都道府県における観光入込客数と観光消費額の増減率

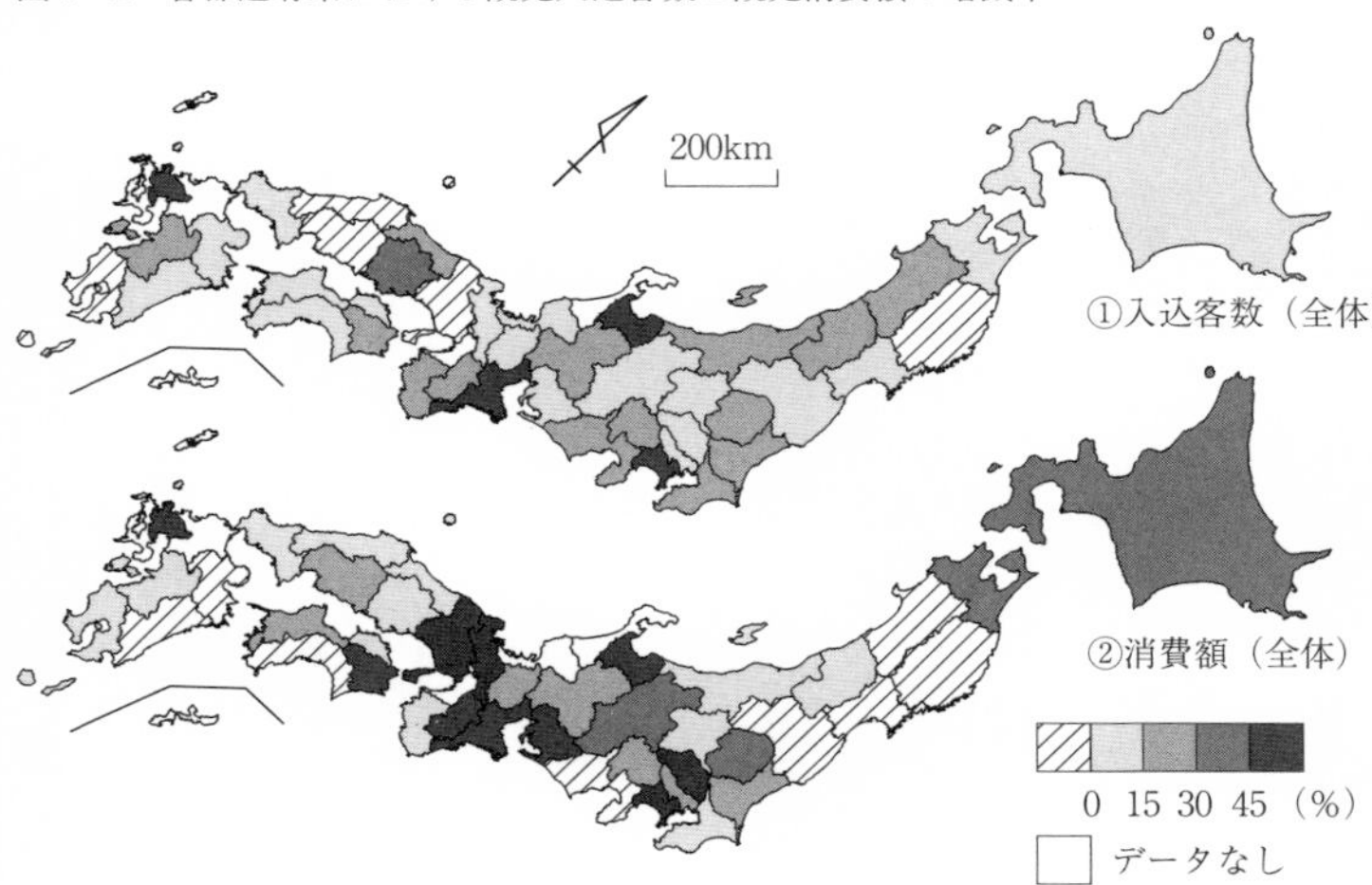

（注）　未集計および調査対象外の石川県，福井県，大阪府，福岡県，長崎県，沖縄県を含まない．京都府は2012年のデータが欠損するため2013年のデータを使用した．
（出所）　観光入込客統計をもとに筆者作成．

は活性化している。

ところで、この図1－1を見ると、訪日外国人が意外に少ないと思われるだろうか。

訪日外国人は、客数では全体の一％前後、消費額でも五％前後を占めるにすぎない。この統計データには大阪府や沖縄県などが含まれないので、訪日外国人は実際にはもう少し多いと思われるが、それでも大幅に変わるとは考えにくい。「観光地は外国人ばかり（だった）」といった一般的なイメージとは裏腹に、現実には、日本で観光しているのは、ほとんどが日本で暮らす人びとなのである。訪日外国人は特定の場所に集中するから多いように見えたかもしれないが、日本の観光の多くは、基本的に国内観光市場によって成り立っている。

図1－2は、これを都道府県別に地図化したものである。客数と消費額ともに、大多数の地域で増えている。増加率は関東圏や関西圏などの大都市部で高くなっているが、地方でも増加

率が高い地域は少なくない。富山県や三重県、奈良県、徳島県、長野県などの増加率はとくに高い。結果、この期間には観光客数は三六県、消費額は三三県で増加した。どちらでも減少したのは岩手県だけである。データのない大阪府、石川県、福井県、長崎県、沖縄県も減少しているとは考えにくい。

つまり、二〇一二年から二〇一六年にかけては、地方を含むほぼすべての地域で、観光客数や観光消費額は増えている。客数と消費額の面では、観光は日本の広い地域で活性化していると言えるだろう。

図１－３　観光入込客数と観光消費額の増加率（2012～2016年）

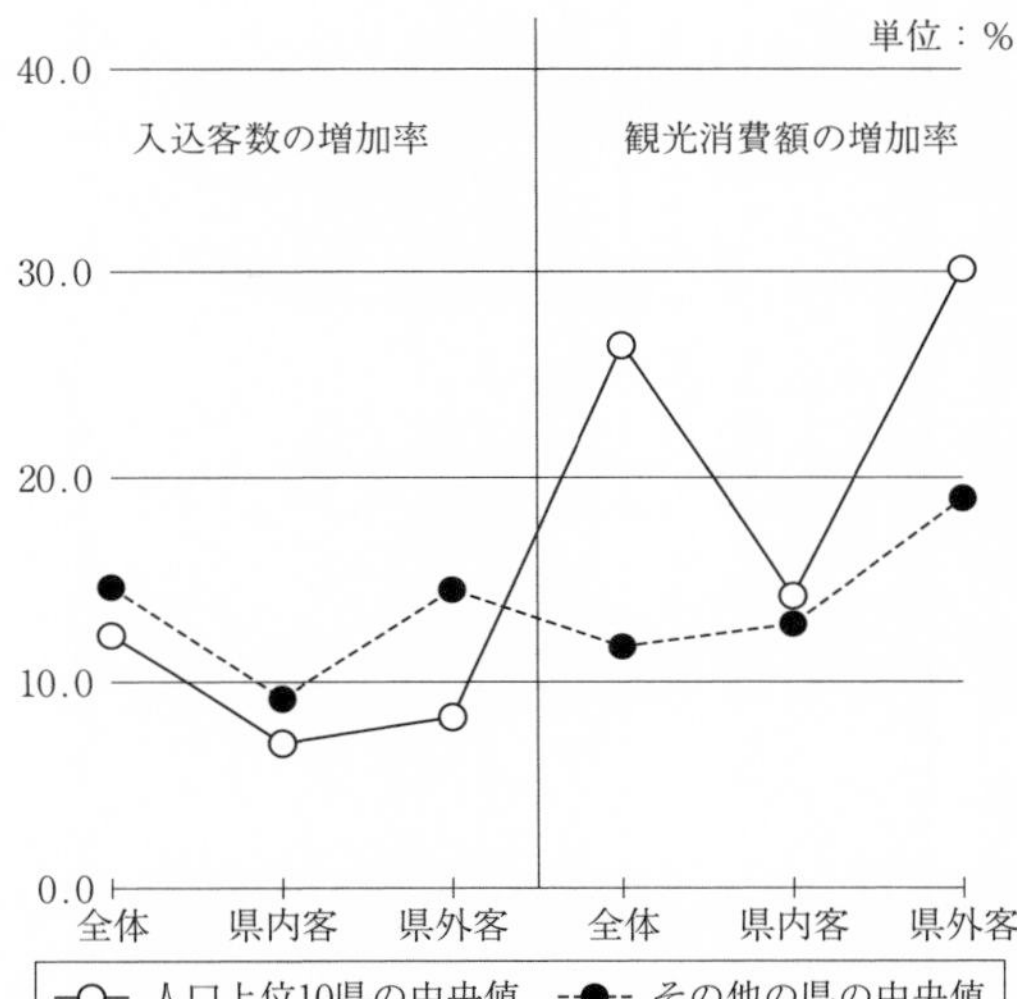

（注）　未集計および調査対象外の石川県，福井県，大阪府，福岡県，長崎県，沖縄県を含まない．京都府は2012年のデータが欠損するため2013年のデータを使用した．
（出所）　観光入込客統計および国勢調査をもとに筆者作成．

「小さなパイ」を奪い合っている地方

ただし、客数と消費額の増え方については、地域間のバランスに注目すると、べつのことも見えてくる。

図１－３は、観光客数と観光消費額の増加率を、都道府県の人口別に見たものである。実線は「人口上位一〇県」の増加率の中央値で、破線は「その他の県」つまり人口の少ない（多くない）県の中央値である。[55]

このグラフを見ると、客数と消費額で、逆転現象が起きている。

増加率は、客数ではいずれも「その他の県」の方が高いが、消費額では「上位一〇県」の方が高くなっている。つまり観光客は人口の少ない地域でより増えたのだが、消費額がより増えたのは大都市部なのである。

詳しく見ると、「県内客」の消費額の増加率は「上位一〇県」と「その他の県」であまり違いはない。一方、差が大きいのは「県外客」である。つまり人口の多い大都市部が、他県からきた人びとの消費額をより多く得ている。この「県外客」は、「上位一〇県」では客数の増加率が八%なのに、消費額の増加率は三〇%もある。客数に対して消費額の増加率が非常に高い。人口の多い地域ではそれだけ観光客から、より多くの消費を引き出せるようになり、消費単価が高くなったことを示唆している。

べつの見方をしよう。図1－4は、日本全体の観光客と観光消費額のうち、客数・消費額の上位一〇県が何%を占めるかを示している。これを見ると、そもそも日本の観光客と観光消費額のおよそ七〇%

図1－4　観光客数と観光消費額の地域構成

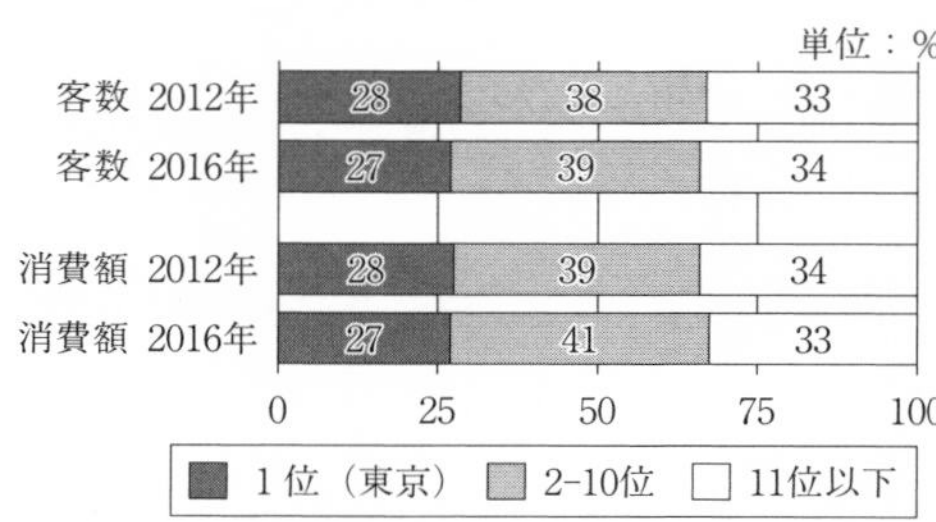

(注)　未集計および調査対象外の石川県，福井県，大阪府，福岡県，長崎県，沖縄県を含まない．京都府は2012年のデータが欠損するため2013年のデータを使用した．
(出所)　観光入込客統計をもとに筆者作成．

図1－5　訪日外国人客の客数と消費額の地域構成

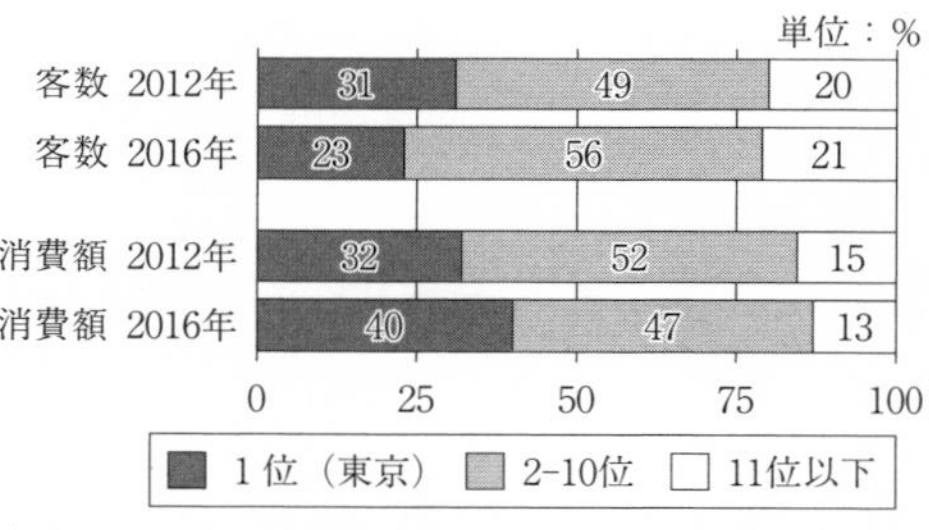

(注)　未集計および調査対象外の石川県，福井県，大阪府，福岡県，長崎県，沖縄県を含まない．京都府は2012年のデータが欠損するため2013年のデータを使用した．
(出所)　観光入込客統計をもとに筆者作成．

は、上位一〇県までに独占されている。[56] つまり大多数の県は、残りの三〇％ほどの観光客・消費額を奪い合っている（あるいは共有している）[57]のである。

そして、このバランスは二〇一二年と二〇一六年でほぼ変わっていない。全国的に観光客や消費額が増加しても、結局、客数も消費額も、東京をはじめとした一部の地域に偏りつづけている。

訪日外国人はさらに厳しい。図1‐5を見ると、訪日外国人は客数と消費額ともに「一一位以下」の占有率がさらに低い。東京の数値は、二〇一二年から二〇一六年にかけて、客数の占有率は下がったが、消費額は全国の四〇％を占めるまで上昇している。

東京だけで全国の半分弱である。大阪や沖縄を入れると多少は下がるだろうが、それでもかなりの数値であろう。東京は、より少ない数の訪日外国人から、より多くの消費額を引き出すことに成功したのである。それに対して「一一位以下」では、消費額はわずかに一三％しかない。このデータに大阪府や沖縄県を含めたら、占有率はさらに小さくなるだろう。

先に述べたように、訪日外国人客は、観光客全体のうち、客数で一％程度、消費額で五％程度しか占めていない。「一一位以下」に含まれる大多数の県は、その数％のなかの、さらに一〇％程度の客数や消費額を奪い合っていたのである。しかも客数は二〇％に微増しているので、客数が増えても消費額が追いついていない。結果、消費単価が下がっていると示唆される。

振りかえってみれば、訪日外国人客を奪い合うこれらの地域の状況は、とても厳しかった、あるいは不毛だったのではないだろうか。

図1－6　観光五業種（宿泊業・娯楽業）の経済成長と雇用状況（2012～2016年）

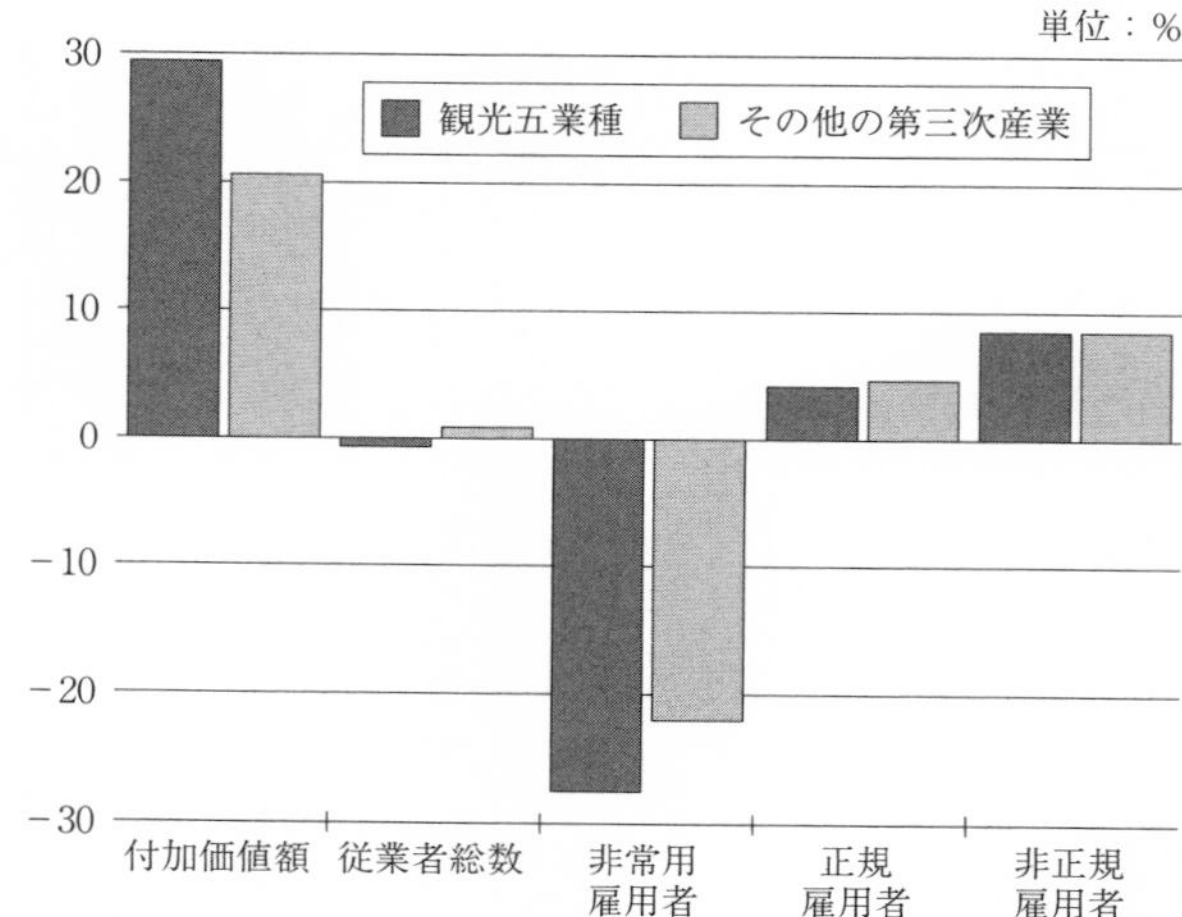

（注）「非常用雇用者」は「個人業主」「無給の家族労働者」「有給役員」「臨時雇用者」の合計である．付加価値額は2011年と2015年のデータによる．「その他の第三次産業」は「医療・福祉」を除く．

（出所）経済センサス（活動調査）をもとに筆者作成．

経済成長は非正規雇用化とともに

とはいえ、客数と消費額は「『小さなパイ』の奪い合い」という構図は改善されないものの、量的にはほとんどの県で増加してはいた。だから観光そのものは、多くの地域で活性化したと言える。

だが、それだけでは経済の活性化とは言えない。雇用と経済成長（付加価値額の増大）(58)はどうだろうか。なお付加価値額については統計の都合上、観光五業種ではなく産業分類の「宿泊業・娯楽業」の数値を見る。

図1－6は、観光五業種と「宿泊業・娯楽業」の付加価値額と事業所数、従業者数の増減率を示してある。比較対象として、観光五業種以外の第三次産業の数値も載せてある。なぜなら観光五業種の雇用や経済が好転していても、その他の第三次産業がそれ以上に「いい状況」だったら手ばなしに喜べないからである(59)。

まずこの図では、付加価値額が大幅に増えているのがわかる。観光五業種の付加価値額はおよそ三

○%増えており、「その他の第三次産業」以上の成長率である。

その一方、減少しているものもある。とくに非常用雇用者は大きく減っている。これは非正規雇用者とは異なって、「個人業主」や「無給の家族労働者」といった、インフォーマルな性格の労働力をまとめたカテゴリーである(60)。観光五業種は、この非常用雇用者の減少幅が大きいため、従業者総数も、マイナス○・七%とわずかに減少している。

それに対して、正規雇用者と非正規雇用者はいずれも増えている。ただ、より増えているのは非正規雇用者である。これは「その他の第三次産業」もおなじである。第三次産業全体で進む非正規雇用化は、観光産業も無関係ではない。

結果として、図1－7のように、従業者に占める非正規雇用者の割合が高まっている。観光五業種では、常用雇用者の半分以上が非正規雇用になっている。観光五業種の非正規雇用への依存は、「その他の第三次産業」以上のレベルである。

図1－7　観光五業種の非常用雇用者および非正規雇用者の比率

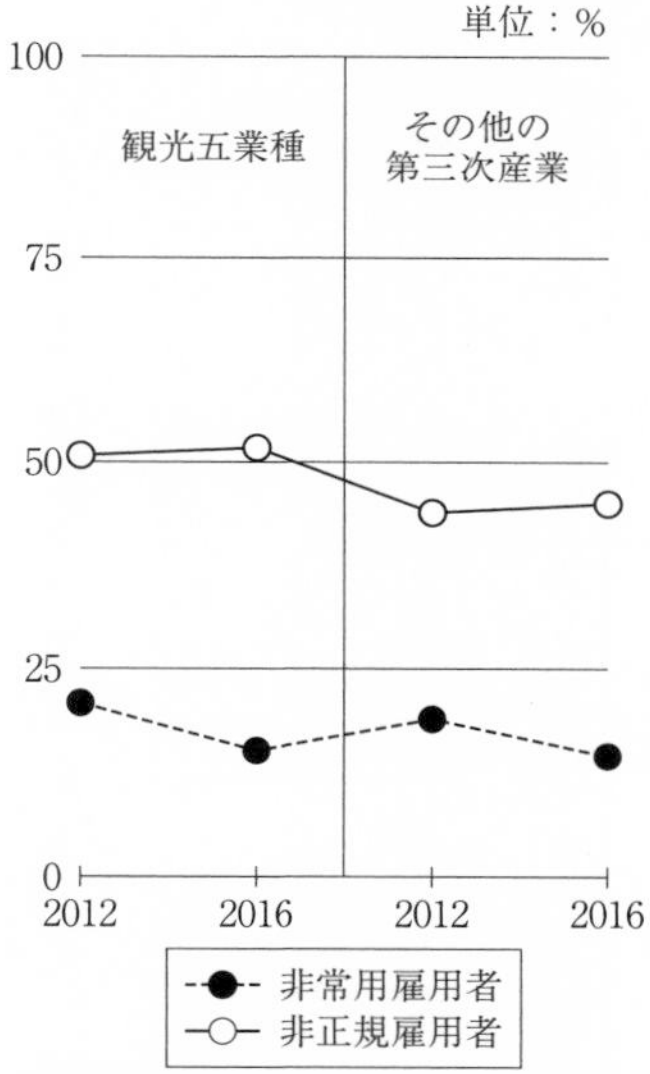

単位：%

（注）「非常用雇用者」は「個人業主」「無給の家族労働者」「有給役員」「臨時雇用者」の合計である.「その他の第三次産業」は「医療・福祉」を除く.

（出所）経済センサス（活動調査）をもとに筆者作成.

すなわち、全国的に観光客数と消費額が増加するなかで、観光五業種（宿泊業・娯楽業）では大幅な付加価値額の増加、つまり経済成長に成功している。その意味ではたしかに経済の活性化が達成できている。だがその過程では非正規雇用化も進んでいる。もちろん、付加価値額が増大したのは非正規雇用化が進んだからだと、即結論はできない。だが雇用の大半が非正規雇用になっているのは、観光による経済の活性化の、ひとつの現実と言わざるを得ない。

経済の活性化は大都市圏に集中している

観光五業種の雇用と経済成長は、都道府県別ではどのような傾向があるだろうか。図1－8に、従業者数と付加価値額の増減率を都道府県別に示した。

ひと目でわかるのは、雇用や付加価値額の増減には地域差があるということである。そして「従業者総数」は、関東地方を除く、ほとんどの地域で減っている。地方圏で増えたのは宮城県、三重県、香川県、長崎県、沖縄県だけである。地方圏では減少率が一〇％を超える地域もある。

正規雇用者もほぼおなじである。正規雇用者が増えたのは関東地方のほか、愛知県など中京圏と関西圏といった三大都市圏や、宮城県や福岡県など地方の中心地域が主である。香川県や沖縄県でも大幅に増えているが、地方圏ではおおむね、正規雇用者は減っている。

先の全国集計データでは、正規雇用者は増えているはずだった。しかしそれは、そもそも労働力人口の多い大都市圏で正規雇用者が増えたため、それが全国の集計値を押し上げたからである。現実には、地方の多くの地域で正規雇用者は減っている。

非正規雇用者は違う。東日本を中心に、地方圏を含む多くの地域で増えている。関西圏や九州南部など減少率の高い地域もあるが[61]、減少した地域自体は多くない。地域にもよるが、地方圏での雇用の拡大は、実際には非正規雇用が主になっている。

図１－８　各都道府県における従業者数と付加価値額の増減率

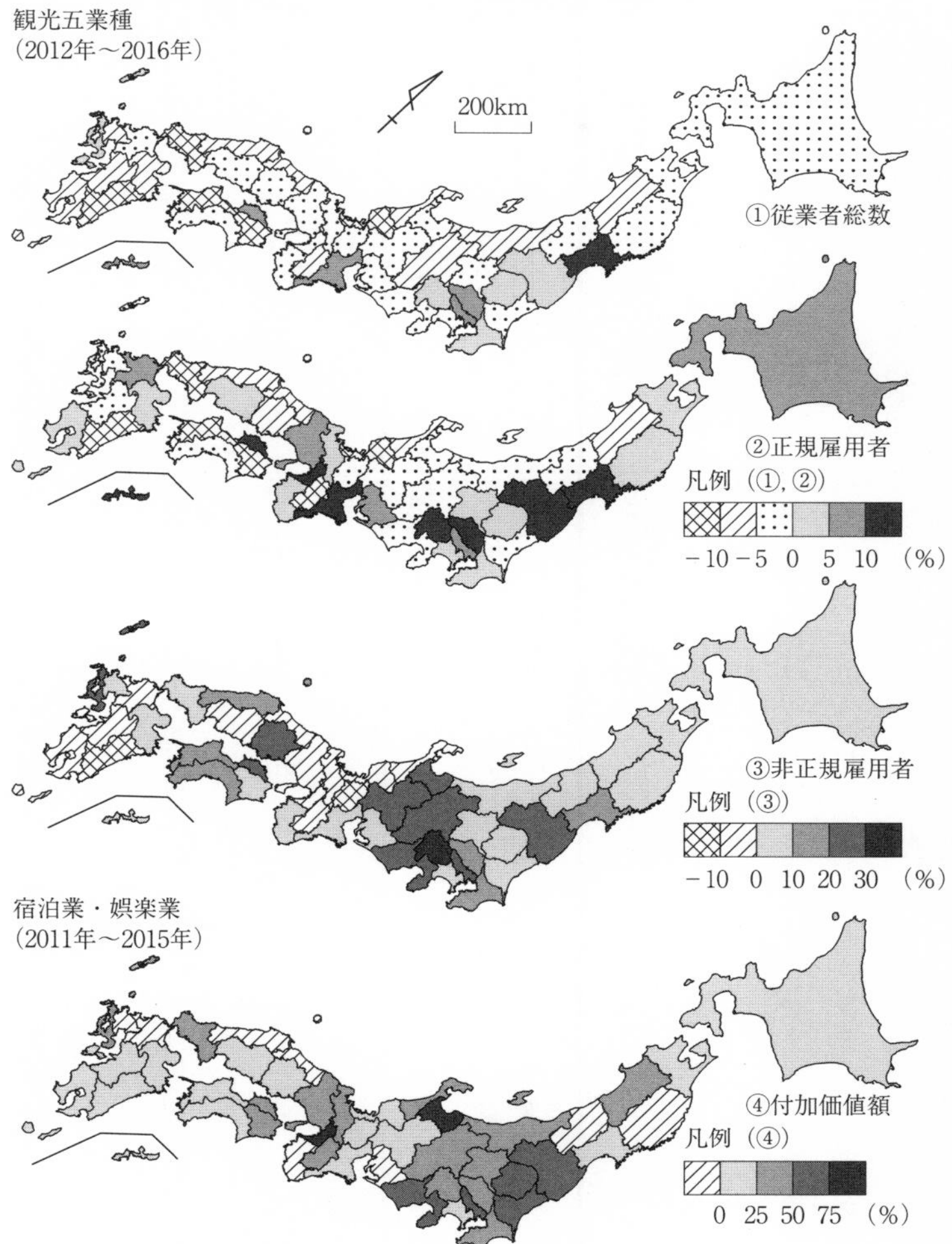

（出所）　経済センサス（活動調査）をもとに筆者作成.

付加価値額は多くの地域で増えている。(62) だが、増加率にも地域差がある。

関東、北陸、東海、関西などの地域では、増加率が五〇％以上の県があるものの、ほかの地域では増加率二五％以下の県も多い。また島根県や岩手県など、地方圏では減っている地域もある。従業者総数や正規雇用者のようにはっきりと大都市圏に集中しているわけではないが、付加価値額の増加も、特定の地域に集まっている。

これらのことは、観光五業種や「宿泊業・娯楽業」の雇用や経済成長は、あまねく地域で発生したのではなく、大都市圏とりわけ首都圏に集中したことを意味している。すなわち「東京一極集中」のような格差は、観光によって改善されるどころか、むしろ悪化している。

なお、観光客数や消費額が大幅に増えたのに、従業者数や付加価値額は減ってしまったというケースもある。たとえば富山県と佐賀県は、客数と消費額がともに四五％以上増えたが、従業者総数は減っている。ほかに従業者総数では、消費額が四五％以上増加した徳島県、三〇％以上増加した長野県や北海道でも減少している。また愛知県は消費額の増加率が四五％以上だったが、付加価値額が減少している。客数や消費額が増えても、経済の活性化に結びつかなかった例は少なくない。

また右の結果が、もし「その他の第三次産業」でもおなじだったら、観光五業種で起きた雇用や経済成長の大都市圏への集中は、第三次産業に共通する傾向であり、観光産業だけの問題ではないと言える。だが実際、「その他の第三次産業」で正規雇用者が減ったのは九県だけで、非正規雇用者は一県でしか減っていない。付加価値額が減った県はない。つまりこの格差拡大は、第三次産業に共通の傾向というよりも、観光産業でより顕著に発生している現象なのである。

このように、観光客数や観光消費額はほぼすべての地域で増加したのに、雇用や経済成長は、特定の

図1－9　各都道府県における特化係数

上位3県　山梨県(2.65)，長野県(2.46)，沖縄県(2.08)
下位3県　埼玉県(0.39)，神奈川県(0.60)，愛知県(0.62)

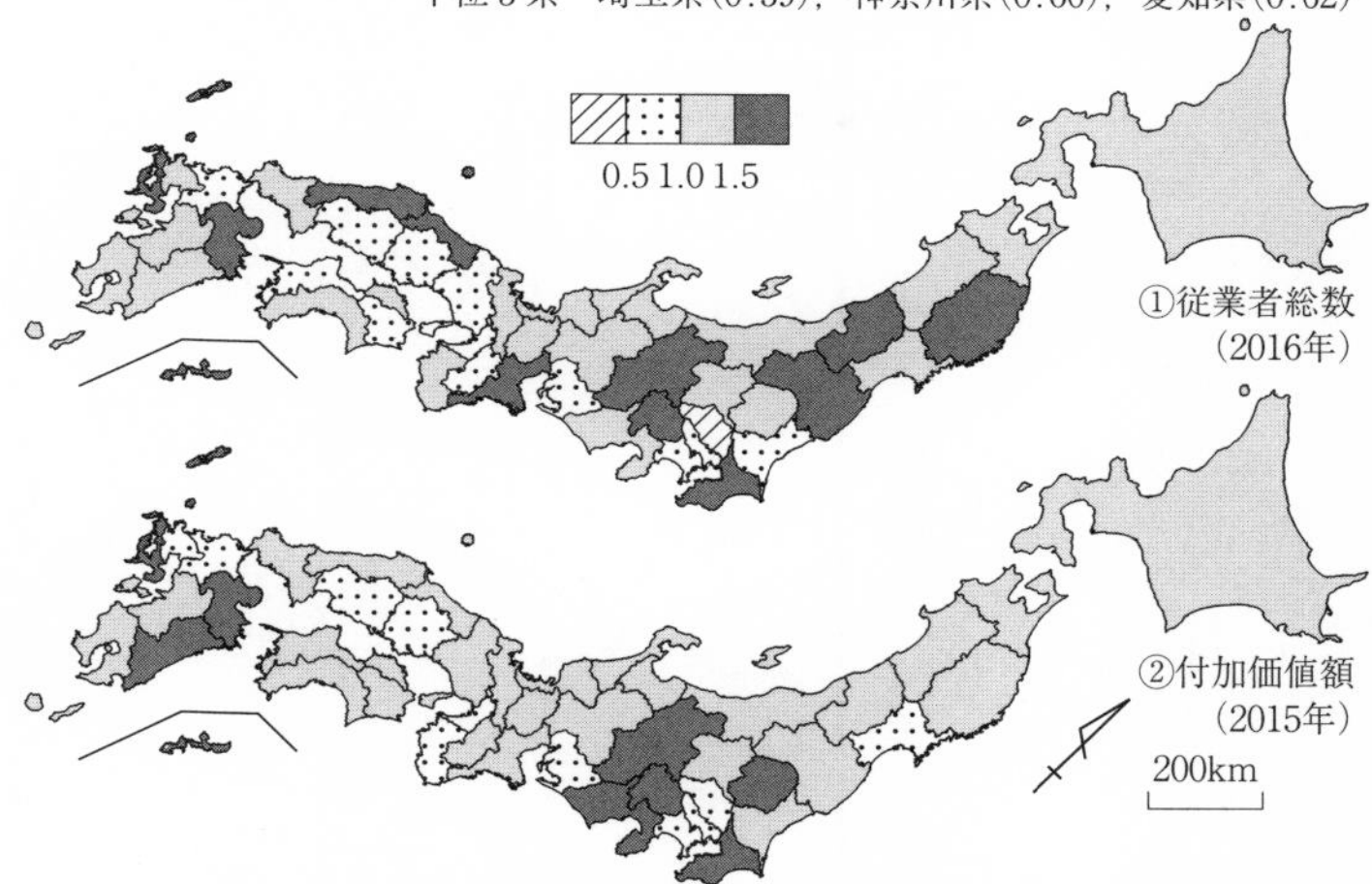

上位3県　長野県(2.31)，山梨県(2.26)，富山県(2.13)
下位3県　東京都(0.55)，愛知県(0.60)，宮城県(0.76)

（注）　特化係数＝各県の第三次産業に占める観光五業種（宿泊業・娯楽業）の比率／全国の第三次産業に占める観光五業種（宿泊業・娯楽業）の比率．第三次産業は「医療・福祉」を除く．
（出所）　経済センサス（活動調査）をもとに筆者作成．

地域に偏っている。とくに雇用の拡大は大都市圏に集中し、地方ではより少なく、かつ非正規雇用化が進んでいる。この偏り方は、観光産業特有のものである。観光によって、格差が悪化している。

観光は地方の「稼げる」基幹産業にもなっていない

つぎに「特化係数」という数値を見たい。文字通り、その地域がある産業にどれだけ特化しているのかを示す数値である。係数が一以上を示すと、その産業に特化していることになる。

では観光五業種に特化している地域とは、どこだろうか。そして特化係数を高めたり、新たに観光五業種に特化して、観光の基幹産業化に成

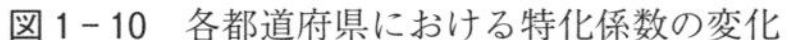

図1-10　各都道府県における特化係数の変化

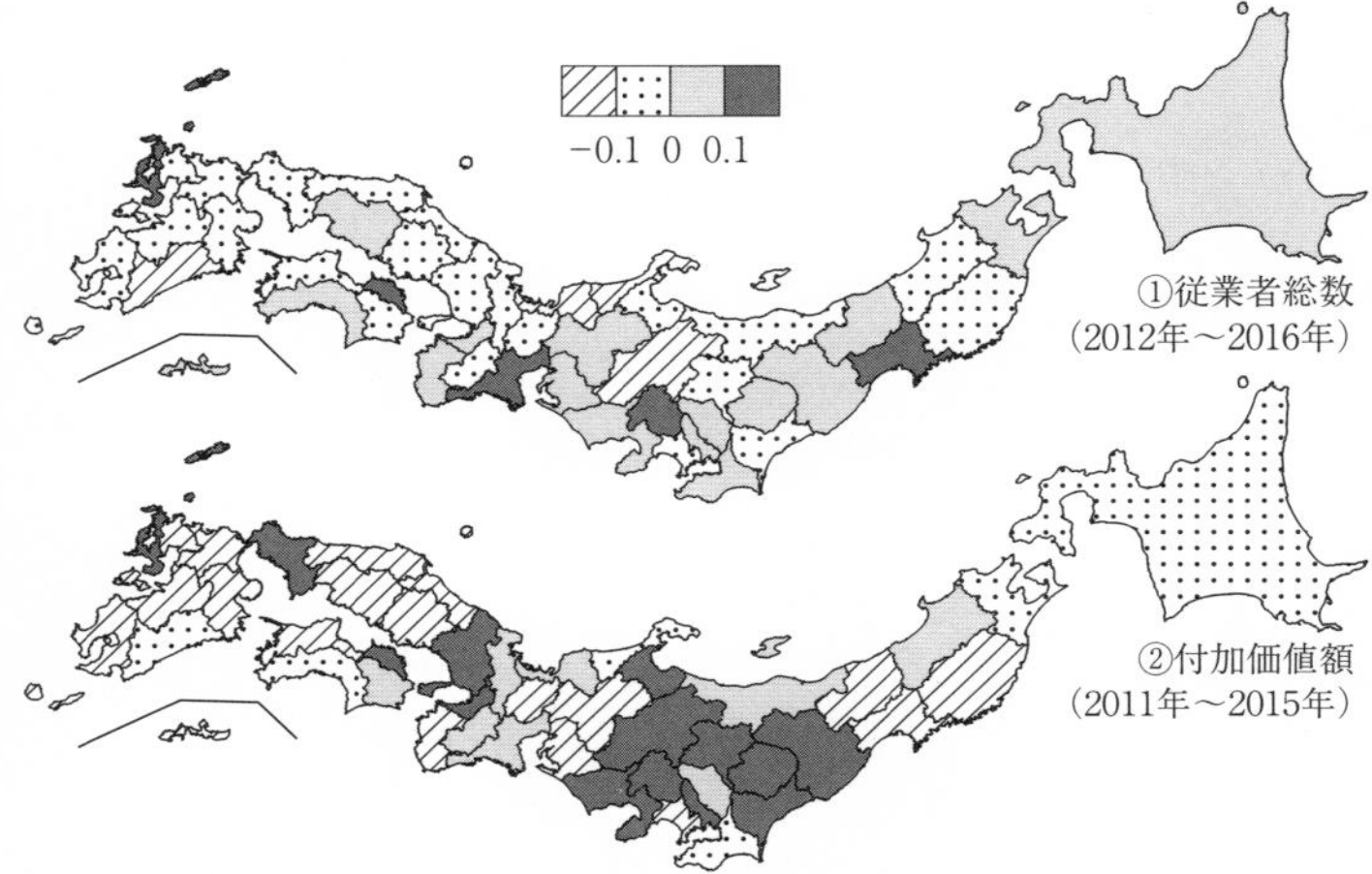

(注)　特化係数＝各県の第三次産業に占める観光五業種（宿泊業・娯楽業）の比率／全国の第三次産業に占める観光五業種（宿泊業・娯楽業）の比率．第三次産業は「医療・福祉」を除く．
(出所)　経済センサス（活動調査）をもとに筆者作成．

功した地域はどこだろうか。

まず図1-9に各県の、第三次産業に対する観光五業種の特化係数を地図化した(63)。これは比較的はっきりしている。特化係数が一未満なのは東京都、愛知県、大阪府などの大都市圏であり、一以上を示して観光五業種に特化しているのは地方圏である。特化係数が最も高いのは長野県や山梨県、沖縄県で、最小値は埼玉県と東京都である。

この結果は当然である。東京などの大都市圏では、観光だけでなく、第三次産業全般が発達しているので、観光五業種には特化していないのである。一方で、地方圏では第三次産業全般があまり発達していないから、結果的に観光五業種に特化することになる。

だが特化係数は、二〇一二年から二〇一六年にかけ、多くの地域で低下している（図1-10）。逆にどこで特化係数が上昇したのかを見ると、地方圏でも見られるが、主には大都市圏とその周辺地域になっている。

つまり、特化係数は一般的に地方圏で高いのだが、地方圏では特化係数があまり上昇せず、むしろ一部では低下したのである。地方は観光に特化しなくなっている。客数や消費額が大幅に増加した地方圏の地域でも、特化係数は富山県、長野県、広島県、佐賀県、徳島県、熊本県などで低下している。

結果的に、特化係数が一未満から一以上になって、新しく「観光特化」化した県は、宮城県、茨城県、香川県しかない。(64) そして、むしろ大都市圏こそ観光に特化しつつある。

これらが意味するのは、地方で観光が新たに有望な雇用機会になったり、新たな「稼げる」産業に転換したりして観光が基幹産業化した県は、ほとんど存在しないということである。観光客数や消費額が増えても、観光は地方の「稼げる」基幹産業にはなっていないのである。むしろ観光の基幹産業化は、どちらかと言えば大都市圏で進んだ現象である。

もともとの地域格差が悪化している

結果として、観光が活性化して客数と消費額が増えても、むしろ大都市でばかり従業者（とくに正規雇用者）や付加価値額がより多く増加し、大都市圏とくに東京と地方圏との格差は悪化している。

このバランスの変化を詳しく見てみよう。図１‐11は、全国の従業者総数、正規雇用者数、非正規雇用者数、付加価値額のうち、東京都がどれだけ占めているかをグラフ化した。カッコ書きの数値は、二〇一二年から二〇一六年にかけての増加量である。(65)

このグラフでは東京都の生産年齢人口――一五歳から六四歳の人口――の占有率も示している。東京都は全国の一一・四％を占める。もし観光五業種が全国に完全に平等に存在するなら、従業者総数など

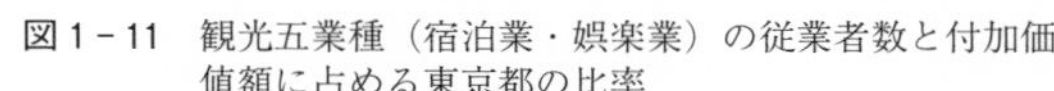

図1－11　観光五業種（宿泊業・娯楽業）の従業者数と付加価値額に占める東京都の比率

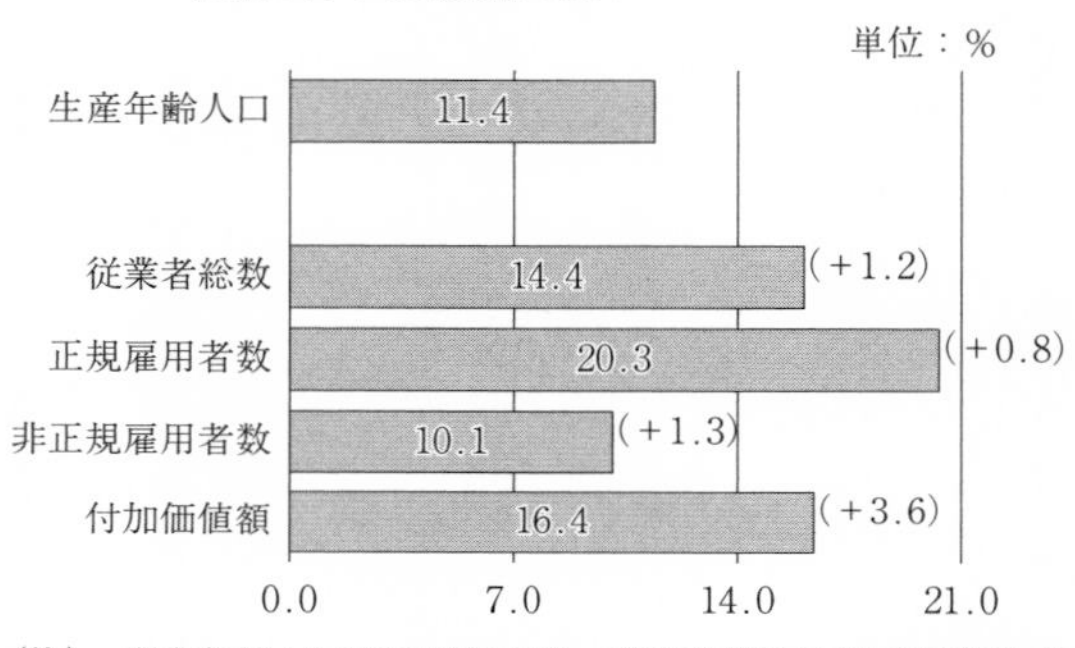

（注）　生産年齢人口は2015年の値．従業者総数,正規雇用者数,非正規雇用者数は2016年,付加価値額の値．カッコ書きはそれぞれ2012年から2016年，2011年から2015年にかけての増加量．

（出所）　経済センサス（活動調査）および国勢調査をもとに筆者作成．

もおなじく一一・四%になるはずである。だが実際にそんなことは起きず、従業者総数以下ほぼすべてがそれを上回っている。付加価値額も上回っており、その占有率は三・六ポイント上昇した。

日本は「東京一極集中」だから当然とも思われるが、とくに目立つのは正規雇用者数である。観光五業種の正規雇用者は、全国の二〇%以上が東京都に集中しており、生産年齢人口の比率を大幅に上回っている。東京は観光五業種において、正規雇用される機会に大きく恵まれた地域である。

逆に、例外は一〇・一%しかいない非正規雇用者である。東京は生産年齢人口と比べて、観光五業種の非正規雇用化があまり進んでいないことになる。なおいずれの数値も、東京都の占有率は上昇している。観光五業種では、正規・非正規を問わず、雇用機会や経済成長がますます東京に集中している。

これらのことから少なくともはっきりしているのは、観光を活性化することで経済を活性化し、東京一極集中を改善するとか、大都市圏と地方圏との格差を是正する、観光を地方の基幹産業にするといったことは、ほとんど達成されていないということである。むしろ観光の活性化で、もともとあった地域格差が悪化しているのである。

市区町村でも格差は拡大した

分析の最後に、補足的に市区町村についても見ておこう。市区町村は各自治体の差がとても大きいので、都道府県のような詳しい比較分析は難しい。わかりやすい例として人口の最大値と最小値を比べると、東京都は鳥取県のおよそ二四・五倍で済むが[(66)]（それでもだいぶあるが）、市区町村の場合、神奈川県横浜市の人口は、東京都青ヶ島村の二万倍以上多い。違いを比べるには、もともとの違いが大きすぎる。

だが、概略は示せる。まずは、全国の市区町村のうち、二〇一二年から二〇一六年にかけて、観光五業種の従業者数が増えたのは、どのような地域だろうか。

図1－12　市町村における観光五業種の従業者数の増加地域率（行政区分・人口別）

	該当数	増加地域率
全　体	1,729	40%
行政区分		
市区部	808	43%
町村部	921	38%
人　口		
50万人～	35	46%
10～50万人	247	48%
5～10万人	261	43%
1～5万人	683	40%
5千～1万人	244	38%
～5千人	259	33%

（注）　分析対象期間中に町村部から「市」に変わった自治体（滝沢市．白岡市．大綱白里市）は．2012年も2016年も「市」として扱う．栃木市に編入された岩舟町は栃木市の数値に合算した．福島第一原子力発電所事故により警戒区域や計画的避難区域に指定された自治体（双葉町．大熊町．浪江町．葛尾村．川俣町．広野町．楢葉町．富岡町．川内村．飯舘村）は分析対象外とした．
（出所）　経済センサス（活動調査）および国勢調査をもとに筆者作成．

図1－12と図1－13にそれを示した。ここでは市区町村の人口や高齢化率などの指標で、従業者数がひとりでも増加した地域の該当率――増加地域率を示してある。

増加地域率が高いのは、町村部よりも市区部である。そして人口がより多く、人口の増加地域で、高齢化率が比較的低く、特化係数の低い（観光産業に特化していない）地域である。

図1－13　市町村における観光五業種の従業者数の増加地域率（人口増減・高齢化率・特化係数別）

	該当数	増加地域率
人口増減		
増加地域	327	52%
減少地域	1,402	38%
高齢化率		
～25%	273	53%
25～30%	468	42%
30～35%	449	39%
35～45%	457	33%
45%～	82	37%
特化係数		
～0.5	717	47%
0.5～1.0	395	40%
1.0～1.5	203	42%
1.5～2.0	114	32%
2.0～	300	26%

（注）　分析対象期間中に町村部から「市」に変わった自治体（滝沢市．白岡市．大綱白里市）は．2012年も2016年も「市」として扱う．栃木市に編入された岩舟町は栃木市の数値に合算した．福島第一原子力発電所事故により警戒区域や計画的避難区域に指定された自治体（双葉町．大熊町．浪江町．葛尾村．川俣町．広野町．楢葉町．富岡町．川内村．飯舘村）は分析対象外とした．
（出所）　経済センサス（活動調査）および国勢調査をもとに筆者作成．

サンプル数が多いので当然、例外も数多いのだが、要は、観光五業種の従業者数が増えたのは、主には都市部の条件有利な恵まれた地域である。他方、人口減少と高齢化の進む小規模地域では、従業者数が増えた地域はあまり見られない。やはりここでも、観光の雇用は、観光にかかわらずもともと経済的に有利だった地域で増えている。また特化係数の高い地域では従業者数があまり増えておらず、つまり、それまで観光に力を入れてきた観光地では、従業者数が増えたケースが少ない。観光で稼いで「地域の再生」につながったケースは多くない。

もう一点、「ジニ係数」を見ておく。ジニ係数とは、社会における偏在や不平等を測る指標である。ジニ係数は一と〇のあいだの値で示され、〇に近いほど平等、一に近いと不平等を意味する。(67)(68)

図1－14は正規雇用者と非正規雇用者について、その増加した人数が、特定の地域に「どれくらい偏っているのか」という、「増え方の不平等」のジニ係数を示している。なおこのデータは統計の都合上、観光五業種ではなく「宿泊業・娯楽業」を対象としている。参考として、第三次産業全体のデータ

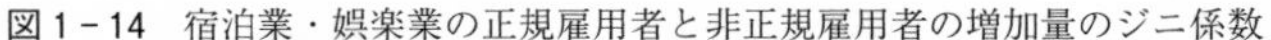

図1－14　宿泊業・娯楽業の正規雇用者と非正規雇用者の増加量のジニ係数

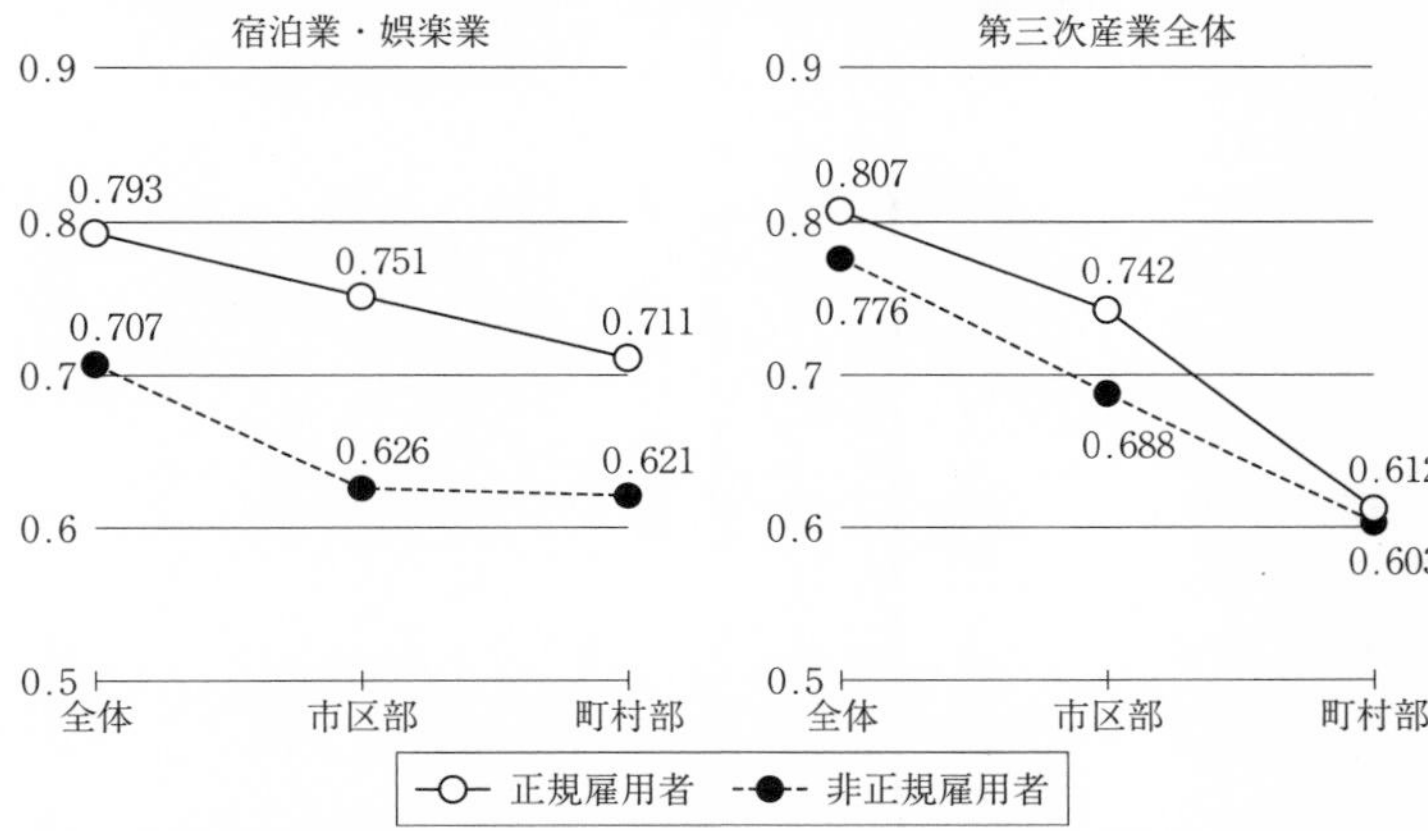

（注）　分析対象期間中に町村部から「市」に変わった自治体（滝沢市．白岡市．大網白里市）は．2012年も2016年も「市」として扱う．栃木市に編入された岩舟町は栃木市の数値に合算した．福島第一原子力発電所事故により警戒区域や計画的避難区域に指定された自治体（双葉町．大熊町．浪江町．葛尾村．川俣町．広野町．楢葉町．富岡町．川内村．飯舘村）は分析対象外とした．

（出所）　経済センサス（活動調査）をもとに筆者作成．

も載せてある。(69)

正規雇用者と非正規雇用者を比べると、ジニ係数は正規雇用者の方が高い。つまり正規雇用者の増加は、より特定の地域に集まっており、正規雇用者は、より多く増えた地域と、わずかしか増えなかった地域との格差が大きい（もちろん、増えなかった地域との格差はさらに大きい）。

そして、町村部での正規雇用者のジニ係数（〇・七一一）は、第三次産業の数値（〇・六一二）と比べてとくに高い。町村部の宿泊業・娯楽業ではとくに、正規雇用者の増加が、特定の地域に偏っているのである。正規雇用の格差は町村部において、より深刻に拡大している。

一方で非正規雇用者についてはジニ係数が低く、また町村部以外では第三次産業と比べても低い。それが意味するのは、正規雇用者とは異なって、非正規雇用者はより多くの地域で、ある意味で「平等」に増加した、つまり非正規雇用化が広く進んだということである。

あくまで概略にすぎないが、このように市区町村でも、従業者数の増加は大都市などの特定の地域に集中している。正規雇用者の場合はとくに顕著である。一方でそれ以外の地域では、従業者数が増加したケースでも、実際には「平等」に多くの地域で非正規雇用化が進んでいる。都道府県で見られたような現象は、市区町村でも起きているのである。

4　観光による格差の再生産

観光で経済の活性化は無理？

以上のことは、観光の不都合な現実である。

全国的に観光客や観光消費額は増加している。しかしそれは、観光の中核産業の非正規雇用化をともなうものだった。とくに地方圏では従業者の総数が減るなかで、正規雇用者が増えず、むしろ非正規雇用化が進んでいる。地方圏の観光産業は雇用環境が悪化している。一方で大都市圏では、首都圏を中心として従業者の総数も、正規雇用者も増えている。また経済成長の度合いも大都市圏の方が高い。

本章で解説したように、日本の「観光立国」政策は、観光を「国民の福祉」よりも「経済活性化のためのツール」として、観光で稼ぐことをめざしてきた。結果として観光産業は、たしかに国全体としては成長したのだが、同時に、非正規雇用化や東京一極集中といった格差を悪化させてもいる。国の経済成長のために格差が悪化したという矛盾が、ここにある。

国だけでなく、多くの都道府県も、観光による経済の活性化をめざしてきた。表1－2は、各県の観

表１－２　観光計画書の抜粋

計画書名	抜　粋
青森県観光戦略	今，青森県は，人口減少や高齢化の進行，グローバル経済の進展など，社会環境が大きく変化する中，本県の「生業（なりわい）」と「生活」が一体となって価値を創出し，「地域で経済が回る」持続可能な社会の実現を目指して挑戦するステージに立っています．そこにおいて観光は，基幹産業となって地域経済をけん引する役割を担っていますが，私たちが世界に向けて示すべきは，この地で「暮らす人」が地域の資源を大切にして誇りを持って磨き上げ，「訪れる人」がその魅力を満喫することによって幸せを感じ，そのことが，地域で「働く人」の生業を創出し，「暮らす人」の幸せとなり，地域にさらなる交流を呼び込むという，「人」も「地域」も幸せになる姿です
新潟県観光立県推進行動計画	観光立県を実現するためには，こうした本県の有する潜在力を最大限に生かし，魅力ある地域づくりや交流人口の増大等を図るとともに，県民一人ひとりが観光立県の意義に対する理解と関心を深め，地域を挙げて，観光地経営の視点に立った明確なコンセプトに基づく観光地域づくりに取り組み，地域の稼ぐ力を引き出すとともに地域への誇りと愛着を醸成することで，観光産業が本県経済を牽引する産業となるよう育成することが重要です
第２期埼玉県観光づくり基本計画	本県では，平成29年に世界盆栽大会 in さいたま，平成31年にラグビーワールドカップ2019，平成32年に東京2020オリンピック・パラリンピックが開催されます．世界が注目するこれらのビッグイベントを外国人観光客誘致の絶好の機会と捉え，「外国人観光客100万人の誘致」を基本方針に位置付けて重点的に取り組みます．また，豊かな自然や伝統文化，アニメ，産業など，本県の多彩な観光資源を観光客のニーズに応じて徹底的に活用していきます
はばたけ群馬観光プラン	人口減少，少子高齢化社会もますます本格化し，地域経済の縮小化が懸念されるなか，観光による交流人口の増加や経済活性化，雇用の創出などへの期待が高まっており，地域の活力を生かし，「稼ぐ力」に着目した地域主体の「観光地域づくり」が地方創生の原動力として大きく注目されています
三重県観光振興基本計画	観光産業は，その経済効果が，宿泊業や飲食業，運輸業といった分野だけでなく，製造業，農林水産業など幅広い分野に波及する裾野の広い産業であり，地域経済の活性化や雇用の増大等に大きな期待が寄せられています．本県では，観光産業を本県経済を牽引する産業の一つとして大きく育てていくため，平成23年に「みえの観光振興に関する条例」を策定し取組を展開してきました
和歌山県観光振興実施行動計画	国内各地域や海外の国・地域のマーケットニーズやトレンドをオンタイムで収集，分析することで，観光資源や地域毎のターゲットを明確にし，継続的なメディアへの提案活動，旅行会社への情報提供，企業とのタイアップなどにより戦略を効果的に具現化してまい

	ります．また，受入体制については常にお客さまの視点に立ちハード，ソフト両面での充実に努めてまいります
第２期愛媛県観光振興基本計画	我が国において人口減少や少子高齢化が進行する中，地方創生の切り札として観光振興に大きな期待が寄せられており，とりわけ今後５年間は，2020年の東京オリンピック・パラリンピックも見据え，交流人口と実需の拡大を図るため，国内はもとより，海外からの誘客に取り組む重要な時期であると考えています
日本一のおんせん県おおいたツーリズム戦略	元気で魅力あふれる大分県づくりを進めていくためには，地域振興と観光振興を一体に進めるツーリズムを着実に進展させることが重要です．さらに，観光は，経済波及効果も大きく，幅広く消費と雇用を生み出す重要な産業であることから，引き続き，観光産業の振興に取り組んでいくことが必要です
鹿児島県観光振興基本方針	観光は，農林水産業，商工業など関連する産業の裾野が広い総合産業であり，観光振興による交流人口の拡大が，雇用機会の創出や増大などにつながり，地域全体に大きな経済効果をもたらす原動力となり得るものと期待されます

（注）　下線は著者による．
（出所）　各県の観光計画書をもとに筆者作成．

光計画書の冒頭部の抜粋である。この冒頭部では、知事などが観光による経済の活性化を宣言している。

その趣旨には各県であまり違いがない。引用しながら趣旨をまとめると、「観光は、経済波及効果も大きく、幅広く消費と雇用を生み出す重要な産業」であるという認識のもと、観光に「基幹産業となって地域経済をけん引する」ことを求めて、具体的には「交流人口の増加や経済活性化、雇用の創出」による「地域全体に大きな経済効果をもたらす原動力」を観光に期待している。そしてその手段として「二〇二〇年の東京オリンピック・パラリンピック」を契機に「外国人観光客誘致の絶好の機会[70]」とし、「お客様の視点」や「観光地経営の視点に立った明確なコンセプトに基づく」「『稼ぐ力』」に着目した地域主体の『観光地域づくり』」を行うのである。

しかし、その結果は皮肉である。観光が「稼げる」産業になっているのは、地方ではなく大都市なのである。

結局のところ、観光で経済を活性化するのは、少なくとも地方では、一部の地域を除いてかなり難しい。みんなが観光で経済的に豊かになるのは無理である。観光客や観光消費額が増えても、格差は拡大する。「観光を成功させれば経済が活性化できる」という前提には無理がある。

絡まりあった格差と広がる分断

観光は格差を悪化させている。

では、それはなぜだろうか。地方の人びとや非正規雇用者たちの努力が足らなかったのだろうか。富裕層への特化などの観光政策が徹底できていないのだろうか。——観光で経済が活性化できると主張する人びとに従えば、そういうことになる。

だがおそらくそうではない。観光という経済現象自体が、格差を悪化させるメカニズムを内蔵している。観光は最初から「格差の再生産装置」の性質を持っている。そのメカニズムはつぎの章で解説するが、本章の最後に、観光が悪化させる格差とはなんなのかを整理しておく。いくつかの格差が絡まりあっている。

本章で論じた格差のひとつは「オフショアリング」のように、富裕層など、消費する能力の高い少数の人びとと、そうでない人びとのあいだの格差である。

現代の先進国では、大都市の都心部での観光再開発が進み、場所や空間がつぎつぎに富裕層や高所得者層のためのものになりつつある。他方、大多数の人びとはそうした特権空間から排除されていく。富裕層のための素敵な空間が作られるほど、地価や株価などの金融商品の価値が高くなり、それらを保有する高所得者層は、さらに経済利益を得ることになる。

そして、消費は本来的に自己への投資でもある。消費能力の高さは、消費する本人の「稼ぐ」力を高め、「稼ぐ」力の高さは、可処分所得の多さとして、さらに消費能力を高める。消費の力と「稼ぐ」力は循環的である。高所得者層に特化した観光の活性化は、その消費する機会＝自己投資の機会を広げ、彼ら彼女らの「稼ぐ」力をさらに拡大する。そして高所得者層のための観光は、彼ら彼女らがより高度で洗練された観光や娯楽を楽しんで、よりよい自己投資の機会を拡充したり、より好条件の金融商品を購入する機会を提供する。他方、消費能力が低く、高級ホテルなど高額な商品は指をくわえて見ているしかない大多数の人びとは、その特権的な循環から離されていく。

もうひとつは、観光産業の内側での格差である。全国的に観光客や観光消費額が増えても、正規雇用者よりも非正規雇用者が増えている。つまり正規・非正規の、観光労働者の間の格差――社会格差が広がっている。

なかでも地方で非正規雇用者が増え、正規労働者が増えるのは大都市である。正規・非正規の格差を抱えながら、大都市と地方との格差――地域格差が広がっている。

市区町村でも、町村部と市区町村、人口減少地域と増加地域とのあいだなど、細かい地域格差が観光によって悪化している。観光産業では、社会格差と地域格差が複雑に絡まりあいながら悪化しているのである。

地方にせよ大都市にせよ、一般的に観光産業は決して高賃金ではない。観光産業の労働者が富裕層や高所得者層に転じる可能性は高くない。非正規雇用化が進む観光産業の人びとは、その内部で格差を広げられながら、低賃金で不安定な労働環境で、高所得者層を楽しませる存在になっているのではないか。

悪化する非正規雇用化は、高所得者層向けのビジネスを、より低賃金・低リスクで効率的に行おうとする、経営者や資本家の都合によるものでもあり、またそれらの経営戦略によって「都市再生」や世界都市の都市間競争を進める、都市政策によるものでもある。観光が象徴する、社会と都市の矛盾である。
このように、格差が格差を生み、格差が格差を支え、格差が格差を内包している。この格差の矛盾は、絡まりあって、簡単には解けない。絡まりあった格差の末端で、富裕層と観光労働者は「楽しむ／楽しませる」の関係に位置づけられ、分断されてゆく。観光による経済の活性化は、矛盾に満ちた複雑な格差と分断を再生産している。

注

（1）本書の原稿には社名が記されていたが、たまたま原稿を目にしたこの会社の広報担当者より、社のイメージと異なる捉え方をされかねないため、事例として社名を出して言及することをさけるよう要求された。本文の記述は、筆者がそれにおとなしくしたがった結果である。先方の論理は理解に苦しむが、教え子の働く会社とわざわざ対立する意味はない。なお宿泊料金はこの会社の公式サイトの情報に基づく。
（2）おなじく、この会社の人事ページの情報より。
（3）この会社では能力評価によって給与も変わってくるとのことで、一概に全員がここに記した給与をもらっているわけではなく、より給与が高額な従業員もいるはずである。
（4）アーリ（二〇一八）一二頁。
（5）アーリ前掲、一二一頁。
（6）通勤の便で千駄木を選んだのだが、同地でワンルームマンションを見つけるのは一苦労だった。当時は東京オリンピック・パラリンピックに向けた観光バブルもあって、「下町情緒」の町並みが高い価値を持ってしまったこの地域には、投資マンションばかりが建設されていた。ふつうに住める賃貸マンションが見つからないのである。ちなみに谷根千はしばしば「下町」と言われるが、あのエリアは地形的に低地ではないし、夏目漱石や森鷗外が過ごしていたという歴史的背景から見ても、「山の手」であろう。少なくとも、単に古い町並みが残っていれば「下町」というのは誤謬である。

（7）　メディカルツーリズムは、そのすべてが違法行為というわけではない。純粋に、合法的によりよい治療を受けることを目的とした移動（ツーリズム）は多い。そのすべてが経済力にまかせたものとは言えまい。

（8）　ラッタウット・ラープチャルーンサップ著、古谷美登里訳『観光』、ハヤカワｅｐｉ文庫版、一一頁。Lapcharoensap, R. 2005. SIGHTSEEING. GROVE/ATLANTIC, INC.

（9）　一九九四年のヒット曲「Girls and Boys」。

（10）　ここで歌われているのは、経済力はあっても自分でなにをしたらいいのかわからない、自分がなにを求めているのかもわからない、だから following the herd、みんな——群衆——に従ってギリシャに行くようなステレオタイプな消費しかできなくなっている（と同時に、そういう「くだらない」消費の原資であるイギリス経済が落ち目であることもわかっている）という、自分たちイギリスの若者の皮肉であろう。

（11）　国際協力機構（ＪＩＣＡ）「これからの観光開発協力」https://www.jica.go.jp/publication/monthly/0704/04.html　二〇二一年八月二一日アクセス。

（12）　「最高級ホテル「アマン」、虎ノ門に　二〇二三年開業へ」、『朝日新聞』二〇二一年二月一八日。

（13）　日本証券業協会調査部「証券投資に関する全国調査　平成三〇年度調査報告書（個人調査）」。

（14）　東京都「東京都長期ビジョン」二二一頁。

（15）　中澤（二〇一六）。

（16）　小原（二〇二〇Ｂ）一六〇頁。さらにここでは「欧米では低賃金の非熟練労働者は移民やエスニック・マイノリティである場合が多く、人種や民族などの社会的な要素も加わる」（同頁）と、興味深い付記がなされる。日本ではどうだろうか。欧米ほどは移民やエスニック・マイノリティの問題が表面化していないとはいえ、日本にも移民もエスニック・マイノリティも存在する。また外国人労働者の受けいれ拡大は、この問題を表面化させつつある。さらには、「低賃金の非熟練労働者」の中心は、女性や若者といった社会的弱者になっているかもしれない。この分野の地理学的な追研究は、これから重要な意味を持つだろう。

（17）　ここで「現代」や「近代」、「モダニティ」というタームが混在しているように、これらが現実になにを意味しているかは、複雑な問題である。知識社会学者の苅谷剛彦（一九五五―）の近著は、これらのタームをめぐる問題から戦後日本の「迷走」を読み解こうとしており、興味深い（苅谷 二〇一九）。

(18) いわゆる「SNS映え」する画像をアップして「いいね」をもらったり、あるいは他人のそれっぽい画像に「いいね」をつける行為も、この文脈上にあるといってよいだろう。

(19) なおバウマンは商品の消費の「軽さ」だけを論じているわけではなく、それとおなじようにして、人びとの価値観すらも商品の消費のように「軽く」消費されるようになっていると見る。本章の中心的な問題とは外れるので深入りはしないが、彼のリキッド・モダニティ論の真骨頂はここにあると思われる。

(20) 二〇一三年、尾形真理子作。TCG「去年の服が似合わなかった。わたしが前進しちゃうからだ。…」https://www.tcc.gr.jp/copira/id/85462/ 二〇二一年八月二一日アクセス。

(21) バウマン（二〇〇八）二一二頁。

(22) 幸田・臺（二〇二〇）。この研究では、アイドルのコンサートや韓流コンテンツの鑑賞を趣味とする女性たちのエンパワーメントが詳細に論じられている。

(23) 山田（二〇一八）はこれをマルクスに依拠しながら演繹的に論じていく興味深い論考である。彼によれば「動物の生命活動は一般に、自己の外的環境に働きかけて得られた食料等を消費・排泄することで自らを再生産し、生殖活動を通じて個体を超えたその継承を実現していく。人間もまたその例外ではないが、動物と決定的に異なるのは、外的環境に対する働きかけが労働という形態をとることである」（七頁）。すなわち人間は自分の外的環境に働きかけて、つまり食料を採集したり住居を作ったりして、生命活動を維持する。それは人間も動物も変わりがない。違うのは、外的環境への働きかけが、労働というかたちをとることである。しかしつぎに引用するように、労働は消費と不可分である。「人間に役に立つ生産物を獲得するために、人間は、労働を通じて、外的自然を労働手段および労働対象として消費する。例えば、建物を作るために、金槌やのこぎり（＝労働手段）そして木材や石（＝労働対象）を消費する。このように新たな生産物を作り出すために行う消費を生産的消費という。したがって、生産とは、労働による生産的消費であると言うことができる。これに対して、人間の生命活動にはいま一つの側面、すなわち、生産物を、自己の生活（生命の再生産）のために摂取・享受する行為がある。一般的にはこれを消費と言うが、生産的消費と区別して、個人的消費と呼ばれている」（七―八頁）。ここでは消費が区分されているが、重要なのは生産と消費が相互補完的関係にあることである。消費しなければ生産はできない。このとき消費はある意味で中間投入である。そして生産行為に意味があるのは、生産したものを最終的に消費するからである。「労働によって展開する生産こそが出発点であり生命活動の言わばエンジンであるとすれば、消費はこれなしには過程が目的（＝行き先）を失い、生命活動サイクルを完結できない『最後の仕上げ』である」（九頁）。

(24)　彼は極端な前衛芸術だけを追求してきたわけではない。「レディ・メイド」以前の作品として、「階段を降りる裸体 No. 2」などの絵画作品は高く評価された。

(25)　デュシャン・トムキンズ（二〇一八）六〇―六一頁。

(26)　あくまでも「商品」としてのアートの話である。「行為としてのアート」の価値は、鑑賞者がいなくても成立するだろう。

(27)　これは経済学でも「労働の成果・意義は、演じる側が与える有用効果の内容とともに、労働対象となる人間自身の消費＝内部化生命活動のあり方に依存する」と説明される（山田　二〇一八、四一頁）。

(28)　これに関して、現代アートを論じる小崎（二〇一八）は次のように指摘する。「（ヴェネツィア）ビエンナーレのプレビューに集まる一群の紳士と淑女は、ＩＯＣやＦＩＦＡの幹部よりも、はるかに高いプライドとそれなりの利権を有している。『現代アートとは何か』と問われて即答できる人は専門家でも少ないだろうが、彼ら彼女らは、まさに現代アートの価値を決めている特権階級なのだ。スポーツであれば抜きん出た才能は誰が見てもわかるし、演技点など採点に恣意性が入りうる競技を除けば、その才能は計測・記録という形で客観的に数値化もできる。だがアートには良し悪しを決める絶対的な基準はなく、誰かの判断を待たねばならない」（一〇頁）。これは一例だが、観光や娯楽が提供する精神的・記号的価値は、だれもが享受できるわけではなく、本来的に消費者選別的な性質をもつことを示してもいる。ただしこれらの商品は「だれにも評価できない」がゆえに「だれでも評価できる」というパラドクスもある。つまりある意味では、一概に一部の消費者だけが価値を享受できるわけではないとも考えられる。

(29)　この意味でも、前注(23)の山田（二〇一八）のように、生産と消費を別個のものととらえず、ひとつの生命活動を構成する、わかちがたい循環関係や相互補完関係にある要素としてとらえる視点は、現代社会を理解するうえで重要である。バウマンが指摘するように、現代社会では消費能力が人びとの社会成員としての資格になってしまっている。だが「消費能力の欠如」という「新しい貧困」は、同時に「生産能力の欠如」へと循環し、生産能力の欠如は「失業状態の貧困」すなわち従来の貧困につながる。ここに「新しい貧困」と「失業状態の貧困」の螺旋的に循環する消費社会の深刻さが明らかになる。

(30) 橋本（二〇一八）。

(31) 龍瀟（二〇一五）一一七頁。

(32) 「世界裂く「K字」の傷、民主・資本主義、修復へ挑む」、『日本経済新聞』二〇二一年二月二一日。

(33) フリードマン（一九七三）一五〇頁。

(34) フリードマン前掲、一五二頁。

(35) フリードマンは、当時の労働者向けの娯楽の暴力性や刹那性、あるいはチープさを皮肉的に批評している。それは、たとえば大量の広告が表示されるスマートフォンの無料アプリやSNSなど、現代の娯楽にも通じるかもしれない。

(36) しばしば日本は「狭い国」と言われるが、事実誤認である。日本の国土面積は世界でおよそ六〇位で、国連加盟国のうち上位三〇％に含まれる「広い国」である。島国としては世界第四位の国土面積である。近隣国のロシアや中国、アメリカ、オーストラリアと比べれば小さいだけであろう。ちなみに人口は世界で第一一位である。べつに「日本はすごい国だ」と言いたいわけではないが、客観的事実として、日本は世界のなかで明らかに「広くて人口の多い大国」であることは確認しておきたい。すなわち、それほどまでに国土と人口に恵まれた国が、経済発展の方法としてわざわざ「観光」を選択する意義がどれほどあるのかという問題意識は、つねに頭に入れておく必要がある。

(37) この成功が、「所得倍増計画」やそれを推進した池田勇人内閣の正しさにあるのか、それとも、単にそもそも当時の西側諸国のなかで大量の低賃金労働が必要な局面にあったからなのかは、単純に評価できない。少なくともここでは「所得倍増計画」や当時の政府の正しさを強調するものではない。

(38) 基本的に、国土計画は地域間の経済格差の是正や解決には失敗してきたし、そうした地域格差は、途中からは問題の中心にすらされなくなったというのが定説である。

(39) 経済企画庁（一九八六）二頁。

(40) 国土交通省「国土形成計画（全国計画）」。

(41) 筆者は以前、美術館・博物館の立地パターンの分析を行い、小論にまとめている。定義にもよるが、美術館・博物館は戦後、とくに地方圏で多く設立されてきたことを明らかにしている（福井　二〇一九）。

(42) Travel Vision「自民党・観光特別委、二階氏の意向受け、観光基本法改正へ向け体制確立」https://www.travelvision.jp/news/detail/news-21948　二〇二一年八月二一日アクセス。なお、ここではこの人物たちを「利権」の確保に走った政治家だと批判しているわけではない。

(43) 政策における観光の位置づけの変遷の一因に関して、観光政策研究では、日本の観光政策では「観光」という概念がしっかり定められてこなかったという歴史上の問題も指摘されている（寺前　二〇〇九）。

(44) 塩谷（二〇一三）九頁。

(45) 日本交通公社（二〇一九）一九三頁。

(46) この分析の対象は観光立国推進閣僚会議の「観光ビジョン推進プログラム二〇一九」と観光庁の「観光立国推進基本計画」である。分析には計量テキスト解析ソフトの「ＫＨ　Ｃｏｄｅｒ」を使用した。両計画書には、その基本的な方針をまとめた冒頭文につづき、今後推進が必要とされる諸施策が、その意図や必要性とともに列記されている。ここでは冒頭文を除き、その諸施策の記述部分を分析対象とした。冒頭文を分析対象としないのは、全体に占める分量が少なく、また諸施策の列記部とは文章表現が異なることから、施策の列記部と同列に分析することは好ましくないと判断したためである。ここではまず、分析対象のテキストの総単語八万六二五単語から名詞を抽出した。ここから、まずサ変名詞は「実現する」のように行政文書用語が頻出するので「観光」と「旅行」以外を排除した。同様に「取組」や「事業」などの行政文書用語も排除した。つづいて複合語を検出した結果、たとえば「外国人」が「外国」「人」に分かれるなどしたので、機械的に判読困難な重要概念を強制的に一単語として抽出した。強制抽出したのは「外国人」「外国語」「インバウンド」「訪日」「地方公共団体」「地方創生」である。以上の操作によって抽出された一万八三一五単語が実際の解析対象である。

(47) 観光庁「観光立国推進基本計画」一五頁。

(48) たとえば観光学では、観光客数や観光消費額が、大都市圏と地方圏でどのように異なるか、地域の人口規模と観光客数（人泊数）はいかなる相関関係を示すかといった分析がなされている（柴田 二〇一五、山田・柿島 二〇一六）。また観光政策でも、観光立国推進基本法の制定以来、観光の経済効果が厳しく評価され、とりわけ消費額が重視されるようになっている（辻 二〇一八）。

(49) たとえば観光庁「旅行・観光産業の経済効果に関する調査研究」では、観光の経済効果を推定する際、観光産業の直接的な生産や付加価値額に加えて、①原材料の仕入れや営業・一般管理費といった中間投入、②それらが生み出す雇用者所得による家計消費、③さらにそれらがもたらす他産業の生産誘発という、「生産↓所得↓消費↓生産という一巡」を含めている（三二五頁）。その結果、観光による付加価値効果は四・一兆円に達し、GDPの〇・八％を占めるとされる（同、三四〇頁）。

(50) 「価値最大化アプローチ」は、観光にどれほど大きな経済的価値があるのかをポジティブに評価することには向いているが、対象が「広すぎる」のが問題である。より正確に言えば、どこまで「広く」対象とするかの問題である。つまり前注(49)のように、観光に直接関係しない「裾野」の産業への経済効果や、「生産↓所得↓消費↓生産という一巡」までを分析に含めた場合、その分析は観光の経済効果ではなく「日常生活圏外における消費行動」や「個人消費一般」の経済効果を分析しているに過ぎない、という論理になりかねない。言い方を変えれば、「価値最大化アプローチ」によって算出される経済効果は、「なにを観光と考えるのか」によって、簡単に操作できてしまう。これは「価値最大化アプローチ」自体の欠陥というより、観光という概念の定義自体が困難であることによる、論理のねじれというべきものであろう。ただし、観光概念の定義が難しいのは観光研究者にとっては常識であり、それを踏まえて、観光の経済効果をより慎重に把握する視点も、科学的には必要ではないだろうか。本書における筆者のアプローチは、こうした考え、あるいは科学的危惧に基づいたものである。

(51) 具体的には、産業分類における「旅館、ホテル」「簡易宿所」「旅行業」「興行場（別掲を除く）、興行団」「公園、遊園地」を対象とする。「興行場（別掲を除く）」とは「演劇、音楽、舞踊、落語、見世物、野球、相撲、ボクシングなどの娯楽を提供する興行場及び契約により出演又は自ら公演し、これらの娯楽を提供する興行団」である。劇場、寄席、コンサート・ツアー業、プロサッカー団などが含まれる。競輪、競馬、陸上競技場などは含まれない。観光五業種の内訳は、事業所数では「旅館・ホテル」七〇・三％、「簡易宿所」四・一％、「旅行業」一六・三％、「興行場（別掲を除く）、興行団」五・九％、「公園、遊園地」三・四％で、従業者数では「旅館・ホテル」七四・一％、「簡易宿所」一・四％、「旅行業」一一・三％、「興行場（別掲を除く）、興行団」四・五％、「公園、遊園地」八・七％である（二〇一六年経済センサス活動調査）。大半が「旅館・ホテル」であることには留意が必要であるが、二〇一二年と二〇一六年で構成比に大きな変化はない。

(52) 分析対象の期間は二〇一二年から二〇一六年の五年間である。これはデータの都合もあるが、この期間はそれ以前の世界金融危機やリーマンショック、東日本大震災による観光の落ちこみを乗りこえて、震災復興や「地方創生」政策やアベノミクス、東京オリンピック・パラリンピックの開催決定や外国人観光客の誘致拡大など、全国的に観光振興が期待される政策が実施された「追い風」のある期間である。つまり「観光の経済効果がもっとも発生しやすい時に、最低限発生しているべき経済効果がどれだけ生じているか」を把握するための期間設定である。

(53) 分析対象のデータは、観光庁の「観光入込客統計」と総務省および経済産業省の「経済センサス（活動調査）」である。「観光入込客統計」は、観光入込客数や観光消費額を地域間で比較可能な共通基準を作成し、その基準に基づいて作られる、比較的新しい観光統計である。従来、日本の観光統計は各県が独自の手法で作成していたため、県内の分析には使用できても、地域間の比較には向かなかった。これは観光の経済効果の分析が困難だったことの一因でもあり、かつてはこの障壁によって、日本の観光地理学は個別地域の事例研究に留まらざるを得ないと指摘されていた（Kureha 2010）。観光入込客統計はすべての都道府県のデータが揃っていないが、二〇一二年と二〇一六年の年度データは比較的充実している。両年で未集計あるいは対象外なのは石川県、福井県、京都府、大阪府、福井県、長崎県、沖縄県である。欠損地域が多く、かつ観光の盛んな地域が多く含まれるが、現状、観光振興の県別比較においてはこれが最も有力な国家統計である。ただし京都府は二〇一三年のデータが存在し、日本の観光においてとくに重要と考えられるので、二〇一三年と二〇一六年のデータを分析に加えた。

(54) 経済センサスも二〇一二年と二〇一六年のデータを使用する。ただし付加価値額のデータは調査前時点のものになるため、二〇一一年と二〇一五年の比較になる。欠損地域はない。「その他の第三次産業」と比較する際には適宜、「医療・福祉」の数値を除いておく。超高齢社会への突入にともなって「医療・福祉」の増加数が第三次産業全体の諸数値を押し上げているため、これを省かないとどの地域でも「観光五業種の経済振興は他産業と比較して小規模である」という結果になりかねないからである。すなわち、できるだけ「最低限発生しているべき経済効果」を見逃さないようにするための作業である。

(55) ここでは訪日外国人の増減率は桁ちがいに大きく、地域間のばらつきも大きいので、おなじ枠組みで分析するには適さないと判断し、国内観光市場にしぼって分析した。

(56) しかも、このデータは大阪府や沖縄県といった大都市や著名な観光地域が対象に含まれていない。実際には、一位の東京都の占有率は下がるかもしれないが、「二一位以下」の占有率はさらに小さくなるだろう。

(57) これを「奪い合っている」と見るべきか「共有している」と見るべきかは、第二章で論じよう。ここでは併記しておく。

(58) 付加価値額とは、生産過程で新しく付与される価値であり、具体的には、総生産額から原材料費、設備などの減価償却費を差し引いたものである。付加価値額は人件費や利子、利潤に分けられる。つまり付加価値額の増加は、人件費（給料）や企業の利益の増加につながっていることを示唆する。単純に言えば、付加価値額の合計が国内総生産であり、その増加率＝成長率が経済成長率とされる。

(59) 観光研究ではしばしば、こうした他産業との比較の視点が弱い。たとえば、観光の経済効果の分析では、観光庁の「宿泊旅行統計調査」が用いられることも多い。この統計調査では稼働率などもわかるが、他産業との比較ができない。ある地域で宿泊業の事業所数や従業者数や稼働率が増加していても、それ以上に「その他の第三次産業」が増加していたなら、その地域で観光経済振興が成功したといえるのかは疑問であろう。観光産業だけを視野に入れて数値の増減を分析しても、観光の経済効果は適切に解釈できない。

(60) 「非常用雇用者」の大幅な減少は「その他の第三次産業」でも見られる。産業を問わず「常用雇用者化」が進んでいる。なお、ここでの「正規雇用者」は、経済センサスにおける「雇用者」のうち「正社員・正職員」を指す。「非正規雇用者」は、それ以外の「雇用者」である。以下、統計での扱いは同様である。

(61) 関西圏で非正規雇用が大幅に減少しているのは興味深いのだが、いまのところ有力な理由を見出すことができなかった。

(62)　ただし、これはアベノミクスによる円安化を主因とする見かけ上の成長かもしれない。その検証は別論を待ちたい。

(63)　全産業ではなく第三次産業における特化係数を算出したのは、全産業を計算に入れると、農林水産業や製造業が衰退した結果として、数値の上で観光産業に特化するケースが出てしまうからである。こうした動きも興味深いが、ここでは「観光で稼ごう」という観光政策論を意識して、「稼げる」観光産業へと現実的に特化できたと思われる地域を析出できるよう、第三次産業における特化係数の算出に限定した。

(64)　なお反対に特化係数が一以上から一未満になった県も少なくない。だがそれは観光以外の第三次産業が発達した結果かもしれず、一概に「観光の基幹産業化に失敗した」わけではない。よってここでは、それを批判的に論じることはしない。

(65)　付加価値額は二〇一一年から二〇一五年にかけての増加量。

(66)　二〇一五年国勢調査による。鳥取県の人口はおよそ五七万人、東京都はおよそ一四〇〇万人。東京都青ヶ島村は一七八人、横浜市はおよそ三七二万人。

(67)　たとえばOECDのデータによれば、二〇一五年の所得格差のジニ係数は、日本が〇・三三九、アメリカは〇・三九〇、フランスは〇・二九五となっており、日本はフランスよりも不平等で、アメリカよりは平等であることがわかる。OECD「Income inequality」https://data.oecd.org/inequality/income-inequality.htm　二〇二一年八月二一日アクセス。

(68)　ジニ係数は一般的に所得や資産の分析につかわれるが、地理学では産業や観光資源がどの地域にどれだけ集中しているかという、地理的偏在の分析でも有用だと考えられている。たとえば、加藤（二〇一一）や杉本・菊地（二〇一五）などで使用されている。

(69)　補足的な分析なので、都道府県別のように「医療・福祉」を省くことはせず、また「その他の第三次産業」ではなく第三次産業全体の値との比較を行うなど、基本的な計算にとどめてある。

(70)　この部分は埼玉県の観光計画書からの引用である。「外国人観光客」というが、この「外国人観光客」には、たとえば埼玉県の蕨市や川口市などに定住するクルド人集団のような「外国人」は含まれるのだろうか。おそらく「訪日外国人観光客」という意味なのであろうが、しばしば「外国人観光客」というタームには、在日朝鮮人・韓国人など日本国内に定住する市民としての外国人の存在を等閑視する意識（あるいは外国人定住者への意識そのものの不在）を感じざるを得ない。

第二章　今日の空室は明日売れない
——観光が格差を悪化させるのはなぜか？

観光による経済発展は、格差の拡大という結果に行きついている。なぜだろうか。地方の人びとや非正規で雇用された人びとの努力が足らなかったのだろうか。あるいは、もっと訪日外国人や富裕層を集めればよかったのだろうか。

原因は、もっと根本的なところにある。観光産業のいくつかの特性が、格差を悪化させている。そして、そうであるがゆえに、観光で経済成長をめざすのは、とても難しい。この章では、格差を悪化させてしまう、観光産業の特性を考えていく。

1　「腹が空いているのは現在である。明日の馳走では間に合わない」

寿司を食べたかった主人公

松本清張（一九〇九—一九九二）は社会派推理小説の大家である。彼の名作『砂の器』に、つぎのような一節がある。

腹が少し減った。すし屋があいていたので、

「すしでもつまもうか?」

と、妻に言った。

妻は、あいた入り口の隙間からちらりと店の奥をのぞいていたが、

「よしましょうよ」

と、浮かない声で答えた。

「ばかばかしいですわ。そんなことにお金を使うより、明日、何かご馳走しときましょう」

腹が空いているのは現在である。明日の馳走では間に合わない。(1)

寿司屋で寿司を食べようと誘う主人公が、妻に、にべなく断られる。

「腹が空いているのは現在である。明日の馳走では間に合わない」。

この文章は、観光や観光産業の特性をよく表している。『点と線』や『ゼロの焦点』など、旅や観光地を題材とすることもあった松本清張は、もしかすると観光産業の本質を見抜いていたのかもしれない。

「間に合わない」理由

さて、なぜ「明日の馳走では間に合わない」のだろうか。理由は、大きく二つ考えられる。

第一には、主人公が寿司を食べたいのは「現在」だからである。

空腹になったそのときに、寿司を寿司屋で食べるから、彼は幸福なのである。明日、おなじ寿司屋で寿司を食べても、それはそれである。私たちはタイムマシンで過去にはもどれない。「いま、この寿司

屋で寿司を食べるという体験」は、明日に持ちこせない。

第二には、おそらく彼は「ご馳走」を食べたいのではなく、「寿司屋で食べたい」のである。「寿司屋で食べたい」は、「寿司を食べたい」とイコールではない。彼が求めていたのは寿司という「物体」ではなく「寿司屋で職人に寿司を握ってもらって、それを寿司屋のなかで食べる」という「体験」であろう。その「体験」には、職人や給仕といった自分以外の人間が必要であり、つまり「プロにやってもらうこと」に価値がある。家で「ご馳走」を食べても意味がない。

そして、こうした主人公の素敵な誘いは、妻に「ばかばかしい」と一蹴されてしまう。わざわざ寿司屋で食べたら、人に握ってもらう分、高くなってしまう。しかも寿司なんて、食べてしまったら終わりである。コスパが悪い。

これらを抽象的に言えば、「間に合わない」のは、主人公の欲求が時間と場所を限定したものだからである。体験は明日に持ちこせないし、ほかの人間にもてなしてもらうことに意味がある。後になって家で楽しんでも、意味がないのである。

おなじことは観光や観光産業にも当てはまる。スキー旅行には冬のいま行きたいのであって、夏に行っても意味がない（第一の点）。スキー場に行ったら、ふもとの温泉旅館に泊まって、仲居さんから「おもてなし」を受けたい。雪が降るのを待って近所の土手で滑れば良いわけではない（第二の点）。しかしわざわざ時間とお金をかけて遠くまで行っても、滑ったら終わりではないか（妻の気持ち）。

なぜ、寿司とスキーにおなじことが当てはまるのか。それは寿司屋のような飲食業と、スキー場のような娯楽業、あるいは温泉旅館のような宿泊業が、「個人消費者に対するサービス業」というおなじ側面を持っているからである。

考えてみれば、寿司屋やスキー場や旅館などは、見た目は違っても、ビジネスの基本部分はとても似ている。みな、一定の空間をつかって、そこで一定の時間を、消費者に心地よく過ごさせるサービスを提供する。いずれも「ある一定の時間と空間におけるサービス体験を消費者に売るビジネス」である。だから「体験を明日に持ちこせないこと」と「ほかの人間が必要なこと」、これらは観光の経済発展を考える際、これから示すようにきわめて重要な性質である。

「サービス」という謎の商品

右の性質の根底にあるのは、「サービス」という概念である。飲食物の提供も、宿の「おもてなし」も、スキー場でリフトに乗れるのも、みなサービスという商品である。

観光とはある意味、サービスの集合体である。だから観光や観光産業を理解するには「観光」という枠を超えて、サービスの概念をよく理解することが重要である。観光による経済の活性化が難しく、しかも格差を悪化させる根本的な原因は、サービスという商品の特性にある。

日本はもともと農業国だったが、高度経済成長期を経て、自動車やエレクトロニクス産業といった製造業が発達した「ものづくり大国」に成長した。こうした製造業の工場が発展途上国に移転していく「産業の空洞化」などを背景として、日本のような先進国では、心地よさや充実感などを得られる「体験」、すなわちサービスの生産と消費が広がってきた。観光産業が注目されているのも、日本の経済の中心が、モノの生産から、体験すなわちサービスの生産へと変化してきたからである。

消費の面でも、昨今では、物品の購入や所有から体験の消費へと、日本人の消費が変わってきたという。「モノ消費からコト消費へ」という言葉もよく目にする。モノを買って満足するのではなく、「なにかをするコト」を体験する方が特別だというのである。この「コト消費」とは、つまりはサービスの消費である。

現代社会には、サービスがありふれている。観光だけではない。マッサージもネイルケアもサービスである。小売店の接客も、工事現場の交通整理も、介護も、子ども向けの職場体験も、美術展覧会もライブコンサートも、みなサービスである。これら接客サービスからさらに広げれば、広告代理業やコンサルティング、弁護士業、マーケティングリサーチ、大学の教育・研究などもまた、サービスである。

いまや日本に限らず、現代の先進国経済ではサービスが発達し、経済がサービスに大きく依存している。これをサービス経済化と言うが、サービスの概念は、経済学や観光経済学、経済地理学などで盛んに研究されている。

では、サービスとはなんだろうか。

じつは、サービスが世間にありふれている割には「サービスとはなにか」をはっきり定義するのは、かなり難しいと考えられている。本書でそのすべてを解説するのも難しい。そこで、ここでは主に接客サービス、とりわけ宿泊業を念頭におきながら、サービスの最も基本的な二つの特性について考えてみたい。

2　「今日の空室」は明日売れないし、「人間にしかできない仕事」は、儲からない

かたちのある商品を売るか、かたちのない商品を売るか

第一の特性は、「今日の空室を明日売れない」ということである。

当然だろうか。しかし、これは経済活動としては特殊である。宿泊業をほかの産業と比べながら考えると、わかりやすい。

農業や自動車産業の商品は、農作物や自動車である。農作物や自動車には物理的なかたちがある。目で見て、触ることができる。これらは「有形財」と呼べる。一方、宿泊業の商品は「宿泊サービス」という体験である。だから、客室や料理や接客係には物理的なかたちがあるが、商品そのものは「体験」なので、物理的なかたちがない。つまり「無形財」である。

有形財と無形財で、ビジネスはどう変わってくるか。思考実験をしてみよう。

ここに、自動車メーカーのA社と、リゾートホテルのB社がある。本日は二月一日である。どちらの会社も、社員に給料を支払うために、今月の一五日までに一定の売上を出す必要がある（だいぶ自転車操業だが）。一定の売上とは、A社では自動車を一〇〇台売ること、B社では客室延べ一〇〇室分の宿泊を得ることである。両社ともほかに収入はない。いま、A社の倉庫には自動車が二〇〇台あり、B社には客室が五〇室ある。両社はどういう運命をたどるだろうか。

A社は、B社よりも楽観的でいられる。わかりやすく、極端な例を考えよう。もし、期限前日の二月一四日までに車が一台も売れなくても、翌一五日に石油王がきて一〇〇台買ってくれたら、それで解決である。あるいは、明日の二月二日に、やはり石油王がきたらそれで終わりである。なんなら、石油王が二〇〇台買ってくれたら最高である。――石油王がくるケースは稀かもしれないが、要は、期日までに売れさえすればいいのである。

当たり前のように見えるが、これは自動車が有形財だから成立する。

有形財は、大量販売と大量貯蔵ができる。自動車という商品は、半月程度だったらそのまま倉庫に置いておいても商品価値が下がったりはしない（長い目で見ればデザインの流行があり、また環境規制への対応なども必要だが）。だから一台も売れない日があっても、とにかく期日までに売れれば損失がない。そして大量販売ができるので、在庫のある限り売りまくることもできる。どうしても自力で売れなければ、マーケティングがうまいX社に転売したり、あるいは解体して部品にして再利用できる。

一方、B社は少々厳しい。どんなに頑張っても、一日に五〇室分の収入しか得られない。石油王がきたところで、一室分の収入にしかならない（豪遊するかもしれないが）。もし二月二日の予約がゼロだったら、五〇室分がそのまますべて損失になってしまう。「二月二日の空室」は、翌二月三日に売っても意味がないからである。その日の空室は、その日までにしか売れない。

自動車は在庫があればあとで売ってもいいが、宿泊業では「今日の空室を明日売れない」のである。ある時点を過ぎると、在庫の商品価値がゼロになってしまう。

B社は一日ごとに追いつめられていく。もし一室も予約が入らないまま日々がすぎると、期日の二月一五日を待つまでもなく、前日の一四日に五〇室を満室にできなかったら、一五日に満室になっても累計で五〇室の売上にしかならない。よって一四日の時点で社員たちに給料は支払えなくなり、反乱が起こる。

ちなみに、もしB社がSNSで話題になって超人気ホテルになっても、やはり一日に五〇室以上は売れないので、歯がゆい思いをする。宿泊サービスという無形財は、自動車のような大量販売はできないのである。また、自力で売れなくても自社の空室は自社の空室でしかなく、「空室」は輸送できない。「今日の空室はべつの場所でも売れない」のである。

無形財という商品は、とにかく自力で、その日その日に売れる分だけを、できるだけ売っていくしかない。

サービスは「貯蔵も輸送もできない」

こう考えると、無形財を販売するB社はなかなか大変である。原因はB社のリゾートホテルというビジネスが扱う「宿泊サービス」という商品の特性にある。

サービスという商品の根本的な特性は、「貯蔵も輸送もできない」という点にある。貯蔵も輸送もできないから「今日の空室は明日売れない」のである。

自動車は貯蔵も輸送もできるので、期日までに売れればいいし、他社に輸送して転売してもいいし、貯蔵している分だけ大量に売れた。しかし宿泊サービスは、貯蔵も輸送もできないので、「今日の空室」を、べつの場所や、べつの日に売ることはできない。だから客室数が五〇室なら、毎日その五〇室分を売ることしかできない。サービスは売れ残りのリスクが大きいのである。

おなじことはある程度、飲食業や娯楽業にも通用する。飲食店や映画館、コンサートホール、ネイルサロン、リアル脱出ゲームでも、「今日の空席」をべつの場所やべつの日には売れない。

貯蔵と輸送の不可能性は、接客サービスに共通する経済的なひとつの本質である。貯蔵と輸送ができないから、宿泊業などは、売れる分だけしか売れないし、売り切れなかった分は即、損失になってしまう。貯蔵と輸送ができないことが、これらのビジネスを不安定にしている。

経験的にわかることでもある。リゾートホテルは平日にあまり予約が入らない。居酒屋は昼間の客が少なく、深夜三時に美術展覧会に行く人はいない（やっていたらぜひ行きたい）。「売れるとき」と「売れないとき」があり、「売れないとき」は、そのまま損失になってしまう。だからこうした産業では、「売れないとき」、つまり閑散期の損失をいかに減らすかが重要な経営課題になる。スキー場が夏に公園になるのも、平日のリゾートホテルが安いのも、ビジネス街の飲食店が日曜に営業しないのも、閑散期の損失を減らすための基本的な工夫である。

だが、いかに工夫しようとも、繰りかえすように、売れなかった空室や空席がそのまま損失になってしまうこと自体は、サービスが貯蔵も輸送もできない以上は、絶対に避けられない。接客サービスは本質的に、こうした売れ残りのリスクを抱えている。

サービスは「時間と空間」を限定する

厳密に言っておくと、サービスを輸送できないのは、貯蔵ができないからである。

貯蔵という行為は、ある商品の価値を（ほぼ）損なうことなく、時間を過ごすことである。一方で輸送は、おなじく価値を損なうことなく、空間を移動することである。空間を移動するには時間がかかる。[2]だから、時間を過ごす力がなければ輸送できない。貯蔵の不可能性は、輸送の不可能性より優越する。このためサービスは、それが作られた＝生産された瞬間に、消費されることになる。貯蔵できないからである。サービスは、生産・消費される「時間と空間」が必然的に限定される。

少々ややこしい解説になったが、話は単純である。

いま手元に一本の缶コーヒーがある。有形財である。この缶コーヒーは茨城県の工場で数日前に生産されてトラックで運ばれ、東京のコンビニに陳列された。手元の缶コーヒーはそのコンビニで買った。このとき缶コーヒーは、生産された時間と空間（数日前の茨城県の工場）が、消費された時間と空間（さっきの東京のコンビニ）と違っている。

一方、筆者が千葉県で喫茶店を経営していたらどうだろうか。こちらは無形財のサービスである。この場合、消費者は店舗までやってきて、筆者が淹れたコーヒーを店内で飲むことになる。すると「コーヒーを提供される体験」という商品が生産された空間と時間は、消費された時間と空間とほぼおなじである。[3] 筆者が手抜きして缶コーヒーを出してもおなじである。「缶コーヒーを提供される体験」という商品は、その店舗でしか生産・消費できない。

旅館客室係の「おもてなし」も同様である。客室係の「ようこそいらっしゃいました」という発言は、接客サービスの一部である。この「ようこそいらっしゃいました」という音声は、生産＝発話された瞬間、消費者に聞こえる＝消費される。だから、サービスは貯蔵も輸送もできない。

ただ、じつは擬似的にならば、サービスは輸送できる。サービスを提供する人間が移動すればよいのである。筆者が東京に出向いて即席で喫茶店を開けば、コーヒーを提供するサービスは擬似的ながら輸送できる。「擬似的」というのは、千葉県から東京に移動すると、提供する空間が異なるので、消費者の体験の質も変わり、完全におなじ商品にはならないからである。[4]

ここでのポイントは「おなじ人間が提供する」ということである。サービスは人間に依存している。ここに、サービスのつぎの特性がある。

「人間にしかできない仕事」

第二の特性は、いわゆる「人間にしかできない仕事」の範囲が大きいことである。

観光産業は、いわば「おもてなし」の産業である。消費者に心地よく時間を過ごさせるために「もてなす」のが、観光産業であり、接客サービスである。

「おもてなし」をするのは、基本的に人間である。バスガイドも、旅館の客室係も、歌舞伎町のホストも、原宿の美容師もエステティシャンも、旅行代理店のオペレーターも、レストランのウエイターやソムリエも、コンサートのギタリストも、だいたいみんな人間である。みな「おもてなし」のプロフェッショナルである。

また寿司の話に戻ってしまって恐縮だが、私たちが寿司の名店に行きたがるのは、熟練の寿司職人に握ってほしいからである。

白木のカウンターの向こうで、回転寿司屋のロボットが寿司を握っていたらどうだろうか。ロボットの握った寿司も悪くないが、多くの客はがっかりするだろう。コンサートに行ったのに、ミュージシャンが出てこないで音源がスピーカーから流れてくるだけだったら憤慨する。旅館で配膳の上げ下げをしてくれるのが仲居さんでなくロボットだったら、それはそれで見ものだけれども困惑する。ハサミとカミソリを持ったロボット美容師に髪を切ってもらうのは、まだ怖すぎる。

こうした接客サービスは、つまりは、人間にしかできないのである。少なくとも、いまのところは。「人間にしかできない」とはどういうことか。一つには、柔軟な対応ができる。寿司は人間が握るから、客の好みに合わせられる。旅館の客室係は、客に合わせて最適な接客ができる。苦手な食材があれば、寿司職人に言えば抜いてくれるし、おすすめの観光スポットを聞けば、客室係はいろいろ教えてくれる。

スパイ映画・小説の「007シリーズ」の主人公、ジェームズ・ボンドの有名なセリフに「ウォッカ・マティーニを。ステアせず、シェイクで」(5)という変わったカクテルの注文方法がある。こだわりのオーダーだが、こうした突然の厄介な注文を処理できるのは、相手がバーテンダーという人間だからである。機械のドリンクバーは、決まった飲み物しか出せない。柔軟な対応を必要とするなら、人間がその作業をするしかない。

もう一点。「人間にしかできない仕事」だということは「その人にしかできない仕事」を発生させる。人間はひとりひとり異なる生命体である。それゆえ、人間が行う仕事は、程度の差こそあれ、人によってみな異なっている。すると、ほかの人びとと比べて明らかにすぐれた能力を発揮する人間が出てくる。超有名パティシエや、凄腕の美容師、新進気鋭のアーティスト、客の心が読めるベテラン接客係などである。

こうした人びとは、「人間にしかできない仕事」どころか、「その人にしかできない仕事」をしている。フレンチシェフA氏の店に行くのはA氏の作った料理を食べたいからだし、ラッパーのB氏のライブに行くのはB氏のラップを視聴したいからである。A氏の店でラッパーのB氏が料理したり、B氏のライブでシェフのA氏がラップをやっても、あまり意味がない。

接客サービスではしばしば、こうした「その人にしかできない仕事」が発生する。こうした仕事が生み出す商品は、ほかの商品とは絶対的な差別化ができるので、高い価値を持つ。料金も高額になる。路上で歌う無名のストリートミュージシャンの曲を聞くのは無料だが、東京ドームでポール・マッカートニーのライブを聴くには二万円くらいかかる。(6) 無名のストリートミュージシャンはいくらでもいるが、ポール・マッカートニーは一人しかいないからである。

「機械が人間の仕事を奪う」というメリット

「人間にしかできない」というのは、べつの言い方をすると、機械化できないということである。

よくＡＩ（人工知能）が人間の仕事を奪うと言われることがあった。ＡＩが賢くなるにつれて、それまで人間がやっていた仕事が、より低コストのＡＩ、つまり機械に任せられるというのである。だから「人間にしかできない仕事」こそ大切にすべきだ、そうした仕事をめざすべきだ、「人間にしかできない仕事」こそ価値があるという主張は、しばしば見られた。

その妥当性はここでは措いておくが、じつは「人間にしかできない」というのは、その仕事に、必ずしもメリットだけをもたらすわけではない。大きなデメリットもある。機械化できないので人的コストがかさむことである。

有形財を扱う農林水産業や製造業などは、かなり機械化されている。農業はその最たる例である。いまどき、田植えや稲刈りを手作業で行うプロの農家はほとんどいない。トラクターで田を耕し、田植え機で稲を植え、肥料や農薬は散布機でまき、収穫はコンバインで行う。稲作農業は高度に機械化され、数人でやれるようになった。田植えや稲刈りに大量の人員や早乙女は必要ない。農業ほど、最先端技術が惜しみなく投入されてきた産業は稀である。

こうした農業の機械化は、日本の地方では一九六〇年代後半以降に進んだ。機械の改良だけでなく、田畑を、機械のつかいやすいかたちに整形する圃場整備事業なども並行して進められた(7)。この結果、地方では大量の余剰労働力——余った働き手——が発生した。つまり、農業に人が要らなくなった。

ある意味で機械に仕事を奪われたこの人びと——多くは農家の次男三男や女性、分家といった「イエ」を継げない・継がない人びと——は、農村から東京などの都市に移住して、工場やサービス業などの仕事についたのである。当時はこうした人びとがたくさんいた。農業の機械化革命による巨大な人口移動は、現在の「東京一極集中」の大きな遠因のひとつである。機械化による生産性の向上が、地方の農業労働に大量の人員を必要としなくなり、それが地方の過疎化を加速させたのである。機械化を進めれば、人的コストを削減できる。

しかし「人間にしかできない」サービスは、こうはいかない。いかに社会全体で機械が発達しても、人間にしかできない仕事は、機械化によって生産性を高めるには限界がある。

この現象は、かつてアメリカの経済学の重鎮、ウィリアム・ボーモル（一九二二―二〇一七）らの古典的著書『舞台芸術――芸術と経済のジレンマ』で広く知られる。いわゆる「ボーモルのコスト病」である。

同書ではオーケストラやオペラ団体といった舞台芸術産業を例として、これらの産業が慢性的な収入不足に陥っている原因が分析されている。

これから詳しく解説するが、彼らの研究で重要なのは、舞台芸術の性質を「芸術」としてではなく、当時発達しつつあったサービス業の基本的な性格としてとらえたことである。ボーモルらによる舞台芸術の経済的性質は、観光産業などの接客サービスにもかなりあてはまる。

人間にしかできない仕事が陥る「コスト病」

筆者はこれまで有形財と無形財という区別をしてきたが、ボーモルらは異なる区別をしている。彼らは製造業など、労働者が原材料と商品とのあいだに「媒介者」として存在する産業と、サービス業や舞台芸術のように、労働者の行為イコール商品である産業があるとする。

すなわち製造業などでは、まず原材料があり、労働者がそれを加工したり組み立てたりして商品が作られる。一方で舞台芸術では、労働者すなわち実演家の活動それ自体が商品である。つまり「歌手が歌う行為」自体が商品である。前者は機械化や機械の改良によって生産性を高める余地がある。しかし後者は労働者の行為＝商品なので、機械化の余地が小さい。

たとえば自動車の生産は、最初期は工業製品というよりは、職人による工芸作品のような商品だった。だから生産コストも高く、ごく一部の人びとしか入手できなかった。いまや自動車は多くの人が買えるが、それは機械化や機械の改良、オートメーション化などが進んで、自動車を一台生産するのに必要な労力＝労働量をきわめて小さくできたからである。ＰＣや携帯電話も、登場の初期はいまよりはるかに高額だった。こうした商品は機械化の進歩とともに、より低コストで効率的に生産できるようになる。

しかし舞台芸術ではそうはいかない。

アイドルグループの「嵐」は五人組だが、彼らがデビュー曲の「Ａ・ＲＡ・ＳＨＩ」をステージで歌うパフォーマンスをやるには、一曲が四分半なので、その五人分、つまり延べ時間でおよそ二五分間の労働が必要である。この労働量は、どれだけ技術革新があっても、絶対に削減できない。どうしても削減したければ、メンバーのうち二人だけで歌ったり、三分間に縮めるしかない。しかしそれをやったらべつの商品になってしまう。

ボーモルらはこのことを、工業生産に必要な労働量がどんどん減ってきたこととは対照的だと言う。自動車会社などでは工場の労働者にパワーアシストスーツを着用させて効率化する取り組みがあるが、(8)「嵐」のメンバーがそれを着けて歌っても意味がない。活動＝商品であるというのは、こういうことである。

もちろん、舞台芸術でも機械化によって生産性を高めることはできる。巡業をする際にはバスやトラック、新幹線で移動できるようになり、舞台装置も機械化によってより効率的に作れる。衣装も簡単に用意できる。しかし「演じる」という、商品の本質そのものの生産は、どうしても機械化が難しい。演じるのは人間がやるから意味があるのであって、機械にやらせたら意味がないからである。舞台芸術では、劇場の規模拡大などのほかには、機械化によって生産性を高めることは、あまり期待できない。生産性を劇的に高めるのは、人間の努力よりも機械である。「AIが人間の仕事を奪う」というのは、AI＝機械が持つ生産性の向上力が、それほどまでに高い（と期待されている）からである。人間にしかできない仕事は、そうであるがゆえに、宿命として、生産性が低いのである。

賃金格差が無限に広がる

生産性が低いとなにが起きるだろうか。わかりやすいのは給料、つまり賃金である。生産性が低いと、賃金も低い。生産性が上がらなければ、賃金も上がらない。単純な話である。

ただ、ここで問題なのは、単に舞台芸術の生産性が低いことではない。世の中には生産性が高くなる＝賃金が上がりやすい産業と、そうでない＝賃金が上がりにくい産業の二種類が共存していることが問題である。ボーモルらはつぎのように核心を突く。

もし自動車産業の労働者の賃金が毎年四％の増加率で増えていくなら、収入が固定されている演奏家は、まもなく非常に貧しくなったと思うだろうし、他人もまたそう思うだろう。そして次には、このために演奏家になることを思い留まって、自動車産業に移動しようと思う人々が現れるだろう。(9)

もしこの世に舞台芸術産業しかなければ、舞台芸術の生産性や賃金が上がらなくても、問題はあまり深刻ではないかもしれない。しかし現実では、生産性の高い産業はいくらでもある。だから、賃金が上がっていく産業とそうでない産業とで、賃金格差が広がっていく。

すると経営者側は、実演者＝労働者を確保するために、あるいは労働者の生活を守るために、ある段階で労働者の賃金を引き上げなければならない。

無論、これは一度では済まない。他の産業の賃金が上がっていく限り、舞台芸術も適宜、賃金を引き上げる必要がある。しかしどれだけ賃金を引き上げても、あるいはそれで実演者のモチベーションが高まって素晴らしいパフォーマンスをしても、舞台芸術というビジネスをやっている以上は、よほどのすさまじい人気を得て絶大な集客力を発揮しなければ、生産性を高めるチャンスはほとんどない。

こうして舞台芸術産業は、賃金を引き上げるたびに人件費が経営を圧迫する高コスト体質になり、企業としてますます儲からなくなる。そして儲からないのに、さらに賃金を引き上げなければならない。もしくは賃金を上げず、労働者に低賃金労働を強いることになる。これが「コスト病」の示す、苦しい矛盾である。

もちろん、賃金は生産性だけで決まるわけではない。ボーモルらの議論は、問題をわかりやすくするために単純化されている。だがそれゆえに、賃金が上がらない、つまり儲からないという、舞台芸術産業の宿命的な問題がはっきりとわかる。

観光産業で稼ぐのは難しい

観光産業や接客サービスも一般的に、舞台芸術産業とおなじように、実演者＝労働者の行為自体が商品となる。「おもてなし」はある種のパフォーマンスである。客を満足させる振るまいや言動を、舞台の上でするか、店や宿でするかの違いである。「コスト病」は観光産業や接客サービスにも生じてくる。

宿泊業や飲食サービス業の労働生産性が低いことは、日本でもたびたび指摘されている。その原因は、経営者や労働者の「努力不足」に求められることも少なくないが、そもそも根底には、ボーモルらが明らかにしたような高コスト体質がある。宿泊業や飲食サービス業がほかの産業と比べて忙しく、その割に低賃金なのも、よく知られている。それは「人間にしかできない仕事」だからである。

さきほど「その人にしかできない仕事」は差別化できるため、料金も高額になると指摘した。これも「コスト病」で説明できる。「その人にしかできない」から、おなじ仕事を機械にまかせて効率化してコストを削減できない。だから削減できないコストの分、高額になるのである。

これらのことは、べつに観光産業や接客サービスが劣った産業というわけではない。ボーモルらも、舞台芸術産業は構造的に「儲からない」のであって、舞台芸術を社会に残すために、政府などによる経済支援が必要だと主張している。

観光もまた政府などからの支援が必要なのだろうか。それはべつの問題だが、ここで重要なのは、観光産業の、構造的に「儲からない」という接客サービスとしての特性である。この特性を理解していれば、観光客を集めてお金をつかわせれば地域の経済が活性化するというような主張が、あまりに素朴で実現性に乏しいことは、明白ではないだろうか。

3 「人気の地域」がみんな持っていく

リスクを回避する方法

このように、観光産業は接客サービスという商品の特性によるリスクを抱えている。「今日の空室」は明日売れないし、「人間にしかできない仕事」は高コスト体質で、機械化によって生産性を高めて賃金を上げることが、ほかの産業と比べて期待できない。

つまりは「損失が発生しやすいから儲からない」「経営が高コスト体質だから儲からない」という二つのリスクがある。ではどうすればいいのか。

問題が明らかなら、最適解も明らかである。「売れ残らないようにする」「高コストな業務を削減する」、この二つを行えばよい。しかしながら問題は、この二つを実行したとき、なにが起きるかである。観光産業の問題は、損失の起きやすさと高コスト体質だけではない。この二つのリスクを回避することによって、べつの問題が発生する。すなわち格差である。これこそ、観光産業や観光による経済発展が抱える、より重大なリスクである。宿命的に儲からない観光産業が、その原因である二つのリスクを回避しようとすると、結果的に格差を悪化させてしまう。その筋道を解説していこう。

観光を楽しむにはコストがかかる

まずは「売れ残らないようにする」方法を考える。

無論、方法は色々ある。人気の宿泊プランやショーを考える（商品の魅力を高める）、ひたすら努力しろう。

て売りまくる（営業努力）、確実に売れる相手に売る（マーケティング）など、挙げていけばきりがない。情報通信技術（ＩＣＴ）を用いる方法もあるかもしれない。ここが経営者や企画者の腕の見せどころだろう。

だが根本的な方法は、在庫を売り切るために、十分な量の集客を確実に得ることであろう。

観光産業において、より多くの集客を得るにはどうすればよいのか。これもいろいろな方法があるが、学術的に、原則から論理的に考えていきたい。つまり、サービスという商品の特性である。サービスは貯蔵も輸送もできない。消費者に、貯蔵も輸送もできないサービスを売るにはどうすればよいか。きわめて基本的なことだが、つぎのように考えられる。

観光地に宿泊業などの観光産業が立地しているとする。宿泊業だけでなく、飲食店や、ライブハウス、テーマパークでもいい。これらの観光産業が商品を売るには、自社が立地している観光地まで、消費者（観光者）が自分からきてくれなければならない。サービスは輸送できないからである。

おみやげの通信販売やライブの有料動画配信といった例外を除けば、観光産業は消費者に、家から自分たちのところまで実際にきてもらわなければ、商品を売りようがない。旅館の客室係が消費者の家に行って「おもてなし」をしても、意味がない。それは「家事代行」であり、商品として別物である。観光産業は、自分から能動的に消費者に商品を売りに行けない。

このとき、消費者は観光地まで一瞬で移動できるわけではない。自宅からそれぞれの観光地まで、物理的に移動する必要がある。移動の方法はそれぞれだが、移動には当然、時間やお金がかかる。時間的・経済的コストである。

言い方を変えれば、サービスは輸送できないので、消費者の側が自分で自分を輸送させるのである。

だから商品を輸送するための時間的・経済的コストも、観光産業の側ではなく、消費者がそれぞれ負担することになる。消費者にとっては、この消費コストが高すぎる観光地には行かないし、行けない。広大な砂漠の中心にある観光地には、そこがどんなに魅力的でも、なかなか遊びに行けない。

一方で観光産業の側では、経営が成立するのに最低限必要な客数がある。それゆえ観光地という場所は、十分な数の消費者がきちんと集まってくる場所でなければならない。十分な数の消費者が、それぞれがその時々に支払える時間的・経済的コストの範囲内でこれる場所に存在していることが、観光地や観光産業が成立するための前提条件である。

すなわち観光地は、その地理的環境によって、遊びに行くためのコストが大きく左右される。山奥の温泉旅館に行くよりも、隣町のスーパー銭湯に行く方がお金も時間もかからない。

あたりまえの説明に見えるかもしれないが、この先の論理展開に必要なので、もう少し、思考を明確化させてほしい。

もしここで、先の温泉旅館とスーパー銭湯の「魅力度」が、まったく同一だったらどうなるか。当然、魅力度が同一なら、より低いコストで行けるスーパー銭湯に行くことになる。あるいはここに、魅力度が同一で、かつ、周囲の駅や空港などの交通インフラの整備状況も同一――観光の消費コストが同一な、二つのホテルがある。しかしひとつは人口百万人の大都市にあり、もうひとつは、人口一〇〇人の集落にある。この場合、より巨大な人口＝潜在顧客がすぐ近くにいる、大都市のホテルの方が有利である。

観光産業では、こうした立地条件が集客上の有利・不利を大きく左右する。観光では、それぞれの消費者が支払う、観光の消費コストが重要だからである。

なぜ観光では立地が重要なのか？

もちろん、観光だけでなく、多くの経済活動において集客や立地の条件が重要なのは言うまでもない。だがこれも「貯蔵も輸送もできない」というサービスの特性に留意すると、観光産業の問題が浮かび上がってくる。

農業や製造業でも、立地した場所の地理的環境は重要な要素である。

農業では自然環境に加えて、市場すなわち都市との距離や土地の広さによって、生産に最適な農作物は変わってくる。北海道などでは広大な土地を生かした玉ねぎやジャガイモの生産が盛んである。製造業の場合、工場は広い土地があったり、輸送に便利な幹線道路や高速道路のインターチェンジ付近に立地することが多い。工場の立地条件は、一〇〇年前に「ヴェーバーの工業立地論」で理論化されていて、工場は輸送費や労働費を節約する立地を志向するとされる。農業の最適な立地は二〇〇年前に「チューネンの農業立地論」で市場との距離から考えるべきだとされている。農業も製造業も、地理的環境を生かして立地するのは当然である。

ただし、農業や製造業では商品を貯蔵できる。貯蔵できるので、大量生産と大量輸送ができる。北海道で生産されるジャガイモは、主に東京で消費される。東京と北海道は遠く離れているので輸送コストがかかる。それなのにジャガイモが北海道で生産されるのは、広い土地を生かしてジャガイモを大量生産して、東京まで一気に大量輸送してしまえば、ジャガイモをひとつ輸送するのにかかるコストは限りなく小さくなるからである。

製造業も同様である。日本の工場が中国やアジア、アフリカの発展途上国に移転していったのは、土地と賃金が安い場所で大量生産して日本などの先進国に大量輸送すれば、最終的な生産コストを小さくできるからである。経済のグローバル化が進んだのは、大量生産と大量輸送の技術が発達したのが一因である。

すなわち、もし、農地や工場のまわりの交通インフラが整っていなかったり、あるいは急峻な山々に囲まれていたり、大都市から離れていたりすると、商品の輸送にかかるコストは大きくなる。しかしながら、なんらかの方法で大量生産と大量輸送ができれば、商品の輸送コストは大幅に削減できる。いわゆる「規模の経済性」を働かせれば、ある程度、条件の不利性は克服できるのである[10]。

観光産業では事情が異なる。商品の貯蔵と輸送ができないので、消費者に自分から移動してもらわねばならない。しかも消費者は農作物や自動車と違って、ひとりひとりが別々の事情と意志を持った存在である。観光地は、多様な場所に住んでいる多様な消費者それぞれに、それぞれの方法で移動してきてもらう必要がある。

仮に、すべての消費者がAという都市に住んでいて、全員がまったくおなじ人間Xだったら話はべつである。Xたちはおなじ人間なので、全員がおなじタイミングでおなじ旅行をしたいと思う。これなら山奥の観光地でも、Xが好むプランを作って、大型のバスを都市Aへ大量に送りこんで一気に観光地まで運んでくれば済む。

しかし消費者が人間である以上、こんなことはできない。社員旅行や訪日外国人の団体ツアー旅行はそれを擬似的に行っているとも考えられるが、基本的に観光というのは、各々の消費者がバラバラに移動してくる。

だから交通インフラに恵まれないとか知名度が低いなど、地理的に条件不利な観光地にある観光産業の場合は、農業や製造業のような「規模の経済性」を生かした大量輸送による挽回が難しい。消費者の移動コスト＝観光の消費コストを、効率的に最小化できないのである。観光産業の集客には、地理的環境による条件の有利・不利の格差が、より強く発生してしまう。

ニッチで高品質なサービスは人気地域に集まりやすい

さらに論理を展開しよう。

条件の不利な観光地の観光産業は、大量生産と大量輸送で消費コストを最小化できないなら、商品が売れ残らないために、選択を迫られる。条件の有利な地域に移動するか、不利な場所でなんらかの工夫や努力をするかである。

より多くの消費者を集めやすい条件有利地域には、消費者を求めて、不利地域から観光産業が集まってくる。新規開業した企業や店舗も、開業地として有利地域を選びやすくなる。すると条件有利地域には、ますます多様な宿泊業や娯楽業、飲食店や小売店などが、つぎつぎに集まっていく。このとき、おなじようなサービスを提供する企業だけが集まるわけではない。むしろこうした地域には、よりニッチなサービスも集まる。

人口の一〇〇人に一人がベジタリアン（菜食主義者）だとする。ベジタリアンは、ホテルに泊まっても、料理に肉や魚が提供されるのを避けたい。ベジタリアン専門のホテルは、年に客が一〇〇人しかこない観光地では成立しない。ホテルへ年に一人しか客がこないからである。しかし一〇〇万人がくる観光地なら、ベジタリアンが一〇〇人に一人しかいなくても、年に一万人の客を得られるので、経営が成立する。

より高級なサービスも同様である。スターバックスで一杯のコーヒーを飲むには五〇〇円で済むが、コーヒーの品質には上限がない。コーヒー愛好家や富裕層には、一杯に三千円出してもよいという者がいるかもしれない。ワインも五〇〇円で飲めるが、さらに青天井だろう。しかし一杯のコーヒーやワインに何千円も出せる消費者は多くない。高級なカフェやバーなどは、やはり消費者の母数が大きい条件有利地域において成立しやすくなる。

もし「ベジタリアン向け宿泊サービス」が輸送可能なら、ホテルはどこにあってもいい。全国のベジタリアンの家まで輸送すればよいからである。しかしサービスは輸送ができない。だから、こうしたニッチなサービスは、消費者が集まりやすい条件有利地域に立地しやすいのである。

むろん、ミシュランの星つきとかＳＮＳでフォロワーが一〇〇万人いて絶大な人気があるとか、あるいは不動産や金融投資といったべつの有力な収入がある場合は、この限りではない。こうした例は無視できるほど少なくはないが、全体のなかでは少数派である。

これを消費者の側から見ると、条件の有利地域には「斬新な商品」や「高品質な商品」がたくさんある状態である。消費の選択肢に多様性があり、商品が高度で洗練されている。つまり「場所の魅力」が高い。消費者は、そうした魅力のある地域に足を運べば、また新しい素敵な商品に出会える。こうした期待のもと、条件有利地域にはますます、継続的により多くの消費者が集まってくる。

「中間財」の産業も集まってくる

魅力ある条件有利地域には、より多くの消費者が集まる。その消費者を求めて、さらに多数の多様な観光産業が集まってくる。それを求めてさらに消費者が集まる……。観光地のこうした循環に関係するのは、観光産業だけではない。

観光産業は単独で成立しているわけではない。宿泊業なら清掃・クリーニング業者が必要だし、飲食店では食材の卸売業やおしぼり会社、あるいはそれらを運搬する輸送業者もいる。これらの産業は、最終的な観光サービスを生み出すのに必要な「中間財」を提供している。

これら中間財産業にとって、宿泊業や飲食店などは顧客である。したがって観光産業が集まる地域は、その観光産業を顧客とする中間財産業にとっても、立地先として魅力的な地域になる。

中間財産業が集まると、観光産業はより多様な選択肢から中間財を選べる。

おなじクリーニングでも、より高品質なクリーニング技術のある企業を選んだり、あるいはより安くて迅速な企業も選べる。自社に合った中間財を探すのも時間的・経済的なコストがかかるが、地域にさまざまな中間財産業がいれば、企業を探すコストや労力はあまりかからない。

したがって条件有利地域の観光産業は、こうした多様で洗練された中間財産業と連携して自社のサービスをさらに洗練したり合理化する機会に恵まれていく。すると当然、より洗練されたサービスを求めて消費者が集まるし、その消費者を求めて観光産業が集まり、観光産業を求めて中間財産業も集まってくる。

この連鎖が続けば、地域の交通インフラの整備などにもつながっていく。より多くのヒトやモノが集まるなら、その輸送手段を改良するメリットも大きい。観光経済学では観光案内所や展望台、ロープウェイ、治安維持、公衆衛生などを「観光の資本ストック」と呼ぶが、こうした資本に、さらなる投資がなされるのである。そして「観光の資本ストック」が再整備されるとさらに消費者が集まり……というように、ポジティブな連鎖が繰りかえされる。

こうした現象は、経済地理学や空間経済学でよく知られている。「集積の外部経済」である。一言でいえば、こうした条件有利地域では、企業が集まってくる——「集積」する——ことで、企業の外部にある資源を獲得・利用するのにかかるコストが小さくなる。資源とは、ここでは消費者（顧客）や中間財、治安などである。集積の外部経済が作用することで、条件有利地域の「有利性」は、循環的に高まっていく。

サービスは地域格差を無限に拡大する

一方、条件の不利地域では、逆のことが起きる。

条件有利地域をめざして観光産業が移転していくと、消費者にとっては消費の選択肢が狭まるので「場所の魅力」が下がっていき、消費者が集まりにくくなる。

観光産業が他の地域に移転していけば、中間財産業も顧客を失うので、他の地域への移転や廃業が進む。中間財産業が少なくなると、観光産業の洗練や合理化のチャンスが少なくなっていき、消費者にとっての魅力はさらに低下する。消費者が集まりにくくなれば、さらに観光産業は移転したり廃業したりする。

この連鎖がつづくなかでは、交通インフラは整備されにくくなる。むしろ電車やバスの本数が減ったり施設が古くなったりして、不便になっていく。こうした「観光の資本ストック」の劣化はさらなる消費者の減少を招く。消費者の減少はさらに観光産業の減少につながり、それは中間財産業の減少につながり……というように、負のスパイラルである。条件の不利性はいっそうに悪化する。

このように、地域の条件の有利・不利は、単なる集客の問題にとどまらない。「集積の外部経済」の観点から、中間財や「観光の資本ストック」を視野に入れると、経済格差が無限に広がっていく構造がよくわかる。

この格差の拡大現象は、経済地理学では日本経済の東京一極集中のメカニズムとして知られている。つまりサービス業の発達が、東京などの大都市の労働や消費の機会を発達させ、東京一極集中を強めてきたと考えられている。(11) だが観光においてとくに問題になるのは、観光では一般的に、「最終的に生産される商品」が接客サービスだということである。

一般的な経済活動では、最終的に生産されるのは接客サービスとは限らない。東京一極集中の議論も、家電製品や自動車などの製造業を、広告会社やIT企業などのサービス業がサポートするという構図のもとで、東京や大都市とその他との経済格差が広がる問題だった。この場合、最終的に生産される商品はテレビや自動車である。

ある人がテレビと自動車を両方持っているのは、ふつうのことである。レコードやフィギュアを山ほどコレクションしている人や、ガレージに何台もバイクを並べている人もいる。有形財は貯蔵できるからである。テレビや自動車といった有形財は一般的に、消費者が同時的に消費し、楽しむ（所有＝貯蔵する）ことができる。

しかし観光の接客サービスは貯蔵ができない。生産と消費がほぼおなじ時間と空間で行われる。だから「ある場所」で観光しているときには、「その場所」での観光しかできない。

群馬県の伊香保温泉に滞在しているときに、北海道知床の流氷は見学できないし、金沢の寿司屋と銀座の寿司屋には、同時に滞在できない。もし同時に滞在していたら、どちらかがドッペルゲンガーである。現実には起こり得ない。

これが意味するのは、観光の接客サービスは、本質的に競争的だということである。

おなじ消費者が異なる地域や店舗、施設に同時に滞在できない以上、だれかが消費者をひとり獲得したら、他のだれかは潜在的にひとり失うのである。

もちろんどのような商品でも、消費者のつかえるお金の量に制限があるため、商品や企業どうしは競争関係にある。だが観光の接客サービスの場合は、お金の制限、つまり経済的な制限に加えて「消費する時間」という時間的な制限が存在する。だから経済的＋時間的な意味での二重の競争関係が発生する。観光や接客サービスはより強い競争関係にある。

いわば接客サービスは、地域や企業どうしのゼロサムゲームである。

有利地域と不利地域で、おなじ観光客を同時に分け合うことはできない。有利地域で楽しむことを選んだ観光客は、おなじ時間に、不利地域には訪れないのである。条件の有利地域と不利地域で格差が広がるのは、ある種のゼロサムゲームだからである。

むろん、これを解決するために、観光地や自治体では、観光客が不利地域にも訪れるような地域連携を試みている。有名観光地だけでなく、あまり知られていない秘境や旧跡をめぐる周遊観光を促すのは、こうした地域格差の緩和に有効である。

しかしながら、地球の自転周期＝一日がおよそ二十四時間である以上、周遊観光ができる地理的な範囲にも限界がある。

たとえば香川県の高松市、丸亀市と岡山県の岡山市や倉敷市は、瀬戸内海を挟んで向かい合っている。これらの地域は瀬戸内地域で芸術祭を開催するなど、地域内で観光客を周遊させ共有する地域連携を行っている。だがこれらの地域が、名古屋市や仙台市と連携して観光客を同時に共有するのは、距離が離れすぎていて難しい。したがって結局、瀬戸内地域と名古屋と東北は競合する。こうした地域連携の試みは高い価値があるが、論理として、観光サービスが地域間で競合的なことには、変わりがない[12]。

なにもかも外注してしまえばいい

このように「在庫が売れ残らないようにする」には、それだけ多くの集客を得ればよい。しかし、観光産業によるその行動は、観光サービスの「貯蔵も輸送もできない」特性によって、条件の有利地域と不利地域の経済格差を、どうしても、結果的に悪化させてしまうのである。

それでは、第二の問題への最適解「高コストな業務を削減する」についてはどうだろうか。

先に述べたように、「人間にしかできない仕事」は高コスト体質で、機械化で生産性や賃金を高めるのはあまり期待できない。旅館の客室係による「おもてなし」や、飲食店での接客サービス、娯楽業でのパフォーマンスなどは、人間がやるから意味がある。だから機械化に限界があり、儲からないのだった。

ではどうするか。方法はふたつある。ひとつは「おもてなし」など自社の本質部分、いわゆるコアコンピタンスはそのままとして、それ以外の部分を削減することである。

繰りかえすが観光産業は「おもてなし」だけで成立しているわけではない。たとえば広告マーケティングや、各種のデザイン、経営戦略の策定、消費者へのアフターサービス、ＩＣＴの導入方法の検討、人事や総務のバックオフィス業務など、多岐にわたる業務が「おもてなし」を支えている。

これらの業務は、しばしば「知識労働」と呼ばれる。人間の専門知識やアイデア、労働者どうしのコミュニケーションが重要になり、やはり、機械化が難しく高コスト体質な仕事である。こうした専門的で労働集約的な業務を社内ですべてまかなおうとすると、多大な人的コストがかかる。専門の人材を雇わなければならないし、これらも「人間にしかできない仕事」なので、効率が悪い。

そのため一般的にこういった業務は、広告会社やデザイン事務所、ＩＴ企業、コンサルティングファームといった専門企業に外注されることが多い。機械化できない業務なら、より低コストでやってくれる企業に外注すればよいという発想である。必要なときだけ契約して、必要ないときは契約しなければよい。

こうしたサービス業は、接客サービスとは異なり、労働者の「知識」が商品になると考えられるため、知識集約型サービス業と呼ばれる[13]。広告デザインやマーケティングのソリューション、経営戦略などは、まさに知識の集合体であろう。世間にこうした知識集約型のサービス業がたくさんあるのは、それだけ、そうした業務を外注する需要があるからである。

東京に引っぱられる知識集約型サービス業

ところが、こうした知識集約型サービス業は大都市圏、とりわけ東京に集まっている。

知識集約型サービス業の商品もサービスなので、貯蔵も輸送もできない。コンサルティングやマーケティング戦略といった商品の正体は、コンサルタントやマーケターの知識や、それを伝達するコミュニケーションである。こうした商品は、人間が考えて伝えることに意味があり、また、顧客の経営戦略に大きく関係する。

それゆえこれらのサービス業は、企業の意思決定機能が集まっている、大都市や東京の都心部に立地する。経営者や責任者と対面でコミュニケーションをするためにも、当然であろう。企業の経営戦略やマーケティングをクライアントと話し合うのに、いちいち遠く離れた場所へ行来するのは効率が悪い[14]。

知識集約型サービス業の商品は、労働者の思考やコミュニケーションといった、人間の行為そのものである。だから製造業などのように、大規模な工場はかならずしも必要ない。大都市の一等地でもビジネスとして成立させられる。

たとえば世界的な投資コンサルティング企業であるカーライル社の日本法人オフィスは、東京丸の内の高層ビルに入居している（写真２－１）。賃料は日本でもトップクラスに高額だと思われるが、それはそれだけ少ない人間で、少ない敷地面積で、高い収益を出しているからであろう[15]。おなじ土地に広い工場を建てるのはほとんど不可能と思われる。知識集約型サービス業が大都市のなかでも東京に集まるのは、大規模な設備投資ができる広い土地が要らないからでもある。

地方圏や地方都市でもこうした知識集約型サービス業はあるが、少数派である。地方都市の場合は地元の商工会議所などがコンサルティング業務などを担うこともある[16]。

写真２－１　カーライル社の日本法人が入居する新丸の内ビルディング（新丸ビル）.
（出所）　三菱地所提供

知識経済化は先進国の大都市の共通現象である。観光や観光産業もまた、知識経済化と無関係ではいられない。また思考実験をしてみよう。

仮に日本の人口が、すべての地域にまったく等しく存在するとする。自然環境も産業もすべての地域が等しい。この奇妙な均質日本に、訪日外国人観光客のグループがやってくる。この観光客たちは日本に一ヶ月間滞在して、日本のすべての地域に等しく訪問し、等しい額だけお金をつかって＝消費して帰国する。この場合、すべての地域が得られる経済効果は、等しい量になる。

しかし、もしこの奇妙な均質日本において、知識集約型サービス業が東京だけに存在していたら、話は変わってくる。経営を合理化しサービスを洗練させて、より少ない客数、より少ない消費でより多くの利益を得るには、東京の知識集約型サービス業との連携が有効である。これらの企業の知識サービスもまた輸送できない。すると、東京やその近くの地域が、より多くの経済効果を発生させられる。そのため、やはり地域間で経済格差が生まれる。

これはもちろん極端な例だが、知識集約型サービス業が東京や大都市圏に集まっていることは、観光産業の高コストな非コア部分を外注する機会というものに、地域間で格差があることを意味する。経営やサービスを合理化したり洗練させて、観光客からより多くの経済効果を得られるのは、知識集約的＝高コストな業務を外注しやすい、大都市の観光産業なのである。

もちろん、地方の観光産業が知識集約型サービス業と連携できないわけではない。ただ、それができるのは一般に、家族経営的な民宿や旅館ではなく、企業経営的な大型ホテルや、東京に本社をおいてチェーンビジネスを行うホテルや飲食店などに限られやすい。つまり同一の観光地の内部でも格差が起きる。地域どうしの経済格差が、おなじ地域内に立地する企業どうしの、べつの経済格差も生み出す。

かくして観光という経済活動は、観光以外の経済活動から束縛されている。観光による経済発展も、日本経済そのものの東京一極集中や知識経済化から束縛されざるを得ないのである。

あるいは、雇用削減や非正規雇用化を選んでしまう

「高コストな業務を削減する」ためのもう一つの方法は、シンプルである。

「おもてなし」など、人間にしかできない仕事のコストが高いなら、人間それ自体を削減してしまえばよい。ローコストオペレーションである。客室係が五〇人いるなら、二五人に減らす。業務フローを改革して、客室係ひとりが、それまでの二倍の業務をできるようにする（ちなみにこの際、業務フローの改革案を作るのは東京の観光コンサルタントなどに外注され、その費用が東京に流出するだろう）。

日本の伝統的な雇用慣行のもとでは、慣行が薄れているとはいえ、人員削減は簡単ではない。とくに正社員の削減は難しい。ならば、新しい従業員を非正規雇用で得ればいい。非正規雇用なら、不要になったときの削減も簡単である。

観光産業において非正規雇用は合理的である。商品がサービスなので、「売れるとき」＝労働力が必要なときと、そうでないときの差が大きいからである。観光地のリゾートホテルは平日よりも土日に宿泊客が多い。すると土日には多くの従業員が必要だが、平日には従業員が余ってしまう。スキー場のホテルなら、冬と夏で必要な従業員数は大きく異なる。

宿泊施設では、一日の営業に従業員が一〇人必要なら、つねに一三人から一五人くらいの従業員を雇っておく必要があるという。しかし経営的に考えれば、余った従業員に給料を支払うのはもったいない。ならば時給制の非正規雇用にしてしまえば、忙しいときだけ、多くの従業員に働かせて、そうでないときには給料を出さずに済む。

自分で書いていて恐ろしくなってくるが、すでに非正規雇用は観光産業をはじめ接客サービスにおいて一般的である。小売店や飲食店、テーマパーク、映画館、ライブハウス……いまやどこに行っても、非正規雇用者と出会わないことなどあるだろうか。しかも、だれが正規でだれが非正規かは、もう一見してわからない。宿泊業もおなじである。

非正規雇用者は正規雇用者よりもさらに賃金が低い。もともと賃金水準の低い観光産業や接客サービス業のなかでも、より劣悪な経済状況におかれるのが、観光産業の非正規雇用者である。考えてみれば、これは大変に矛盾している。

接客サービスは労働者の行為自体が商品となる。だから、それぞれの労働者の人的スキルが、とても重要な意味をもつ。イタリアで修行したシェフのパスタと、包丁を握ったことのない新人が作るパスタとでは、おなじ店のパスタでも、まったく価値が変わってくる。その観光地に五〇年住みつづけたベテランの客室係と、転職して昨日引っ越してきた客室係とでは「おもてなし」のレベルが全然違うはずである。観光産業では、労働者ひとりひとりがスキルを着実に伸ばしていくことが、きわめて重要なはずである。

しかし非正規雇用が進んだとき、それは、どれだけ可能だろうか。不安定で低賃金な立場のもとで、だれが継続的にスキルを伸ばすだろうか[17]。非正規雇用が進むと、結果的に、観光産業の個性や魅力、あるいは競争力が削がれてしまうのではないか。

4　観光で得をするのはどこのだれか？

観光による経済発展論の誤解

こうした現実を理解すると、観光で経済を追求する主張には、誤解と思われるものも見つけられる。たとえば観光学の一部では、地域の努力しだいで、地方でも、高度な人材育成や地域のアピールの仕方を工夫して生産性や競争力を高められると言われている。「人間にしかできない仕事」だから「地方でも優秀な人間さえいれば競争力が持てる」という考えである。

たしかに、観光産業において人材育成は重要である。優秀な人材が地域の魅力をアピールしてうまく演出するのも、観光が一種のゼロサムゲームである以上、地域の観光発展や観光まちづくりの重要な課題である。

しかしながら、人材しだいで地域の魅力をうまくアピールできるのは地方に限った話ではなく、どの地域でもできる。むしろコンサルティングやＩＣＴの導入などで、より積極的で高度な人材育成がしやすいのは、結局は、大都市やそれに近い地域の観光産業か、チェーンホテルのような企業経営的な大企業である。

経済学の実証研究でも、観光産業の生産性は大都市で高く、またその生産性は「資本装備率」、つまり「労働者ひとりひとりにどれだけお金をかけられているか」によって変わることがわかっている(18)。地方の小さな観光地や、そこの家族経営的な旅館や民宿、ペンション、土産物店、食堂などには、その意味でもやはり、観光による経済発展は不利なのである。

全国的にどれだけ観光客を呼び寄せても、その観光客にどれだけお金をつかわせても、その背後には、格差を拡大するメカニズムがある。このメカニズムは、観光が観光である以上、絶対にとりのぞくことはできない。

観光が格差を無限に拡大する

繰りかえすように、近年の日本では観光による経済発展がめざされてきた。

その主な方法は、訪日外国人や富裕層を含む観光客を、できるだけ多く地域に連れてきて、そこでより多くのお金を消費させることである。だから観光振興策の多くは、基本的には「できるだけスムーズに客数と消費額を増やすにはどうすればよいか」の方法論である。そして地方の地域が客数や消費額を増やすことが、地域の雇用や経済発展につながると考えられてきた。

しかしその方法論は、本章で見てきたように、すべての地域で、すべての人においてかならずしも万能というわけではない。むしろ、無批判に観光を活性化させると、格差が悪化してしまう。

観光の経済効果に格差が生じる原因は、観光産業や観光労働者の「自助努力」が足りないわけでも、訪日外国人や富裕層の誘致が足りないわけでもない。そうではなく、観光という経済活動にもともと組みこまれている空間的なメカニズムに原因がある。

観光の経済効果が東京を中心とした大都市圏に集まっているのは、日本の経済そのものが「東京一極集中」である以上、また先進国経済そのものが都市に集中している以上、必然的な結果である。観光は地方に有利な産業であるどころか、むしろ東京などの大都市に有利である。観光は本来的に、格差を広げる経済活動である。

観光が発展すればするほど、格差が広がっていく。人気の地域とそうでない地域、大都市と地方、東京とそれ以外、正規労働者と非正規労働者、大企業と中小企業といったさまざまな格差が、観光によって循環的に、つまり無限に広がっていく。いかに日本全体で観光が発展しても、それで「みんな幸せ」になれるわけではないのである。

注

（1）松本清張『砂の器』、新潮文庫版、一八六―一八七頁。
（2）言うまでもないが、地球上のことに限定した話である。
（3）さらに厳密に言えば、両者の時間と空間は、完全に同一ではない。商品のコーヒーを「作った瞬間」に消費者が飲んでも、作ってから数秒は経っているはずだし、作った空間から数センチメートルは離れているはずである。時間と空間はいくらでも微分できる。この「厳密には同一ではない」ことが、サービスと製造業などとの違いをわかりにくくしている。この議論は専門的なサービス労働研究では複雑化している。山田（二〇一八）など興味深い議論もあるが、ここでは構図をわかりやすくするため、より一般的な理解の枠組みにとどめておいた。
（4）サービスの貯蔵の不可能性が輸送の不可能よりも優越していることは、この例でもわかる。
（5）ふつう、マティーニはウォッカではなくジンをつかって、シェイクではなくステアで作る。
（6）二〇一八年のツアーコンサートのS席料金。チケットぴあ「ポール・マッカートニー　フレッシュン・アップジャパン・ツアー2018」。https://t.pia.jp/pia/events/paul/　二〇二一年八月二一日アクセス。
（7）当時、日本の田畑はいまのように整然とした長方形ではなく、歪んだかたちなのがふつうだった。
（8）一例として、ホンダ「体重支持型歩行アシスト」。https://www.honda.co.jp/robotics/weight/　二〇二一年八月二一日アクセス。
（9）ボウモル・ボウエン（一九九四）二一九頁。
（10）ただし、すべての農業や製造業で大量生産と大量輸送ができるわけではない。鮮度の劣化が著しい農産物や、ジャストインタイム生産方式の徹底によって在庫を持たない（持てない）製造業もありうる。
（11）経済地理学ではサービス業の発達に注目して、東京一極集中のメカニズムがつぎのように説明される。オイルショック後に低成長時代に入った日本では、マーケティングやカスタマーサポート、広告デザイン、ICTといったサービスの活用による、高付加価値化とコスト削減の重要性が高まっていった。こうした経営戦略に大きく関係する事業を専門とするサービス業は、製造業の大企業本社が集まる東京などの大都市に集中していった。すると、それら広告会社やIT企業といったサービス業自身もまた、自社のマーケティングやカスタマーサポート、ICT導入が必要なので、大都市では「サービス業を顧客とするサービス業」がさらに増殖した。さらに、これらのサービス業の労働者は消費者でもある。それゆえ大都市では、この人びとを顧客とする飲食店や小売店などの接客サービス業も発達した。接客サービス業が発達すると、消費者にとっては消費地としての「場所の魅力」が高まるので、若い世代を中心にさらに消費者が集まり、接客サービス業がさらに発達する。そしてこの接客サービス業もまた、広告会社やIT企業などを必要とするので、サービス業がさらに発達する……というように、サービス業の発達が、東京などの大都市の労働や消費の機会を発達させ、東京一極集中を強めていった。そして大都市圏のサービスの多様化は、人びとにとっての居住地としての魅力を高めている。ここでも地方では逆のことが起きると考えられている（加藤幸治　二〇一一、加藤和暢　二〇一八）。

(12)　これは訪日外国人の誘致や、日本人の海外旅行など、居住地から遠く離れた場所へ観光する場合ほど顕著である。リオデジャネイロと上海におなじ日に滞在することは、まずできない。地域どうしの競合は、国際観光においてよりシビアである。

(13)　知識集約型サービス業という概念は、接客サービスには知識が要らないとか、接客サービスの商品には知識が含まれていない、といったことを意味するわけではない。接客サービスもまた、ある意味で知識集約型サービス業でもある。両者の区別は本質的に曖昧であることには留意が必要である。

(14)　もちろん、ICTでリモートでのコミュニケーションもできるが、経営にかかわる、内密で複雑かつ重要な意思決定をしたり、より暗黙知的な知識を伝えるには、いまでも、人と人との対面でのコミュニケーションが有効だと考えられている。メールやチャット、ビデオ会議では、はっきりしたメッセージは伝えやすいが、曖昧で複雑なことや、微妙なニュアンスは伝えにくい。また、重要な意思決定をするための信頼関係を作るにも、対面でのコミュニケーションは重要視される。

(15)　投資コンサルティングという業務もサービスだと考えると、知識集約的＝労働集約的なので、人的コストが高いはずである。にもかかわらずこうした産業では一般に成長が著しく、また給与が高額なのはなぜだろうか。矛盾に思われるかもしれない。これはおそらくサービスという概念では説明できない。金融ビジネスという観点から理解すべきことであろう。金融商品は貯蔵も輸送もできるし、大量生産もできる。では金融ビジネスはサービス業なのだろうか。おなじことはIT産業にもあてはまる。IT産業はサービス業だろうか、あるいは電子データを加工して生産し量産する製造業だろうか。これは前注(3)と関係することである。こうした点にサービス経済論の複雑さや難解さがある。

(16)　新名（二〇〇九）は山梨県を事例に、経営コンサルティングサービスの供給形態を分析している。

(17)　観光産業のすべてが非正規雇用化によって労働者のスキルを伸ばせないようにしていると批判しているのではない。マクロにそうした構造があることを指摘している。個別的には、こうした問題を認識して安定した雇用環境を用意しようと努力してきた企業も少なくない。第二部でも紹介する。

(18)　深尾・金・権（二〇一九）。

第三章　予約サイトに一割持っていかれる
――プラットフォームビジネスの限界

そう、予約サイトに一割持っていかれるのである。

現代の観光では、リクルートの「じゃらんｎｅｔ」や楽天の「楽天トラベル」といった、宿泊予約サイトが広くつかわれている。これらはオンライン・トラベル・エージェント（ＯＴＡ）と呼ばれる、ネット専業の旅行会社のサービスである。社会や観光のデジタル化で、いまあらためて注目されている。私たちがＯＴＡを通して宿泊予約すると、予約を得たホテルや旅館は、ＯＴＡに手数料として宿泊価格のおよそ一割を支払う。これはなにを意味するのだろうか。

1　観光のデジタル化とプラットフォームビジネス

観光を「予定調和」にしたデジタル革命

かつて、電話が一家に一台なかった時代がある。

すでに戦後のことである。当時は、休暇にふらっと一人旅をしようと思えば、宿は、現地に着いてから駅や組合の窓口で探すものだった。宿を予約する手段がないからである。地域によっては、旅行者は駅を出るや否や客引きが集まり、嵐のような勧誘を受けたという。

いまから考えると、逆に新鮮である。思いがけない宿との出会いもあっただろう。その意味では、いまの宿探しは予定調和かもしれない。いつでもネットで自分好みの宿を探して、指先ひとつで予約できる。

こうした宿探しの革命を起こしたのが、ＯＴＡである。

図３−１・２　「楽天トラベル」および「じゃらん net」のiOS アプリのスクリーンショット（2021年８月）

（出所）　Rakuten Travel／じゃらん net

ＯＴＡの宿泊予約サイトはとても便利である。私たちはネット上で、宿泊施設を「評価の高い順」「価格の安い順」でランク化して、「禁煙室」「朝食バイキングあり」などの条件で絞りこめる（図３−１・２）。こうしたＯＴＡを駆使して、大きな人気を得た宿泊施設もある。

昨今、「社会のデジタル化」や５Ｇ、ＩｏＴ（モノのインターネット）など、ＩＣＴの利用拡大を背景として、観光のデジタル化が重要課題になっている。デジタル化によって、観光産業の生産性や競争力を高められるとも期待されている。政府も観光のデジタル化のために、いろいろな施策を試みている。

「プラットフォームビジネス」の成長と支配

しかしながら、ＯＴＡは負の側面も注目されている。ＯＴＡは現代の観光に不可欠だが、その独占的な立場を利用して、宿泊施設や消費者にさまざまな不利益も与えているという。

たとえば後述するように、二〇一九年には公正取引委員会がＯＴＡの大手数社に対して、不公正取引の疑いで立入検査を行った[1]。良くも悪くも、いまや少なくない数の宿泊施設は、ＯＴＡなしに経営が成立しなくなりつつある。

もちろん、宿泊施設はオンライン予約サイトという便利なサービスを提供されているのだから、なんらかの対価を支払うのはビジネスとして当然である。視野を広げれば、小売業に対する卸売業など、中間業者がいるのもあたりまえである。ＪＴＢのような既存の旅行会社も手数料ビジネスをやってきた。かつて高度経済成長期には、旅行会社が宿泊施設や観光地を大きく変容させていると問題視された。「一割」という手数料が高すぎるのだろうか。しかし、これも後述するが、旅行会社や外資系ＯＴＡの手数料の方が、さらに高い。そもそも、より根本的に、宿泊施設がこうしたサービスを問題と考えるなら、ＯＴＡと契約しなければよいではないか。自前で宿泊予約システムを作り、ＳＮＳや動画サイトでアピールすればよい。――では、それは可能だろうか。

この問題はＯＴＡや観光にとどまらない。

近年、ＧＡＦＡやビッグ・テックと呼ばれる、グーグル（アルファベット）、アマゾン、フェイスブック（メタ）、アップル、あるいはこれにマイクロソフトなどを加えた企業群を代表例として、多国籍インターネット企業による寡占が社会問題になっている。これらの企業の「プラットフォームビジネス」は、契約企業や消費者たちに、さまざまな不利益を強制しかねないと考えられている。

ＥＵでは、こうした「プラットフォーマー」に対する独占禁止法違反での摘発が何度も行われ、すでに日本円で一兆円以上の制裁金が課されている。[2] 二〇一八年には「一般データ保護規則」（ＧＤＰＲ）が施行され、プラットフォーマーが集めて経営資源にする個人データの規制が強化され、ビジネスに大きな影響が生じると見られている。アメリカでもグーグル社とフェイスブック社が反トラスト法で提訴され、またインターネット企業が集まるカリフォルニア州では独自に、カリフォルニア州消費者プライバシー法（ＣＣＰＡ）によって個人データの規制が進んでいる。[3]

日本でも楽天などプラットフォーマー企業に、検索順位の決定方法などに関する情報開示や報告義務を課す「デジタルプラットフォーム取引透明化法」が二〇二一年春に施行される見通しである。[4] こうしたプラットフォーマーの多くはアメリカの企業だが、近年はテンセントやアリババなど、中国企業も台頭しつつある。

プラットフォーマーとしてのＯＴＡ

ここでのポイントは、第一には、ＯＴＡが提供するオンライン予約サイトも、こうしたプラットフォームビジネスのひとつということである。

もちろん、国内観光を主な市場とする「じゃらんｎｅｔ」と、世界中の情報を整理しようというグーグルとでは、企業やサービスの規模がまったく違う。しかしインターネットの特性を生かしたビジネスモデルとして、共通する点もある。ＯＴＡをめぐる功罪や影響を正しく評価するには、ＯＴＡをただの観光ビジネス企業としてではなく、プラットフォーマーとして理解する必要がある。

ではプラットフォーマーはいかなる問題を、なぜ生じるのだろうか。それが第二のポイントである。

もちろんプラットフォーマーが絶大な影響力を持てたのは、グーグルの共同創業者であるラリー・ペイジとセルゲイ・ブリンの書いたアルゴリズムや、アマゾンの創業者ジェフ・ベゾスのビジネスが優れていたからかもしれない。しかしながら、プラットフォーマーを生じる原理は、個人の才覚や偶然だけでなく、現代社会のシステムそのものに内蔵されてもいる。それゆえ、少数のプラットフォーマーがさまざまな企業や消費者を支配することは、デジタル化の宿命だと考えられている。

仮にＯＴＡやＧＡＦＡが政治的に排除されても、きっと、第二、第三のプラットフォーマーが現れる。不適切なプラットフォーマーへの行政指導は必要かもしれないが、問題そのものは除去できない。プラットフォームビジネスの台頭は、観光やプラットフォームビジネスだけの問題ではなく、現代社会そのものの構造の問題である。

したがってＯＴＡと観光の関係を考えるには、現代社会の構造的な問題をはっきりさせ、そこにＯＴＡや観光を位置づけねばならない。第二章で明らかにした観光の経済的な性質は、プラットフォームビジネスや現代社会の構造と結びつくと、観光産業は宿命的に低収益構造におかれてしまうことが明らかとなる。

2　デジタル化は観光地になにをもたらす？

観光は「事前体験」ができない

ＩＣＴのメリットは、コストの削減である。ＩＣＴが扱うデジタルデータは、複製や伝達のコストが限りなく低い。

ふつう、ある商品を複製＝量産するには、コストがかかる。自動車を複製するには、自動車の生産ラインと原材料一式を確保して、労働者を働かせる必要がある。一定の時間をかけてやっと自動車を複製できる。自動車をべつの場所に輸送するにも、おなじように経済的・時間的なコストがかかる。当然である。

他方、ＰＣやスマートフォン、サーバー類のなかにあるデジタルデータは、ファイルをコピー＆ペーストすれば複製できる。そして光ファイバーやＷｉＦｉによる通信で、瞬時に輸送＝伝達できる。デジタルデータの複製・伝達のコストはゼロではないが、ほかの産業と比べれば劇的に最小化させている。それは経済活動における、企業や人びとのコミュニケーションにかかるコストを削減する。(5)

産業のなかでも観光産業はデジタル化との相性がよいと考えられてきた。観光産業では情報の果たす役割が大きいからである。

第二章でも指摘したが、観光という商品は、物理的なかたちのない「無形財」である。自動車やスマートフォン、宝石などといった「有形財」とは性質が異なる。有形財は形があるので、消費者は事前体験ができる。たとえば自動車に試乗したり、衣類を試着したりできる。しかし無形財である観光の価値は、「観光する」という体験そのものにある。「事前」体験はありえない。

だから私たちが観光地や宿泊先を選ぶのは、そこがどのような場所なのかという情報に、強く頼っている。衣類は、買う前に着心地を確かめられるが、観光では、事前に尾瀬のきれいな空気を味わったり、別府の温泉に入ることはできない。有形財でも広告やプロモーションなど情報の役割は大きいが、事前体験に頼れない観光では、情報が商品の価値を作る上で、決定的な意味を持つ。

観光産業はある意味、情報産業である。だから観光とＩＣＴは、効率的に情報を消費者に伝達してアピールするのに相性がよい。

また、これも第二章で指摘したように、観光産業は「おもてなし」など「人間にしかできない仕事」なので、機械化によるコスト削減が難しく、人件費が経営を圧迫していく。だからこそ、観光のデジタル化は、観光産業にとってプロモーションの効率化や業務効率化など、コスト削減の救世主として期待されるのである。すこしでもデジタル化すれば、わずかでもコストが削減できる。

それゆえ近年の観光政策でも、観光のデジタル化が期待されている。たとえば観光庁は、ドローンやVR（仮想現実）技術をつかった観光コンテンツの開発や、デジタルマーケティングの活用、観光地における顔認証による自動決済システムの導入などを進めている。(6)

すなわち、観光や観光産業の「無形財」や「人間にしかできない仕事」という本質的性格は、デジタル化によるコストの削減力と高い親和性があると期待される。観光のデジタル化に期待が集まるのは、そもそも観光産業が宿命的にデジタル化してゆく性質を持っているからである。

もともとOTAはなんだったのか？

OTAのサイトで検索してみると、二〇二一年三月一日（月曜日）に大人二名で宿泊できる、「朝食あり」「夕食あり」「インターネット可」の京都市内の宿泊施設は、八九件ヒットした。「料金の安い順」で並べかえると、一泊一人あたり税抜で四一三二円で宿泊できる客室があった。「おすすめ順」の場合、最上位には嵐山の、ひとり税抜一六〇〇〇円の客室が表示される。(7)

いまや、あたりまえのことである。だがあらためて考えると、膨大な宿泊施設を、膨大な条件別に分類して、それを価格順に並べかえ、指定日時に指定の人数の空室を表示するのは、インターネットがなければ、かなり大変である。

もしインターネットがなければ、おなじ作業には、資料のデータベースを保管する場所や、データベースに通じたベテラン作業員が必要である。資料が紙ならコストはさらに増大する。OTAは、これらを用意する経済的・時間的なコストを、デジタル化によって限りなく小さくしている。

今日、国内旅行の予約にはOTAが最もよくつかわれている（図3－3）。年に六回以上旅行する者に絞れば、OTAの選択率は五九・五％になり、これは旅行会社の店舗での予約の選択の、二倍以上である。OTAでのネット予約は、現代の国内旅行で最も主流の予約方法である。

日本のOTAの源流はふたつある。ひとつは、一九九六年に開設された、旧日立造船コンピュータ社による「ホテルの窓口」で、これが日本初のOTAとされる。「ホテルの窓口」はその後「旅の窓口」に名称変更され、さらにその後、「楽天トラベル」に買収された。

ただ、「ホテルの窓口」のような情報化は、観光産業全般では、先行してGDS（Global Distribution System）というシステムがあった(8)。GDSは、アメリカン航空が一九六四年にIBMと共同で開発したシステムである。アメ

図3－3　国内旅行の予約方法

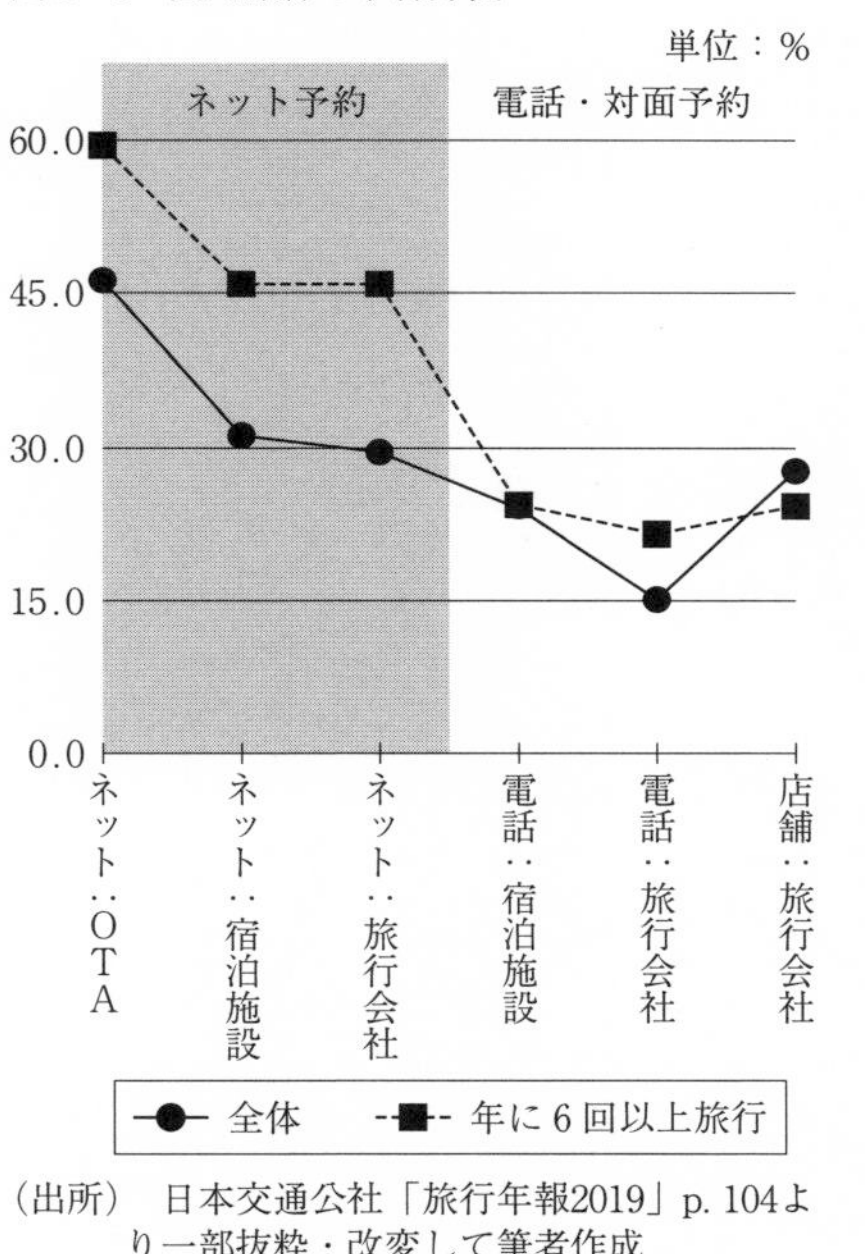

（出所）　日本交通公社「旅行年報2019」p. 104より一部抜粋・改変して筆者作成.

リカで航空規制緩和法が施行された一九七八年以降、国際線の情報や世界のホテルやレンタカー、鉄道等の情報を包括したシステムに成長した。また、大手ホテルチェーンでは傘下ホテルの予約情報を把握するシステムである、ＣＲＳ（Central Reservation System）も導入されている。

もうひとつの源流は、旅行雑誌である。二〇〇〇年に開設されたリクルート社の「じゃらんｎｅｔ」の前身は、同社の旅行雑誌「じゃらん」である。

旅行会社と契約する宿泊施設が主に大旅館・大ホテルであったのに対して、旅行雑誌は少額でも広告を出せる。旅行代理店と契約できない小旅館・小ホテルや民宿、ペンションにとっては、旅行雑誌は、旅行者を広く得られる有力なツールだった。ＯＴＡの登場以前には、「じゃらん」に掲載すると発売日には朝から予約や問いあわせの電話が多くきたという。(9)

ＯＴＡは観光のデジタル化を民主化した

これらのＧＤＳやＣＲＳ、旅行雑誌が、ＯＴＡと大きく違うのは、ＯＴＡが小規模な旅館やホテルや民宿、ペンションに、デジタルマーケティングの門戸を開いたことである。いわばデジタル化の民主化である。

それを可能にしたのがＯＴＡのビジネスモデルである。宿泊施設が「じゃらん」などの旅行雑誌に広告を掲載する場合、宿泊施設は、掲載スペースの広さに応じた広告料を、旅行雑誌側に支払う。他方でＯＴＡの場合、宿泊施設はＯＴＡのサイト上に自社のページを作成する。一般的にこれには費用がかからない。費用がかかるのは、そのＯＴＡを通して宿泊予約を得た時であり、宿泊施設は手数料をＯＴＡに支払う。

この、ネット上のプラットフォームに情報を出すこと自体は無料で、実際に取引が発生したら一定の手数料が発生するというビジネスモデルは、インターネットビジネスでは一般的である。アマゾンのオンラインモールや、アップルのアプリストア、グーグルのアドセンス（広告配信システム）などはその代表例である。ＯＴＡは、こうしたＩＣＴの特性を有効活用したプラットフォームビジネスのひとつである。

こうしたビジネスでは、プラットフォーマー側は、自社のデータベースの情報量が多いほど、つまりＯＴＡなら宿泊施設の登録数が多いほど、自社のサービスの価値は大きくなる。それだけ豊富な選択肢を宿泊者に提供できるからである。利用者が多いほど価値が高まるという、いわゆる経済学の「ネットワーク外部性」の典型例である。それゆえプラットフォーマーは契約企業を増やして、取り扱う情報の量を増やそうとし、契約企業には無料で情報を掲載してもらう。

もしＩＣＴがなく、たとえば紙媒体だったら、情報量が多すぎるとだれも管理できないし、検索するのも一苦労である。宿泊予約のような取引の発生を検知して、手数料を請求するのも、いちいち大変であろう。プラットフォームビジネスは、ＩＣＴによる情報の掲載・伝達コストの最小化というメリットをよく生かして、情報や取引の窓口を独占的に確保し、巨大な利益を生み出すのである。(10)

持っていかれるのは「一割」では済まない

ＯＴＡがプラットフォームビジネスとして成立する鍵は、予約成立時の手数料である。

図３－４のように、宿泊施設がＯＴＡに支払う手数料は、条件にもよるが、一般的には宿泊価格の一〇％ほどだとされる。ただし外資系ＯＴＡの場合は一二～一八％程度とより高額である。一方、伝統的

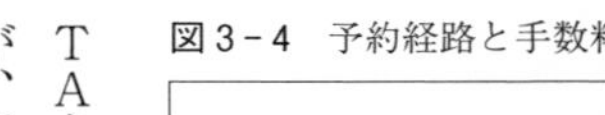
図3－4　予約経路と手数料

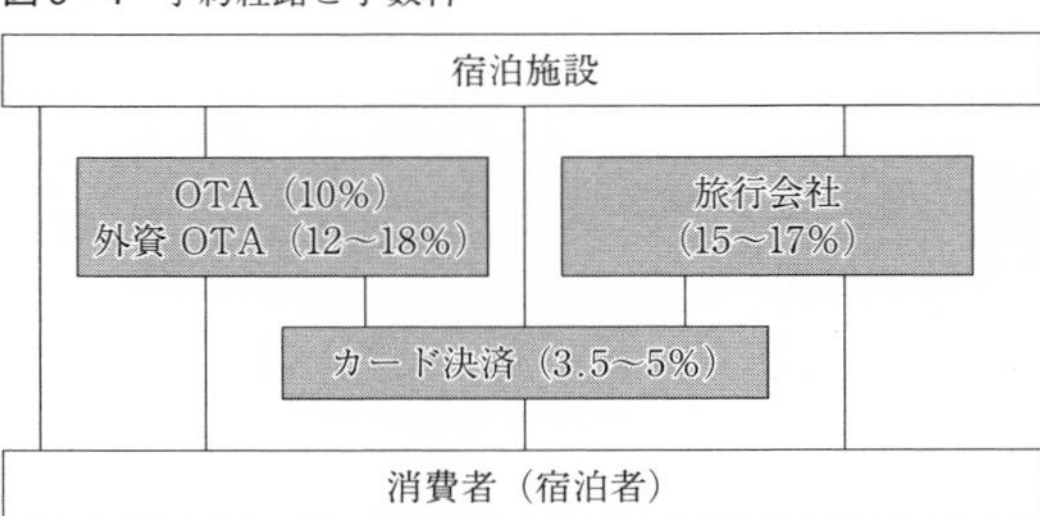

（出所）観光産業関係者へのインタビュー調査および各社資料をもとに筆者作成.

な旅行会社からの予約では、手数料は一般的に一三～一五%とされる。旅行会社の手数料はOTAに引っぱられるかたちで、年々低下している。[11]

ただ、これは一般論である。たとえばある外資系OTAでは、宿泊施設はもっと多くの手数料を「支払える」ようになっており、これがサイト上での検索順位の決定要因とされている。つまり、検索結果でより上位に表示されるためには、OTAに、より多額の手数料を支払う必要もありうる。

するとたとえば、さきほど「おすすめ順」で最上位に表示された嵐山の旅館は、より多額の手数料を支払っているから「おすすめ」なのかもしれない。実際どうなのかはブラックボックスで、私たち利用者にはわからない。同様に、宿泊施設側も自分で掲載順位は決められない。

筆者が以前行った宿泊施設の経営者へのインタビュー調査でも、OTAをつかってメールマガジンや広告配信などをする場合は、毎回の手数料支払いはさらに多額になるが、事実上、それを受け入れざるを得ないという。[12]それだけOTAでの露出が宿泊施設にとって重要だからである。

さらに、ネット上で宿泊予約を行う場合、消費者にとっては、クレジットカードで決済するのが便利である。しかしその場合は当然、宿泊施設側にクレジットカードの手数料も発生する。手数料はカード会社にもよるが、三・五％から五％程度である。(13)するとＯＴＡとカード決済で、宿泊施設は、本来の宿泊価格のうち、一五％程度を手数料として支払う必要がある。使用したＯＴＡや契約によっては、さらに高額になる。「一割持っていかれる」どころではないのである。

手数料ビジネスの「影」とパワーバランス

繰りかえすように、ＯＴＡそれ自体は悪ではない。ＯＴＡに支払う手数料は、ＯＴＡが宿泊施設に提供する予約サービスの対価である。むしろＯＴＡには、宿泊業にデジタルマーケティングの可能性をもたらした功績がある。ビッグデータが有力な経営資源となる時代において、ＯＴＡの存在意義はますます大きくなっている。(14)以前には考えられなかった、宿泊ビジネスのマーケティング革命であろう。

こうしたＯＴＡの「光」の一方で、もっとも重要な「影」は、手数料問題に代表される、ＯＴＡのプラットフォーム化による市場の寡占である。宿泊施設の集客はＯＴＡに握られつつある。

たとえば業界では「ベストレート・ギャランティー」という制度の導入も見られる。日本語では「最低価格保証」と訳されるが、ＯＴＡが宿泊施設に対して、ＯＴＡのサイトに掲載する価格を最低価格として、それよりも安い価格を、宿泊施設の自社サイトなどに掲載しないことを要求するのである。要は、ＯＴＡが「うちでいちばん安く売りなさい」と要求する制度である。べつのパターンとして、ＯＴＡが、最低価格を掲載する宿泊施設には手数料を低くすることもある。(15)

これを導入すると、消費者にとってはＯＴＡから予約するのが最も「お得」になる。だからますますＯＴＡが集客を独占することになる。ベストレート・ギャランティーは、すべてのＯＴＡや宿泊施設で導入されているとは限らないが、宿泊施設にとっては、さらなる低価格化や低収益化を促進しかねない制度である。

こうしたＯＴＡの寡占は、社会的にも問題視されている。二〇一九年には、公正取引委員会が大手ＯＴＡ三社に対して、独占禁止法違反の疑いで立入検査した[16]。とくに、ＯＴＡのサイト上で設定する宿泊価格を、競合サイトや、各宿泊施設の自社サイトと同等、もしくはより安い価格にするように求めるなど、自由な販売価格な設定を、不当に拘束していると疑われている。

また、観光産業関係者へのインタビューによれば、ＯＴＡの利益は手数料だけでなく、みずからのサイト上でのオンライン広告収入も大きいという。つまり消費者（宿泊者）のなかには、ＯＴＡのサイト上で宿泊施設の下調べをして、予約は電話や自社サイトで行うケースもある。この場合、ＯＴＡは手数料こそ得られないが、サイトのページビューがあるので、広告枠が利益を出してくれる。

契約施設が増えてＯＴＡのデータベースが巨大化すればするほど、ページビューも稼ぎやすくなる。極端な話、消費者がＯＴＡで宿泊予約をしてくれなくても、宿泊施設の情報を見るためにサイトへアクセスしてくれれば売上は出るのである。グーグルやフェイスブックなどのプラットフォーマーとおなじ構図であろう。

こうした「影」のもとにあるのは、消費者の集客窓口がＯＴＡに集中しているという、観光ビジネスをめぐる極端なパワーバランスである。これは、ＩＣＴによって情報や取引の機会が特定の少数の企業に集まり、「ネットワーク外部性」でその企業の競争力がますます増大するという、プラットフォームビジネスの宿命である。結果、プラットフォームビジネスを利用する契約企業は、無料での情報掲載と引きかえに、プラットフォーマーなしにはビジネスが成立しなり、多額の手数料支払いを余儀なくされていくことがある。

宿泊施設はOTAをどうつかっている？

では実際、宿泊施設はOTAをどのように利用しているのだろうか。

それぞれの宿泊施設におけるOTAの利用状況は、企業秘密に属することもある。したがって世間的にはあまり公表されておらず、統計データなどでは、具体的な状況はあまりわからない。また OTAの利用状況は、それぞれの宿泊施設の経営の戦略や状況とあわせて理解しなければ、現実的なすがたはわからない。たとえば「予約の五〇％がOTA経由である」といっても、客室一〇室の宿と一〇〇室の宿とでは、事情が異なる。そこでここでは、典型的な観光地の宿泊施設におけるケーススタディを参考にしたい。

筆者は以前より、群馬県の草津温泉の宿泊施設を対象に、観光のデジタル化の影響に関するフィールドワークを行ってきた[17]。草津温泉は群馬県草津町にある、伝統的な有名温泉地である。こうした典型的な地域のケーススタディから、ある現象の普遍的な構造を発見しようというのは、地理学——厳密にはその一分野である地誌学——の基本的な方法論である。

ここでは同地の観光地としての魅力には触れないが、源泉から湧き出た高温の源泉を冷却する「湯畑」は、芸術家の岡本太郎（一九一一—一九九六）によってデザインされた、街の、あるいは日本の温泉のシンボルとして有名である（写真3-1）。

草津温泉には小さな旅館だけでなく、大型のリゾートホテルや旅館、民宿やペンションも数多い。筆者が現地で調査した二〇一二年の時点では、合計で一八七軒を確認できた（図3-5）。OTAについて

写真３－１　草津温泉の象徴「湯畑」．草津温泉は湯畑周辺の「温泉街地区」と，その周囲の「高原地区」に分かれる．
（出所）　草津温泉観光協会　https://www.kusatsu-onsen.ne.jp/onsen/

図３－５　草津温泉の宿泊施設（2012年）

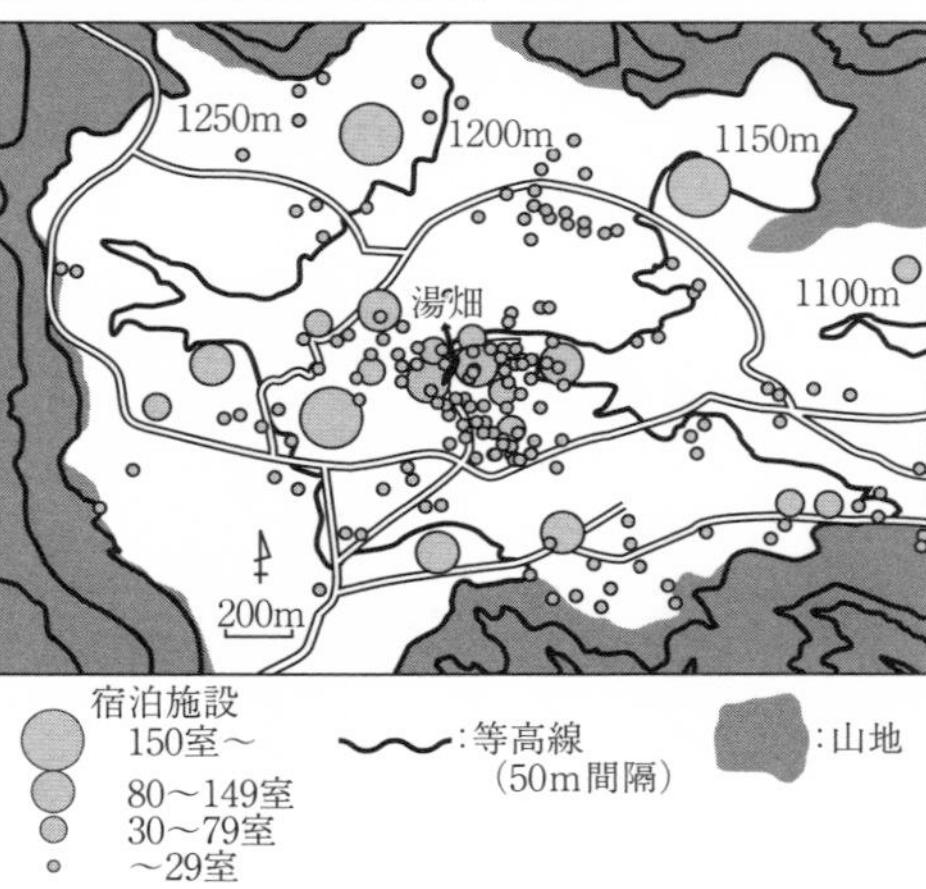

（注）　宿泊施設のうち，本図の範囲から著しく離れた施設６軒と，所在地が不明な11軒は表記していない．「山地」の範囲は地形図の判読による．
（出所）　現地調査および草津温泉旅館協同組合と草津温泉観光協会の資料，タウンページをもとに筆者作成．

は、このうちの七三・三％の施設が、「楽天トラベル」か「じゃらんｎｅｔ」のいずれかひとつ以上と契約していた（図３－６）。

詳しく見ると、ＯＴＡの契約率は客室数が三〇室以上の大規模施設では一〇〇％で、小規模施設でも、宿泊価格を確認できる施設では八五・七％である。(18) ＯＴＡは全体の七割以上の施設で利用されており、それはほとんど規模を問わない。

オンライン予約を受け付けるシステムは、ＯＴＡのほかにも、各施設が自前でも用意できる。しかし、これを持っている施設は全体の四八・七％にすぎない（図3－7）。つまり、少なくない数の宿泊施設は、オンライン予約の受け入れをOTAに依存している。施設ごとに何社のOTAと契約しているか調べると、平均して一・八社のOTAと契約している。複数のOTAを組み合わせて使用するのが一般的ということである。

これらに対して、図3－8のように、旅行会社と契約しているのは一八軒（九・六％）にすぎない。一八軒のうち一六軒は大規模施設である。つまり旅行会社をつかっているのは、ごく一部の大規模施設に限られる。OTAとは対象的である。

図3－6　OTAの契約状況（2012年）

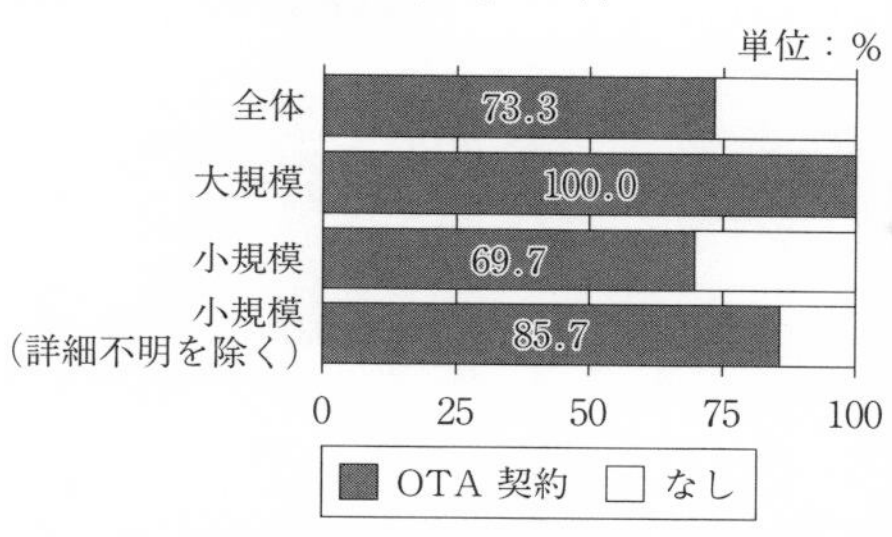

（注）「詳細不明」とは宿泊価格を確認できない小規模宿泊施設で，67軒存在.
（出所）現地調査および草津温泉旅館協同組合と草津温泉観光協会の資料，OTA 上の情報をもとに筆者作成.

図3－7　自社予約システムの所有状況（2012年）

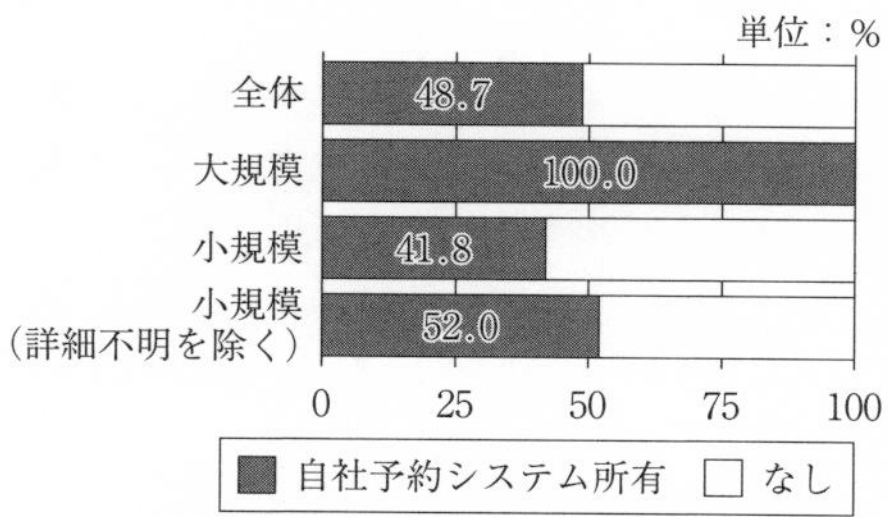

（注）「詳細不明」とは宿泊価格を確認できない小規模宿泊施設で，67軒存在.
（出所）現地調査および草津温泉旅館協同組合と草津温泉観光協会の資料，各施設の Web サイト上の情報をもとに筆者作成.

「OTAをどれだけつかうか」の経営判断

宿泊施設は、どれくらいの宿泊者をOTAから得ているのだろうか。これを把握するため、筆者は草津温泉の典型的な宿泊施設を選んで、経営者や担当者への

図3－8　旅行会社の契約状況（2012年）

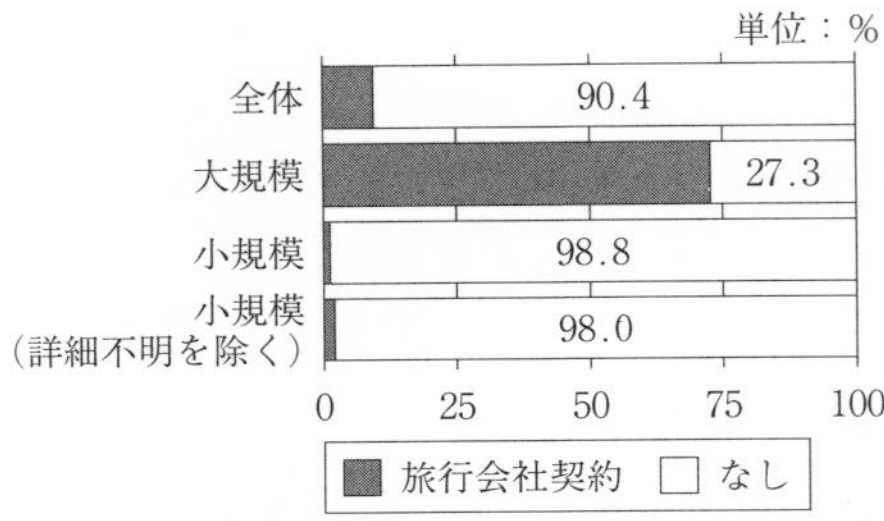

（注）「詳細不明」とは宿泊価格を確認できない小規模宿泊施設で，67軒存在.
（出所）現地調査および草津温泉旅館協同組合と草津温泉観光協会の資料，旅行会社パンフレットの情報をもとに筆者作成.

インタビュー調査をした。図3－9は、その事例施設での、予約手段の構成比の概算である。

OTAからの予約が占める割合は、すべての宿泊施設でおなじではない。一〇％を切るものから一〇〇％に至るまで多様である。ただ、傾向がないわけでもない。インタビューで聴取した、宿泊施設の客室数やリピーター率との関係を分析すると、いくつかのパターンが見えてくる。

まず大規模施設である。このグループは旅行会社を利用しており、旅行会社経由の予約は、二〇％から最大八〇％までを占める。OTAについては八％という施設もあるが、おおむね二五％程度である。電話予約や自社サイトからの予約もある。つまり大規模施設は、いろいろな予約経路からやってくる宿泊客を受け入れている。

ある意味当然である。大規模施設は客室数が多いので、OTAだけで客室を満室にするのは難しい。さまざまな予約経路を確保することでバランスよく宿泊客を確保している。

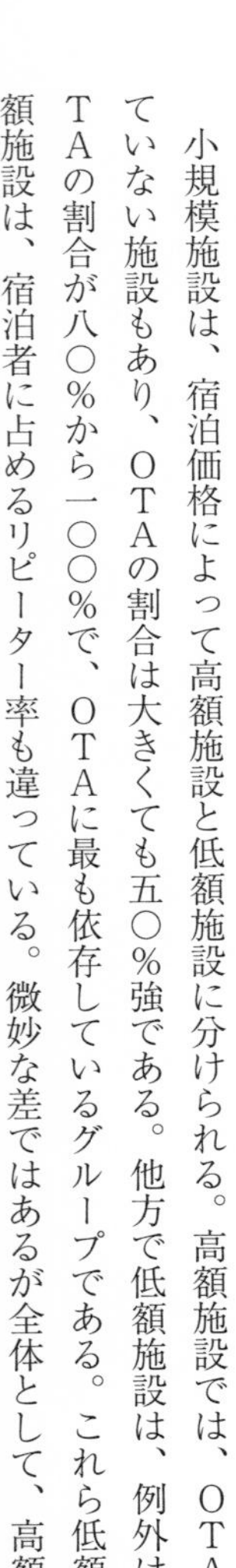

小規模施設は、宿泊価格によって高額施設と低額施設に分けられる。高額施設では、OTAをつかっていない施設もあり、OTAの割合は大きくても五〇％強である。他方で低額施設は、例外はあるがOTAの割合が八〇％から一〇〇％で、OTAに最も依存しているグループである。これら低額施設と高額施設は、宿泊者に占めるリピーター率も違っている。微妙な差ではあるが全体として、高額施設はリ

図３－９　宿泊施設の予約手段（2012年）

単位：％

類型	番号	旅行会社	自社サイト	OTA	電話･その他	リピーター率
大規模	1	80	5	5	10	70
	2	50	15	20	15	30
	3	40	25	25	10	5
	4	20	15	30	35	10
	5	30	10	10	50	30
	6	40	12	8	40	85
小規模高額	7	45	10	10	35	40
	8		10		90	40
	9		70		30	35
	10		12	28	60	60
	11			50	50	50
	12		14	56	30	90
小規模低額	13				50	50
	14		43	43	15	30
	15			80	20	30
	16		5	85	10	35
	17		8	72	20	50
	18				100	70
	19			100		30

（注）　空欄の予約手段は該当なし．番号13はネット全体で50％．内訳不明．
（出所）　現地調査をもとに筆者作成．

ピーター率が比較的高く、低額施設は低いといえるかもしれない。

リピーター率の違いについて、ＯＴＡの利用シーンから考えてみたい。

自分が以前に宿泊した宿にまた泊まる場合、宿の名前を覚えていれば、グーグルで検索して、宿の自社サイトからも予約できる。電話予約でもいい。しかし初めて泊まる宿や、初めて泊まる地域では、著名な宿でなければ、いきなり宿の自社サイトにアクセスするだろうか。それよりもＯＴＡをつかって、いろいろな宿泊施設を検索して口コミも見ながら比較する方が合理的であろう。ＯＴＡは、「一見さん」、すなわちリピーターではない客を確保するのに、より向いていると思われる。

リピーターの多い宿でのインタビューでは、一六世紀に創業したとされる老舗旅館の経営者から「（OTAを積極的に使う他社との）価格競争に巻きこまれており、リピーターを大切にしないと維持できなくなっている」「いまは情報を大量に収集できる買い手市場になっている。ネットで予約した人は常連になりにくいと経験的に感じる」といった声も得られた。

それに対して「一見さん」中心の宿では、OTAが主な集客手段になる。そして客室数が少ないので、OTAだけでも満室にできる。筆者がフィールドワークで出会った宿では、こうしたケースとして興味深い宿がいくつかあった。

ひとつは、宿泊プランをすべて素泊まりにして、極限まで「おもてなし」を減らしたセルフサービス中心の方法で、高齢の経営者と従業員の二名だけで経営する施設である。人件費を最小限にして効率的に経営しているのである。筆者も調査を兼ねて泊まったところ、いい意味であっさりした宿である。女将は高齢だったが、名門の大旅館のようにコストと労力をかけなくても、自分たちのようにすれば安定して経営できるではないかと、経営が悪化した一部の大旅館のやり方に疑問を抱いていた[19]。

また二〇〇八年に開業した後発の宿では、「子ども歓迎」というコンセプトで差別化した結果、OTAのサイト上で高い口コミ評価を得て、一躍、人気施設へと成長した。OTAの利用で独創的な経営が広がっているのは、このグループである。

OTAによる「脱・旅行会社」とリスク分散

このようにOTAの利用状況は、宿泊施設によって多様である。それでは、OTAを利用したことによる経済効果は、とくに、どのような宿泊施設で生じているのだろうか。

ポイントは手数料である。いま一度、整理しておこう。構図をシンプルにするために、外資系のOT

Aやクレジットカード決済の問題は措いておく。手数料が最も高いのは旅行会社で、一三〜一五％程度である。OTAがそれに続き、一〇％程度となる。一方、自社サイトや電話での予約の場合、手数料はかからない。手数料を支払うべき中間業者がいないからである。[20]手数料の序列は、旅行会社→OTA→自社サイト・電話となる。

大規模施設の場合、OTAの利用で「脱・旅行会社」が進んでいると言える。もともと旅行会社と契約していた大規模施設にとっては、旅行会社ではなくOTAから宿泊客を得た方が、手数料を一三〜一五％から一〇％に減らせる。この数パーセントの差は、客室数の多い大規模施設では無視できない収入差になろう。

これに関して、草津に限らず、大ホテル・大旅館を中心に宿泊施設では一般的に、あらかじめ自社の客室の一定数を、旅行会社やOTAなど、それぞれの予約のために割り当てて契約している。「アロット」や「ブロック」と呼ばれる制度である。すこしややこしいが、重要なので解説させてほしい。

たとえば、客室数一〇〇室のホテルがあるとする。このホテルでは、一〇〇室すべてを、自社の公式サイトや電話予約といった「直販」だけで埋めることができない。よって客室のうち一〇室を、なじみの旅行会社X社からの予約に割り当てて契約する。ほかの客室は適宜、ほかの旅行会社や、OTAなどにも割りあてる。

この際、X社に割り当てた一〇室に、すべての日にかならずX社から一〇室分の予約が得られるとは限らない。たとえばいまから一ヶ月後の八月一〇日の分の予約が、X社から七室分しか得られていないとする。このまま八月一〇日になると、残りの三室分は損失になる。

このときホテル側は損失を避けるため、三日前の八月七日など、一定日数まで近づいた時点で、X社に割り当てた「売れ残り」の三室分を、より多く予約が取れそうなOTAなど、他社の割り当て分に振り替えられる。業界用語で「返室」や「手仕舞い」と呼ばれる行為である。草津温泉での筆者のインタビュー調査によれば、当時はOTAからの予約が増加中であり、「返室」も日常的に行われているという。こうして「返室」が行われているのは、旅行会社からOTAへのパワーシフトをよく表している。

具体的には、草津温泉の代表的な大ホテルのA社では、経営コンサルタントによる改革でネットマーケティングに注力し、二〇〇八年から二〇一二年にかけて、旅行会社経由の予約を三分の一まで減少させた。つまり旅行会社からの予約をOTAにシフトすることで、手数料のコストを削減したのである。A社ではデータ解析の専門家を雇い、予約状況や他社のプラン・宿泊価格などをデータ化して分析し、マーケティングに活用している。

もちろん、こうした戦略を実行するには、旅行会社の予約を減らすだけでなく、全社的な個人客対応も必要である。たとえば食事する場所を大広間から客室にしたり、大浴場を小さくして、浴室つき客室にリフォームする必要がある。大規模施設ではこうした改革を伴いながら、旅行会社からOTAへと、予約経路をシフトさせている。

対象的に、いまでも団体客を中心とした経営を続ける施設もある。こうした施設でもOTAは便利なツールである。仮に手数料を削減しなくても、予約経路としてOTAが追加されれば、それだけ、空室が生じるリスクを分散できる。もともと多様な予約手段を組みあわせていた大規模施設にとっては、OTAはリスクの新たな分散先でもある。

たとえばフィールドワークでは、草津温泉の著名な大旅館の支配人からつぎのような証言が得られた。「団体予約の確保が全社的な戦略であり、団体で埋まらない枠を埋めるのがネットの役割。ネットはすぐに、広く、はやく在庫を埋める役割で、サブ的な位置にある」という。こうした「脱・旅行会社」戦略をとらない施設は少ないが、それでもＯＴＡはメリットを生んでいる。

宿の規模によって反転するＯＴＡの効果

大規模施設では、ＯＴＡは予約手数料を削減させ、個人客への対応を促進させたり在庫リスクを分散させる、新たな有力ツールになっている。

しかしながら、小規模施設では逆転現象が起きる。小規模施設では一般的に、もともと旅行会社と契約していなかった。ＯＴＡの出現以前は、旅行雑誌への広告などをべつにしても、基本的には中間業者なしで宿泊者を獲得してきた[21]。したがって小規模施設にとってＯＴＡの出現は、大規模施設のような手数料の削減という効果は発生しない。むしろ新たに手数料を支払わなければならなくなっている。

そもそも観光産業では、第二章で確認したように、商品が形のない「サービス」なので、商品の貯蔵と輸送ができない。それゆえ宿泊業では、ネットでどんなに人気になっても、客室が一〇室しかなければ、一日に一〇室分の宿泊者しか受け入れられない。

だからＯＴＡを利用するなら、手数料や従業者数の削減といったコストダウンや、リピーターの確保、稼働率の底上げといった効果が生じなければ、客数を維持してＯＴＡからの予約が増えることは、宿泊施設にとっては「余計な支出の増加」を意味する。

旅行会社を利用していなかった小規模施設では、手数料が増大するにもかかわらず、リピーター率の低い低額施設を中心に、もはやＯＴＡなしには宿泊者を獲得できなくなりつつある。すなわちＯＴＡから予約を得ると損するのに、ＯＴＡばかりから予約を得ている。矛盾した状況だが、ＯＴＡがそれだけプラットフォームとして機能しているということである。OTAをうまく利用している宿泊施設もあるが、少数派である。

フィールドワークでも、小旅館の経営者からは「ネットで（OTAで）宣伝していないと集客がない」とか、「ネットで（OTAで）調べて、ただ安ければよいという客が増えている」といった嘆きも聞いた。

OTAを「やめたくてもやめられない」事情

それなら、OTAを利用しなければよいという考え方もあろう。SNSや動画サイトをつかってプロモーションして、自前の予約システムで宿泊者を得ればよい。それは、たしかに技術的には可能だが、小規模施設にとっては難しい。

第一には人的資源の問題である。観光地の小規模施設は、ほとんどが家族経営である。こうした施設では、家業として引き継いだ宿を経営しているので、先の大ホテルA社が雇ったデータ解析の専門家のように、自力でプロモーションできる人員が社内に存在する確率は低い[22]。そもそも、小規模施設では客室も少ないので、プロモーションに成功しても、実際に宿泊させられる人数に制約がある。

小規模な宿泊施設が多いのは、草津温泉だけのことではない。図3-10のように、全国の宿泊業のうち、従業者数五〇人未満の小規模な事業所が全体の九五%を占める。全体の七割弱は、支店や支社のない単独事業所で、全体の四割弱は個人事業所（個人経営）である。そして従業者数が一〇人に満たない、ごく小規模な事業所が全体の七割弱を占めている。従業者数が一〇名を下回るのは、単独事業所に限ると八割弱、個人経営ではほぼすべてである。日本の宿泊業のほとんどは、小規模経営である。

企業経営的な大規模施設なら、OTAに頼らず、ネットを有効活用したダイレクトマーケティングが可能かもしれないし、客室数も多いのでプロモーションの効果も大きい。しかし小規模施設では事情が違う。

フィールドワークでも、小規模施設ではＯＴＡの利用やネット上へのプラン掲出といった「ネットまわり」のことは、「自分がいちばん若いから担当ということになっている」とか「家族経営なので実際は家族全員で対応することになる」[23]のが実情だった。小旅館や民宿、ペンションは、限られた労働力でネット対応をやりくりしているのである。

図３−10　規模と経営形態別にみた日本の宿泊業

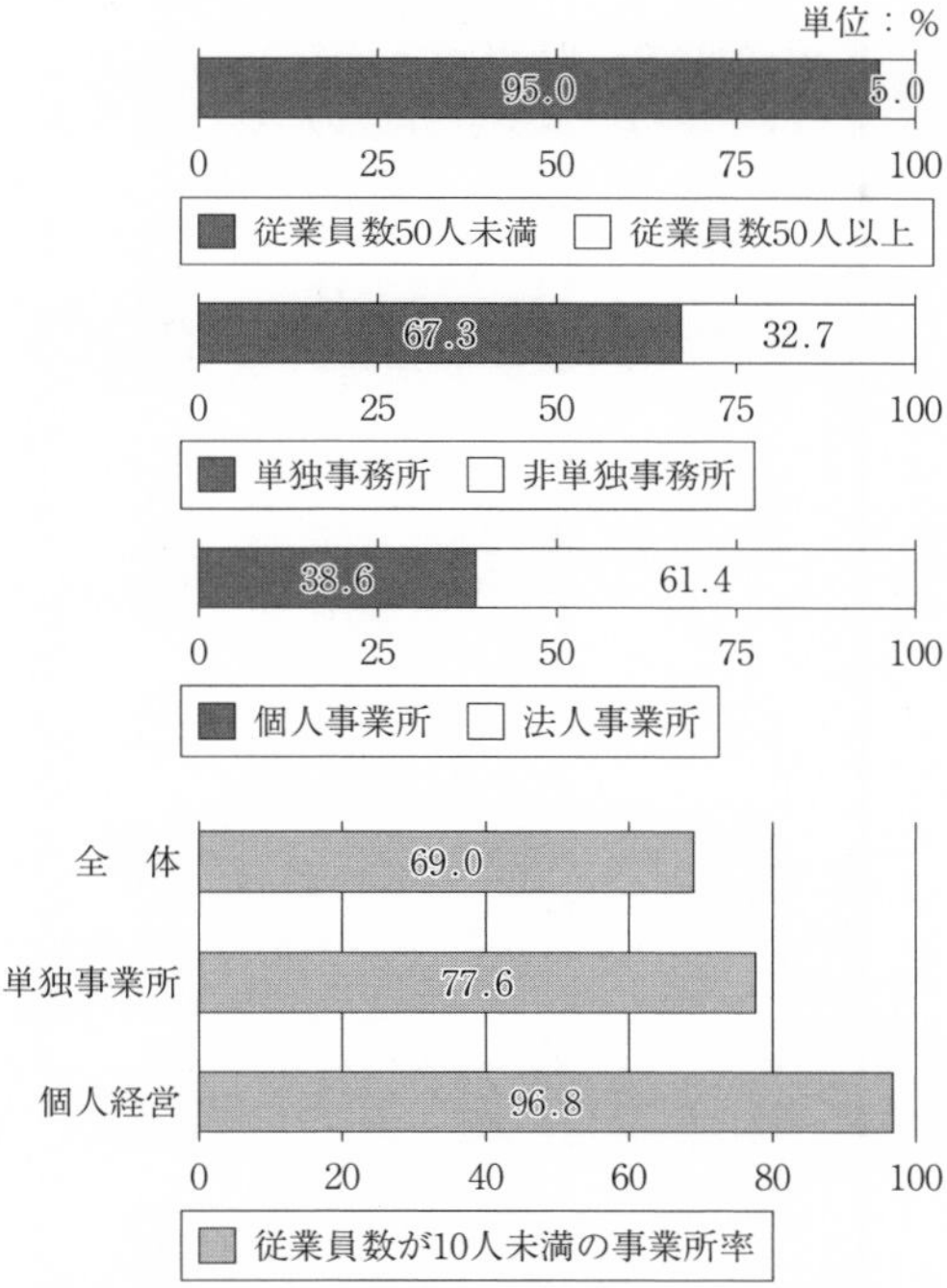

単位：％

95.0　5.0
0　25　50　75　100
従業員数50人未満　従業員数50人以上

67.3　32.7
0　25　50　75　100
単独事務所　非単独事務所

38.6　61.4
0　25　50　75　100
個人事業所　法人事業所

全　体　69.0
単独事業所　77.6
個人経営　96.8
0　20　40　60　80　100
従業員数が10人未満の事業所率

（出所）　経済センサス（活動調査）をもとに筆者作成.

また、ＯＴＡと契約せず、独自にダイレクトマーケティングを試みる小規模施設もあるが、なかなか厳しいようである。経営者は草津でのインタビューで「ネットエージェント（ＯＴＡのこと――を利用する宿泊施設）には検索順位でどうしても負けてしまう」と述べていた。

もちろん成功する施設もあろうが、現実には、小規模施設では労働力に制限がある以上、自力でネットで顧客を獲得するには向いていない。イギリスのシンクタンクであるユーロモニター社のレポートでも、日本においてネットでのダイレクトマーケティングは、チェーンホテルのような大規模な企業的ホテルばかりが成功していると指摘されている。[24] 草津温泉に特有の問題ではない。

「今日の空室」はそのまま損失を意味する

第二はリスクの問題である。

繰りかえすように「宿泊サービス」という商品はかたちがなく、自動車や衣類のように、在庫を物理的に所有できない。第二章で指摘したように「今日の空室は明日売れない」のである。「今日の空室」はそのまま損失を意味する。この「日々の在庫をいかに減らすか」は、宿泊業マネジメントにおける、最も重要で、最も解決しにくい問題のひとつである。

この点、ＯＴＡを利用すれば、予約経路が増えるので、それだけ在庫を減らしやすくなる。経営者としては、ＯＴＡに手数料を支払ってでも在庫の発生を避けようという、リスク回避の意識が働くのである。

在庫リスクの回避は小規模施設において、より切実である。「空室数＝損失数」がおなじでも、「空室率＝損失率」は変わってくる。客室が一〇〇室ある大規模施設では、このうち一室が空室になると、空室率＝損失率は一％である。一方で客室が一〇室の小規模施設では、一室の空室による損失率は一〇％である。

もちろんこれは単純化した例で、大規模施設では運営コストも大きい。だがここからわかるように、小規模施設では一室でも空室を減らす努力がいっそうに必要となる。

ＯＴＡによるリスク分散やリスク回避は、ＯＴＡがもたらす可能性であると同時に、在庫リスクが存在する以上、もはやＯＴＡを「やめたくてもやめられない」状態に宿泊施設を追いこんでいる桎梏でもある。

宿泊業の低収益構造――在庫リスクと手数料ビジネス

このように、ＯＴＡに「一割もっていかれる」意味は、宿泊施設の規模によって異なる。大規模施設ではおおむねポジティブであろう。ＯＴＡは大規模施設に、手数料の削減や、さらなるリスク分散といったメリットをもたらす。いわば「一割持っていかれる」というより、「持っていかれるのが一割で済む」という構図である。

一方で小規模施設では、ややネガティブな意味になろう。もともと旅行会社などの中間業者を利用しなかった多くの小規模施設にとって、ＯＴＡの出現は、手数料の削減ではなく、追加を意味する。リスクは分散できるが、旅行会社を利用する大規模施設と比べてメリットは小さい。むしろ客室が少ないので、否が応でもリスク分散のためにＯＴＡと契約せざるを得ないこともある。

結果として、予約のほとんどがＯＴＡからという「ＯＴＡ依存」の状況すら見られる。ＯＴＡをうまく活用して成功した施設もあるが、多くの小規模施設にとって「一割持っていかれる」ことは、経営負担の増加を意味する。

手数料の問題は、プラットフォームビジネスがあたりまえの現代社会の観光では、つねについてまわる。昨今では「Ａｉｒｂｎｂ（エアビーアンドビー）」などの民泊仲介のプラットフォーマーも成長しているが、ここでも手数料がかかる。Ａｉｒｂｎｂでは、ホスト（宿側）の手数料負担は三％である。Ｏ

TAよりもかなり安く見えるが、宿泊者側が一四・二％未満の手数料を支払うことになっている。合計すると外資系OTAと同水準の手数料が生じる。つまり手数料を宿泊者に転嫁しているだけである。しかもこれは民家の所有者が契約した場合の話である。ホテルなどの宿泊施設がAirbnbを利用する際は、宿が一四％から一六％の手数料を負担する。[25]

宿泊業だけでなく飲食業でも、プラットフォームビジネスがあることも指摘しておく。「食べログ」や「ぐるなび」「ホットペッパー」といった飲食店の予約サイトでも、OTAと類似の予約手数料ビジネスがみられる。飲食店も宿泊業とおなじ接客サービス業であり、「今日の空席は明日売れない」在庫リスクを抱えている。一部の超人気店や有力企業を除くと、予約手数料ビジネスに依存せざるを得ない構図がある。

繰りかえすが、これらのビジネスを「悪」だと言いたいわけではない。だが結局のところ、プラットフォーマーが観光に介在する以上、手数料の支払いによる低収益構造から、少なくない宿泊業者が――あるいは飲食店も――抜け出すのは難しい。

この低収益構造に、とくに悩まされやすいのが、家業として代々引き継がれた家族経営的な小規模な旅館や民宿、ペンションである。こうした、観光地を伝統的に守ってきた宿はOTAのサイト上で「価格の安い順」「口コミ評価の高い順」でランキング化されて価格競争にさらされ、さらなる低収益構造のもとにおかれつづける。結果として、企業経営的な大ホテルや、東京の大資本の有名グループ旅館などとの格差が広げられていく。

さて、なぜこうなってしまうのか。なぜ、宿泊施設はOTAによって支配され、低収益構造に追いこまれてしまうのか。OTAが悪いのだろうか。無論、その原因はOTAだけなく、観光の「貯蔵も輸送もできない」性質や、機械化が難しく人的コストが高いこと、「今日の空室や空席は明日売れない」といった性質にもある。

その一方、この現象には、デジタル化が進む現代社会の構造自体にも原因がある。つまり、ＯＴＡの台頭とその支配という問題は、ＧＡＦＡなどのプラットフォーマーによるデジタルな支配の問題と、おなじ根を持っている。

ならば、デジタルな支配は現代社会の宿命なのだろうか。それを打倒したり、逃れることはできないのだろうか。本章の最後に、この「支配」の問題を整理して、ＯＴＡをめぐる低収益構造の悪化がいかに根深いのか確認しておく。

3　「フローの空間」の支配構造

ネットワークからは逃げられない

もしあなたがネットワークに無関心でも、ネットワークはあなたに関心をもっている。あなたが社会の内部で、今この瞬間、この場所に住みたいと思うならば、あなたはネットワーク社会に対処しなければならない。なぜなら我々は、インターネットの銀河系に住んでいるからである。[26]

スペイン出身の都市社会学者マニュエル・カステル（一九四二―）は、情報社会を論じる上で避けて通れない研究者である。彼は二〇〇一年、すでに到来しつつあったネット時代の社会問題を論じた著書

『インターネットの銀河系』を、このように締めくくった。

当時は、ＩＣＴやインターネットという新技術をつかえば社会のさまざまな問題を解決できるという「技術ユートピア論」が一般的だった。[27]同時に、インターネットが本当に社会へ大きな影響を与えるのか否か、議論のさなかだった。

隔世の感である。いまやデジタルな社会問題は、プラットフォームビジネスや、フェイクニュース、ネット依存症、ＳＮＳによる中傷やプライバシーの侵害など枚挙にいとまがない。また既存の社会問題についても、ＡＩによる情報のフィルタリングが人々の社会的な分断を進める「フィルターバブル」[28]など、改善どころか悪化すらしている。

他方で、それにもかかわらず「技術ユートピア論」は、いまでも根深く残ってもいる。昨今でも、社会のデジタル化やデジタル・トランスフォーメーション（ＤＸ）は、バズワードとしてもてはやされている。

奇妙な例として、内閣府では「サイバネティック・アバター」の開発と活用によって「二〇五〇年までに、人が身体、脳、空間、時間の制約から解放された社会を実現」することを目標の一つとして挙げている。[29]すごい。実現が待たれるが、技術の進歩によって「人が身体、脳、空間、時間の制約から解放」されることなど、ありえるのだろうか。

社会はいまだに、カステルの議論に追いついていない。ＩＣＴやインターネットなど、デジタルな事象と、私たちはどうつきあえばよいのか。

カステルの考え方の特色は、情報社会のあり方は、ネットワークやアルゴリズムの技術によって決まるのではなく、それを開発し、管理し、運用する人びとによって左右されると見る点にある。

すぐれた技術があれば問題を解決できるわけではない。また、技術で問題が解決できないのは、技術が未熟だからでもない。彼によれば、「情報社会のモデルは、人々、企業および政府が重視する価値によって決まる」[30]。問題は技術ではなく、ＡＩやデジタル化といった技術を、だれがどうつかうかである[31]。もし内閣府の「サイバネティック・アバター」が開発できても、それをどう運用するかの問題はついてまわるのである。すでに昨今の情報社会論やテクノロジー論の専門的議論では、技術それ自体が問題を解決できないのは常識になりつつある。

したがって、ＩＣＴなどの影響を理解するには、技術だけでなく、技術と社会との関係、とくに、技術をだれがどのように管理するかという、管理権限に注目する必要がある。技術は人びとを自由にするかもしれないが、それは、技術をだれがどう管理するかにかかっている。場合によっては、管理者が、技術を利用せざるを得ない人びとの自由を奪い、支配することもある。

ＯＴＡをめぐる宿泊施設の「支配」を理解するには、こうした技術の管理をめぐるメカニズムを、広い視野から理解せねばなるまい。カステルの理論を追ってみよう。

「フロー」でひとつにつながる世界

カステルはまず、二〇世紀の最後の二五年間に、社会のいくつかの点で大きな変化があったと考える。

第一には、経済のグローバル化である。国境を超えた経済活動は昔からあるが、彼は、それが一つの相互依存的な経済システムを作っているという。やや抽象的な表現だが、カステルはつぎのように述べる。

空間的へだたりや政治的境界をものともせずに、世界中のあらゆる経済過程が相互に浸透しあい、その過程が一個の相互依存的な単位として機能している（中略）。資本フロー、情報フロー、労働フロー、商品フロー、企業内の計画や事業取引および決定のフローは、この惑星を横断して連結されており、生産、分配、消費、経営管理の可変的配列形態を不断に再定義しているのである。(32)

「フロー」とは「流れ」や「流動」という意味である。彼は、世界がフローでつながりあっているという。フローは、彼の理論の中核をなす重要概念である。

ヨーロッパの異常気象が日本の株価を下げたり（あるいはなぜか上げたり）、アメリカの内陸都市の停電が日本の企業のメールサーバーをダウンさせたり、移民が絶えず国境を超えて安全や働く機会を求めて移動したり、日本にいながらスマホでケニアのサファリツアーの情報を見て旅行に行ったり……これらは、世界のさまざまな事柄が、フロー、つまり「流れ」としてつながっていることを示している。資本や情報が「フロー」として絶えず流れつづけて、ひとつの「単位」、すなわちシステムを構成している。

「分散化」と「集中化」はおなじコインの表裏

第二の変化は、組織のネットワーク化である。

先進国の企業や組織では、ピラミッド型の垂直的で官僚的な組織から、水平的で柔軟なネットワーク型の組織へのシフトが好ましいと考えられている。硬直的で柔軟性に欠ける大型組織から、意思決定権や自律性が高まった、より小さな組織への「分散化」である。

これが好ましいと期待されるのは、不確実性に対応するためである。世界がフローで結びつくほど、社会の不確実性は高まる。現代は何がどこにどう影響するかわからない複雑系の時代である。すると組織は、環境の変化や新たな要求に、即座に対応せねばならない。大きな組織では社会の変化に柔軟に対応できないと危惧されるのである。

だがカステルの指摘のポイントは、ネットワーク型組織へのシフトという「分散化」は、べつのなにかの「集中化」をともなうことである。彼のつぎの指摘は、ネットワーク化の別の側面を見逃さないためにも重要である。

経済的、政治的集中化〔集権化〕の過程があるからこそ、組織論的脱中心化〔分権化〕がきわめて重要になっているのだ。主要企業（中略）は垂直的官僚制から水平的ネットワークへと組織を変えつつあるが、権力ヒエラルキーはいぜんとして最終決定権力を有する中枢幹部によって固められている（中略）。というのも、個々の単位の自律性が増大するにつれ（中略）、よりいっそうの調整＝協調が要請されるからである。[33]

組織がネットワーク化しても、それで人びとや企業のすべてが、自由に活動できるわけではない。むしろ、自由が広がるからこそ、それを管理する必要も高まる。それゆえ、全体を統制し管理する権力者の力は、より強まる必要がある。だから「分散化」はかならず「集中化」もともなう。分散化と集中化は、おなじ一枚のコインの表裏である。

社会の変化を支えるＩＣＴ

そして第三の変化が情報化、つまりＩＣＴの利用拡大である。

カステルは、情報化が社会を根本的に変えているとは主張しない。彼はＩＣＴを、先の第一、第二の変化に不可欠な存在として位置づけている。カステルは「今日の情報科学技術がなければ、経済がグローバルな作動をなすことは不可能なのである。情報科学技術による革命がなければ、脱中心化による組織の柔軟性の追求はとうてい無理である」[34]と言う。

そのとおりであろう。海外旅行に簡単に行けるのは――つまり、国境を超えた人のフローが盛んに生じるのは――、ＩＣＴで旅行先の情報を得て、乗りかえ情報を確認し、空港どうしでパスポート情報を送受信し、ネットで宿泊予約しているからである。

ネットワーク型の組織が成立するのも、離れたオフィスで働く従業員どうしが、いつもメールやチャットをやりとりするからである。企業どうしも、プラットフォームビジネスなどを用いて取引できる。ＩＣＴがなければ、相互依存的なグローバルな経済システムも、分散と集中によって再構築されたネットワーク型組織も、成立しない。

「フローの空間」

カステルはこうした三つの社会変容を総合して、現代社会のかたちを「フローの空間（Space of flow）」という独特な表現で概念化した。現代社会は、さまざまなフローによって結びついた流動的な存在なのだという。「空間」とは言うが、ここでの彼の空間概念はかなり特殊である。フローの空間は、空間というよりも、社会の形態や構造を説明する見方と考えた方が理解しやすいと思う。[35]

フローの空間とはいかなる見方か。彼はフローの空間には、三つの「層」があるという。

第一の層は、ＩＣＴによるコミュニケーションの、情報通信ネットワークである。ＩＣＴのネットワークは、経済や社会の空間的なあり方を、物質的に規定する基盤とされる。

たとえば、かつては鉄道が、ひとまとまりの経済活動が行われる空間——たとえば通勤圏や、物流網など——の範囲を決めてきた。それがいまでは、ＩＣＴのネットワークが、新たな経済活動や社会活動の空間の範囲や意味を、大きく左右している。

たとえば自宅で働くリモートワークは、ＩＣＴの物理的なネットワークに依存している。リモートワークがどんなに盛んになっても、それが実際に行われるのは、十分なインターネット回線が存在する空間の範囲内である。また、もしＩＣＴがなければ、働くには「会社という場所」に行かねばならない。ＩＣＴは、こうした「場所」の意味を変える。

ここでは、ネットワークがただちに人間が活動する場所や空間を決定づけると技術決定論的には考えない。どのような空間でどのようにネットワークが構築されるかは、「それ自体今日の社会に存する権力によって決定される」[36]のである。

たとえば日本の地方圏では、医療用の情報ネットワークがいかに導入されるのかは、ＩＣＴの技術的問題だけでなく、医療機関や地方自治体といったアクター同士の関係ややりとりによって決まる部分も大きいことが明らかにされている[37]。また、いまだに離島や山間部ではインターネット回線の整備が遅れている。コミュニケーションのネットワークは、それをいかに整備するかを決定する人びと——とくに権力者——によっても決定づけられる。

写真3-2　日本橋の再開発地区「TOKYO TORCH」．ここには強固なセキュリティ設備を備えたデータセンターが開設されている．しばしば「空間に縛られない」などと言われるネット上のデジタルな世界は，実のところこうした都心部のビルに集中している．

（出所）　三菱地所提供

ICTで大都市に権力が再集中する

序章で論じたように、経済のグローバル化やデジタル化のなかで、経済活動は場所を問わなくなり、世界は「フラット化」すると同時に、特定の少数の大都市に、ヒト・モノ・カネといった富はますます再集中している。ここでも、分散と集中は同時に発生している。

なぜ再集中が発生するのだろうか。ＩＣＴに注目すると、その理由が逆説的にはっきりわかる。つまりＩＣＴがコミュニケーションをフラット化して「場所の意味」を縮小すると、それだけ、ＩＣＴでも打ち消せなかった「場所の意味」は、より強い意味を持つのである。

たとえば多くの会社員がリモートワークをやれば、働く場所は分散するが、リモートワークを支えるサーバー類は、特定の場所に物理的に集中する（写真3-2）。管理しやすいからである。また、経営者たちが意思決定を行う本社機能も、結局はリモートではなく大都市に残るかもしれない。他社の経営者や政治家たちとの密接なコミュニケーションが必要であり、大都市はそれに便利だからである。グーグルのような多国籍インターネット企業も、そのビジネス自体は場所を問わないはずなのに、アメリカのシリコンバレーという特定の場所に集まっていた。エンジェル投資家や、凄腕のプログラマーがいたからである。

日本のアパレル産業でも、ICTをつかったグローバルな分業が進んでいる。私たち日本人が日本製の衣類を着る機会は多くない。しかしファッションショーで着用される一点物の衣装や、企画段階の試作品を作る工場は、いまでも東京北東部の狭い範囲に集まっている。最先端のアパレル商品は、デザインや工程は東京の都心部や城東部で決められ、その情報が、ネットワークを通して地方や海外に分散した工場に伝えられる。それらの工場は、東京で決められた通りに生地を裁断し縫製し、梱包・輸送するのである。(38)

こうした集積地域に再集中しているのは、意思決定の権力である。ネットワークによって情報やコミュニケーションが分散しても、権力は逆説的に、特定の場所に、再集中している。こうした再集中が発生した集積地域――多くは大都市――が、フローの空間の第二層である。

権力者が意思決定する空間

では大都市などでの「支配的エリート」の意思決定は、どこで、どのように行われるのか。カステルは、それがフローの空間の第三層を作っているという。

主要な戦略的決定は、高級レストランでの午餐会や、古きよき時代を彷彿とさせるようなカントリー・ハウスでの週末ゴルフにおいて打ち合わせられているのである。そのような決定様式が（中略）依然としておこなわれているのだということに気づくべきである。つまり、フローの空間の結節点は、居住空間や余暇のための空間を含むものであり、本社機能やその補助的サービス部門の立

地に即して、支配的機能を注意深く隔離された空間に集中させる傾向をもっているのである。(39)

重要な意思決定はしばしば、密室でインフォーマルに行われる。よく知られた現象である。カステルはその空間の種類に注目する。密室での意思決定を「する者たち」は、意思決定「される者たち」とは異なるどこかの空間にいる。それはときに「居住空間や余暇のための空間」ですらあり、「注意深く」隔離されている。

その「どこかの場所や空間」で決められた意思は、ＩＣＴによるネットワークによって、さまざまな場所や空間へと、広く流通させられる。「意思」は、情報だからである。情報はＩＣＴのネットワークで、簡単に拡散させ、複製させ、伝えられる。密室の特権階級たちによる意思決定の影響力は、ＩＣＴによって増幅されているのである。

それゆえ当然、意思決定「される者たち」は、「する者たち」のすがたを見ることも、どこにいるのかを知ることもできない。意思は、よくわからない場所の、よくわからない者たちから一方的に伝達されてくる。(40)フローの空間では、意思決定を「する者たち」と「される者たち」の関係が、「する者たち」に都合よく作り直される。

自由の拡大ではなく、自由と束縛の関係の再構築

第一、第二、第三、それぞれの層のことを総合して見えてくるのは、富と権力が特定の場所の特定の人びとに、ますます再集中されるシステムである。それこそがフローの空間であり、現代社会のひとつの構造である。カステルはこうした、インターネットやＩＣＴがある種の自由と引きかえに権力者によ

る管理を生む問題を指摘している。

インターネットのネットワークは、あらゆることを成し遂げるのに必要不可欠な、グローバルで自由な通信を提供する。しかし、ネットワークのインフラストラクチャーは、商業的、イデオロギー的、政治的実力者たちによって所有されたり、（独占とはいわないまでも）偏って使用されることがある。インターネットが我々の生活に広く普及したインフラストラクチャーになるのにつれ、このインフラを誰が所有し、それに対するアクセスを誰が管理するかという問題は、自由をかけた重要な戦いに発展しうる。(41)

ＩＣＴやデジタル化は、たしかに、コミュニケーションの機会やビジネスチャンスを分散させている。さまざまな人びとが、場所や時間や地位といった地理的・社会的環境にかかわらずに、より自由に挑戦できるようになっている。しかし同時に、経済活動や意思決定の権力は、特定の場所の、特定の人びとに再集中している。デジタル化は逆説的に支配を強めることもある。

分散と集中は、べつの現象ではない。一枚のコインの表と裏である。分散は集中をともない、集中は分散をともなう。ＩＣＴやデジタル化がもたらすのは自由の拡大ではなく、自由と束縛の関係の再構築である。

4　必然としてのプラットフォーム化とデジタル化の限界

支配「させられている」OTA

フローの空間の考え方に基づくと、OTAだけでなく、GAFAなどのプラットフォームビジネスによる支配がなぜ生じるのかがよくわかる。

プラットフォームビジネスが出現し、成長すると、消費者を得るチャンスを求めて、ますます多くの企業がそれを利用する。すると、企業が消費者を得るチャンスは、プラットフォーム上でどんどん分散されていく。

しかし手数料を何％にするか、手数料をどうやって引き上げるかといった、プラットフォーマーのビジネスの方法はしばしば、経営者や投資家などが集まる密室で決められる。プラットフォームを利用する企業たちは、そのどこかの密室で決められた意思を、ＩＣＴを通して一方的に受けとるだけである。チャンスが分散されるほど、プラットフォーマーの権力はますます強まる。

ＯＴＡをめぐっても、こうしたプラットフォームビジネスとして、宿泊業を低収益構造のもとにおきつづけてしまう構造がある。それはフローの空間としての現代社会が必然的に生み出した構造の一部でもある。根本的に解決するには、地上からＩＣＴを消し去るしかないが、それは不可能だろう。

べつの言い方をすると、筆者はここで、ＯＴＡが宿泊業を不当に支配していると批判したいわけではない。宿泊業のサービスとしての特性と、フローの空間としての現代社会の構造が、ＯＴＡをめぐる宿泊業の支配を、構造的に生み出しているのである。ＯＴＡは宿泊業を支配しているのではなく、支配さ

せられている。(42)

仮にＯＴＡの大手企業が排除されても、たぶんまた、べつのプラットフォームビジネスが観光に進出してくるだろう。実際、Ａｉｒｂｎｂのような民泊プラットフォームビジネスは、ＯＴＡが出現した当初には、一般的にはほとんど想定されていなかった。また昨今では、グーグルマップの情報も宿泊施設や飲食店、観光スポットを選ぶ情報源になっている（図３－11）。そのためグーグルマップに掲載される店舗や施設の情報を最適化する手法（ＭＥＯ　Map Engine Optimization）も開発されている。さらにフェイスブック社が観光ビジネスに進出するとも言われているなど、観光のデジタル化は、さらに複雑化している。

観光産業をめぐる問題は、ＯＴＡをめぐって起きているが、ＯＴＡの数社を是正して解決できるほど、単純ではない。グーグルやフェイスブックを排除すれば済む話でもない。

いまやデジタル化が新たな支配を招くことは、日本政府でも把握されている。首相官邸の「未来投資会議構造改革徹底推進会合」では、プラットフォームビジネスの台頭をめぐる公平性の問題が議論されている。(43) 必要な議論ではあろうが、それでもプラットフォームビジネスを根本的に排除するのは、かなり難しい。

図３－11　GoogleMapで函館の五稜郭跡を検索した様子．基本的な情報に加え，写真や口コミ評価を閲覧できる．

（出所）　Google マップ

プラットフォームビジネスの限界

ＯＴＡはプラットフォームビジネスとして、宿泊ビジネスに革命を起こし、新たなマーケティングの可能性を提供した。しかしＯＴＡをめぐっては、とりわけ小規模な宿泊施設に負の効果も生じている。小規模な宿の多くは、小規模ゆえにＯＴＡに依存せざるを得ず、やむなく手数料の支払いによる低収益構造に甘んじることになる。

手数料がどのように設定されているのか、これからどう変わるのかという死活問題は、末端の宿泊施設からは口を出すことはおろか、情報を知ることすら、ほぼできない。それらの意思決定は密室で決められるからである。

あらためての確認だが、日本の宿泊施設の大多数は小規模経営である。

日本の観光や宿泊業は、小規模で家族経営的な、旅館や民宿、ペンションに支えられている。小規模な宿泊施設のすべてがＯＴＡ依存だと指摘するのではない。しかしＯＴＡは手数料ビジネスにより、小規模施設を低収益が改善しにくい構造に、およそ必然的に巻きこんでしまいもする。そのことを私たちは知っておくべきであろう。その原因は、現代の社会の構造そのものにあるため、おなじ問題は宿泊業や観光だけでなく、社会のさまざまな場面で生じている。

本章でしばしば引用したカステルは、このように述べる。

いったんネットワークに入ったら、ユーザーは一般的に彼もしくは彼女が知らない構造の囚人である。(44)

現代社会は、それ自体が、ＯＴＡのようなプラットフォームビジネスによる支配を生み出してしまうメカニズムを内蔵している。

デジタル化やＯＴＡの「影」は、社会のデジタル化や訪日外国人客の増大がもてはやされるなかで、かならずしも広く理解されてはこなかった。しかし、観光のデジタル化でいかに経営が効率化できると期待されても、プラットフォームビジネスに依存せざるを得ない現代社会の構造から見て、そこには無理があると言わざるを得ない。

注

（１）観光経済新聞「公取委、ＯＴＡに立ち入り検査　楽天・エクスペディア・ブッキングドットコム、不公正取引の疑い」https://www.kankokeizai.com　二〇二一年八月二一日アクセス。

（２）ＮＨＫ「動き出す　ＧＡＦＡ規制（時論公論）」https://www.nhk.or.jp/kaisetsu-blog/100/414203.html　二〇二一年八月二一日アクセス。

（３）二〇二〇年一二月一七日の『日経産業新聞』の記事「米加州、プライバシー保護強化へ、ネット大手「沈黙」に不信感。」では、ＣＣＰＡやその修正法であるカリフォルニア州プライバシー権法（ＣＰＲＡ）について、修正の経緯や問題点が指摘されている。特にＣＰＲＡに関してはフェイスブック社やグーグル社の広告ビジネスへの影響が指摘され、これらの企業への「抜け穴」が用意されているという見方も紹介されている。

（４）「プラットフォーム透明化法、ＩＴ大手を指定、情報の開示促す。」、『日本経済新聞』二〇二一年一月四日。

（５）総務省「令和元年版情報通信白書」。

（６）観光庁「観光産業の現状と観光庁の取組について」「『訪日外国人旅行者の受入環境整備向上に向けた観光現

場におけるICTサービス等利活用推進事業』調査結果」、「令和元年度最先端観光コンテンツインキュベーター事業展開事業報告書」。国土交通省「令和三年度予算概算要求概要」。観光庁「観光産業の現状と観光庁の取組について」。

(7) 二〇二一年一月の執筆時点での検索結果による。

(8) GDSはもともとCRS（Computer Reservations System）と呼ばれていたが、近年は後述するべつの「CRS」が存在する。

(9) 清水（二〇一四）。

(10) 序章でも注記した電子的監視の代表的論者である社会学者のデイヴィッド・ライアン（一九四八―）は、こうした変化を「身体の介在」から「電子的手段による介在」への変化だと解説する。

(11) 観光産業関係者へのインタビューによる（二〇二〇年一二月から二〇二一年一月にかけて実施）。

(12) インタビューは二〇一二年に群馬県の大型リゾートホテルにて実施した。

(13) なお観光産業関係者へのインタビュー（前注(11)）によれば、旅行会社を通した予約の場合は、おなじカード会社でも特別レートが設定されることもあり、カード決済の手数料は数％ほど安くなることもある。

(14) OTAをめぐる近年のマーケティング手法はかなり複雑で高度になっている。いくつかの事例を挙げておく。OTAによってネット上にたえず掲載されることになった宿泊価格をデータとして、一部の有力な施設では、需要と供給のバランスを計算し、日ごと、プランごとに最適な宿泊価格を算出して自動掲出している。「ダイナミック・プライシング」とよばれる手法である。いまや宿泊価格に固定的な「定価」は存在しなくなりつつある。こうして蓄積されるビッグデータはAIも活用されつつ、より効率的なマーケティングに利用されている。いわゆる「レベニューマネジメント」である。レベニューマネジメントについては、島川ほか（二〇二〇）でくわしく紹介されている。さらに、複数のOTAに情報を出しつつ、それらから得られた宿泊予約データを一元的に管理する「サイトコントローラー」といった情報システムも導入されている。有力な宿泊施設ではさらなるデジタル化も進められており、著名な老舗温泉旅館の「元湯・陣屋」は、クラウドコンピューティングの最大手であるセールスフォース・ドットコムのシステムの活用で成功している。同じく著名な「星のや」は、アマゾン・ウェブ・サービス（AWS）を活用するエンジニアを雇用し、やはりクラウドコンピューティングのキントーンを導入している。これらの企業ではＯＴＡの予約も含めたデータを統合的に管理して、膨大なデータを経営資源にしている。

(15) 一部の宿泊施設などでは、交通費と宿泊費をセットで販売する「ダイナミックパッケージ」という販売方法がとられており、これを活用するとベストレート・ギャランティーを回避できる。交通費と宿泊費をまぜて売ってしまえば、最終価格のうち宿泊価格がいくらなのかを外部から確定できなくなり、「最低価格で売っていない」ことを証明不可能にできるからである。

(16) 前注(1)より。立入検査先は、楽天、エクスペディア、ブッキング・ドットコム。

(17) 調査は二〇一二年から二〇一七年にかけて断続的に行った。以下、草津温泉に関する調査については、福井（二〇一五・二〇一七）で論文化してある。福井（二〇二〇）にも所収。

(18) 価格の確認できない零細施設が六七軒あり、この契約率が四六・三％と全体の数値を押しさげている。

(19) 経営者が高齢にもかかわらずＯＴＡを駆使できるのは、ＯＴＡの予約状況をＦＡＸで受信する機能をつかっているためである。この機能はＯＴＡが提供している。こうしたきめ細やかな対応はＯＴＡのすぐれた点といえる。

(20) もちろん、自社サイトや自前の宿泊予約システムの導入には別途費用がかかる。筆者のフィールドワークでは、自社サイトや予約システムに多額の費用をかけている施設もあれば、ある程度で抑えている施設もあり、自作した施設もあった。これらの費用差も無視できないが、ここではＯＴＡをめぐる構図を整理するために、これらも措いておく。

(21) 草津温泉のような保養地の小規模施設では、学生などスポーツ合宿者の受け入れも進んでいる。その際には専門の代理店が介在したり、旅館組合などが営業をかけることもある。

(22) それゆえ、こうした地域の組合では勉強会を実施して、新たなスキルを身につけるなどの活動が行われている。筆者はそうした活動を無価値と言っているわけではなく、むしろ有意義だと考える。

(23) フィールドワークでの経営者たちの証言による。

(24) ユーロモニター「Online Travel Sales To Residents in Japan」https://www.euromonitor.com/online-travel-sales-to-residents-in-japan/report　二〇二一年八月二一日アクセス。

(25) Ａｉｒｂｎｂ「Airbnb サービス料とは?.」https://www.airbnb.jp/help/article/1857/　二〇二一年八月二一日アクセス。
(26) カステル（二〇〇九）三一五頁。
(27) 英語圏の情報地理学的研究の動向をまとめた荒井（二〇〇五）も、当時すでにこうした「技術ユートピア論」では、現実の社会における情報社会の問題を理解することは難しいと指摘している。
(28) パリサー（二〇一六）によれば、ＡＩによるフィルタリングにより、私たちには、自分の好みにカスタマイズされた情報ばかり提供されるようになっており、いわば私たちは、情報をフィルタリングする泡のなかにいるような、「フィルターバブル」の状態にあると問題視される。
(29) 内閣府「ムーンショット目標1　二〇五〇年までに、人が身体、脳、空間、時間の制約から解放された社会を実現」。
(30) カステル・ヒマネン（二〇〇五）一一頁。
(31) ただ、こうした考え方に批判がないわけでもない。「技術がすべてを決める」式の「技術決定論」に対して、社会の側が技術のあり方を決めるというような考え方は「社会決定論」とも評される。社会学の情報社会論では社会決定論がしばしば見られるが、近年の地理学では、技術決定論と社会決定論の対立を乗りこえるために、ブリュノ・ラトゥール（一九四七―）らが提唱するアクターネットワーク理論を援用して、地域におけるＩＣＴの在り方を柔軟に考えようとするアプローチも見られる（中村　二〇一九）。こうしたアプローチは大きな意義を持つと筆者は考えるが、先進的であるがゆえに難解でもあり、さらなる研究が期待される。ここではより一般的に理解が進んでいると考えられるカステルの考え方を紹介するにとどめておく。
(32) カステル（一九九九）二四九頁。
(33) カステル前掲、二五〇―二五一頁。
(34) カステル前掲、二五一頁。
(35) フローの空間がなぜ「空間」なのかについては、カステルによる、既存の空間概念に対する疑義がある。彼は「人間の生活を構成する基礎的な物質的次元」（カステル　一九九九、二五四頁）として、時間と空間を挙げる。カステルはこのうち時間は「歴史」として定式化されている一方、空間は定式化されていないと考える。

彼は、「地理学は、空間の理論化といった同様の知的課題を果たせなかった。所定の領土に生じたあらゆるもの（つまり、社会と人間活動の全体）といった全体論的観点を試みるという、地理学者の知的大胆さ（勇気）がその根拠を蝕み、その学問分野の種別性、すなわちその空間次元が曖昧にされたのである。領土の概念は空間を理解しようとするものではない。それはあまりに特殊的であると同時に、あまりにも一般的である。あまりに一般的であるというのは、社会的な関連では領土は常に人工的なものであるために、それを理解するには、その領土で生起するすべての社会的実践に対して多元的、学際的アプローチが要請されるのが実状だからである。そして、それがあまりに特殊的であるのは、それが空間形態や過程を、物理的に画定された地表で生起する空間的顕現に限定するからである。今日の社会類型を理解するさい、まさに問題となるのがこのことなのである」（同二五五頁）と、地理学の空間概念や、空間の扱い方を批判する。その上で彼は「社会構造の一要素として空間を定義することが必要である」（同）という問題意識のもと、「空間は、時間分有的な社会的諸実践の物質的支持基体である」（同、二五六頁）と、空間を定義する。つまり彼は「領土」という、現実に存在する地表面の上での人間活動に留まらず、空間概念や空間上での人間活動の理論を、「地表」という限定的な概念から解き放って、一般化したかったのであろう。その結果として彼はフローの空間を、現代社会の形態を成立させる基体――現代社会の性質を決定づける物質的存在――という「空間」にしているのである。しかしながら、彼のこうした理解は、ある現象や事象が発生する場の「容器」としての一般的な「空間」のイメージとは異なるし、また、彼の地理学への批判には首肯できない。カステルの言うように時間が「歴史」として定式化されているのなら、地理学は空間を「地理」として定式化しているのである。また地理学はその対象を「物理的に画定された地表で生起する空間的顕現に限定」などしていない。ただ、少なくとも彼の定義の上では論理的には整合性がある。とはいえこの難解さ、あるいは一般的な空間概念からの乖離は、彼の理論の正しい理解を妨げてもいると、筆者には思われる。また彼自身、フローの空間は定義できるものというよりも、「（定義されるというよりは）記述することができる」ものとして位置づけている（カステル　一九九九、二五六頁）。したがって本書でも、フローの空間は現代社会の定義や現代社会のあらたな空間的側面とするよりも、現代社会の有り様を理解するのに有効な説明手段として扱っている。

(36)　カステル前掲、二五七頁。

(37)　中村（二〇一九）は、そのことをフィールドワークによる実証的分析と理論構築によって明らかにしている。
(38)　地理学における代表的な研究例として、遠藤（二〇一二、二〇一九）が挙げられる。
(39)　カステル前掲、二六三頁。
(40)　たとえば、アップル社が革新的な新製品を発売するたびにアップルストアには長蛇の列ができるが、販売スタッフは、みずからが売る新製品の実物を、機密保持のために発売日の当日まで見られないこともある。意思決定を「する者たち」と「される者たち」の空間の分断はこうしたところでも見られる。
(41)　カステル（二〇〇九）三〇九頁。
(42)　ただ、ＯＴＡは状況を改善するための努力を一切する必要がないというわけではない。ＯＴＡと宿泊施設をめぐる構図には、とくに中小規模の宿泊施設をめぐって、明らかに不均衡なパワーバランスがあろう。
(43)　首相官邸「未来投資会議構造改革徹底推進会合「第４次産業革命」会合（第３回）配布資料」。
(44)　カステル前掲、一九六頁。

第Ⅱ部　観光と地域の多様性と自由を生かす——「無理しない」観光のかたち

第四章　すべての地域が「観光地」をめざすべきなのか？

——地域をめぐる政治と自由を再考する

根源的な疑問である。

すべての地域が「観光地」をめざすべきなのだろうか。あるいは、すべての地域が観光による経済の活性化をめざすべきなのだろうか。

問うまでもない。第一部で論証したように、それをやると格差が悪化する。だから答えは「やめた方がいい」である。けれど、それならなぜ観光で経済の活性化が追求されてしまうのだろうか。この矛盾をどうすれば越えられるのだろうか。

1　観光で自治体の財政難は解決できるか？

観光に期待する財政難の自治体

暗い話からのスタートで恐縮だが、人口減少と超高齢社会化で、多くの自治体の財政は行きづまりつつある。

税金を納入する人間自体が減っていくのだから、当然であろう。地方の農村や町村部などでは、いかに税収を確保して地域の衰退を緩やかにするかが重大問題となって久しい。

こうした状況だからこそ、観光の経済効果が注目されて、観光には自治体の財政難の解決という期待もかけられてきた。人口が減少しても、観光で外から人にきてもらって、観光で稼げば、自治体も税収を増やせるのではないか。そういう期待である。観光の肩の荷は、どんどん重くなってきた。

では、観光で自治体の財政難は、解決できるのだろうか。

実際のところ、それはとても難しいという結論を出さざるを得ない。観光が活性化しても、地方税や自治体の歳入は増えにくいし、財政的状況は好転しにくい。

理由は大きくふたつあるが、ひとつは単純なので早々に示そう。第一部で説明したように、観光産業の生産性が低いことである。政策シンクタンクの日本都市センターのレポートが、明解に指摘している。

観光客の消費対象となる宿泊業や飲食業は労働生産性が低いという問題が大きい。地方税は、住民税と固定資産税が二大柱であるが、従業員の給与は低い（＝労働生産性が低い）ため住民税はそう大きく伸びず、建物や設備への投資余裕も低く固定資産税の増大も見込みにくいからだ。(1)

観光産業は労働生産性が低く、そもそも「稼げない」。だから、税収も増えにくい。シンプルな話である。

い。

観光客がくると財政は悪化する？

第二の理由は、税制の問題である。こちらはやや複雑になるので、まず制度を簡単に説明させてほしい。

自治体によって、自然環境や人口、面積、産業の状況といった地理的条件はさまざまである。だから財政状況には地域差、つまり自治体どうしの格差がある。財政難になりやすい地域もあれば、そうでない地域もある。

その格差があっても、どの地域の国民も一定の公共サービスを得られるようにするのが、[2]「地方交付税」の制度である。地方交付税の総額は、所得税、法人税、酒税、消費税、たばこ税、地方法人税のそれぞれ一定の割合額の合計である。これを国が一定の合理的な基準によって地方自治体に再配分する。[3]

自治体に交付される地方交付税の額は、主にその自治体の人口と面積によって算出される「基準財政需要額」を基礎にして決まる。これは文字通り、その自治体の財政需要、単純にいえば必要なお金を示す。

まずここがポイントである。地方交付税の算定基準に、観光客数は含まれない。

当然であろう。日本のすべての自治体が観光地なわけではない。だが、有名な観光地を持つ自治体や、観光で稼ごうとする自治体にとっては、この制度は悩みの種である。よりたくさんの観光客がくれば観光負荷が増え、道路や自然環境が劣化していく。だから、インフラの整備などに必要な支出も増える。しかしそれは地方交付税において考慮されない。観光で稼ぐはずだったのに、自治体は財源を確保しなければ、観光客がくればくるほど、財政が圧迫される。

観光の世界でもこうした事情は知られていて、対策も考えられている。だがあとで論じるように、対策にもそれぞれ限界がある。それを示すために、やや遠回りなのだが、国や自治体の財政に関する制度を、さらに解説させてほしい。観光で自治体の財政難を解決できない根本的な理由は、その制度――行財政システム――にあるからである。

財政が安定している市町村は、全体の五％以下

右で説明したが、自治体に交付される地方交付税の額は、「基準財政需要額」を基礎とする。この「需要額」に対して、その自治体が標準的に徴収できると見こまれる税収の算出額を「基準財政収入額」と呼ぶ。(4)

このとき「収入額」を「需要額」が上回っている自治体は、公共サービスを自主財源で賄えないこと

図４－１　基準財政収入額が基準財政需要額に占める比率（令和２年度）

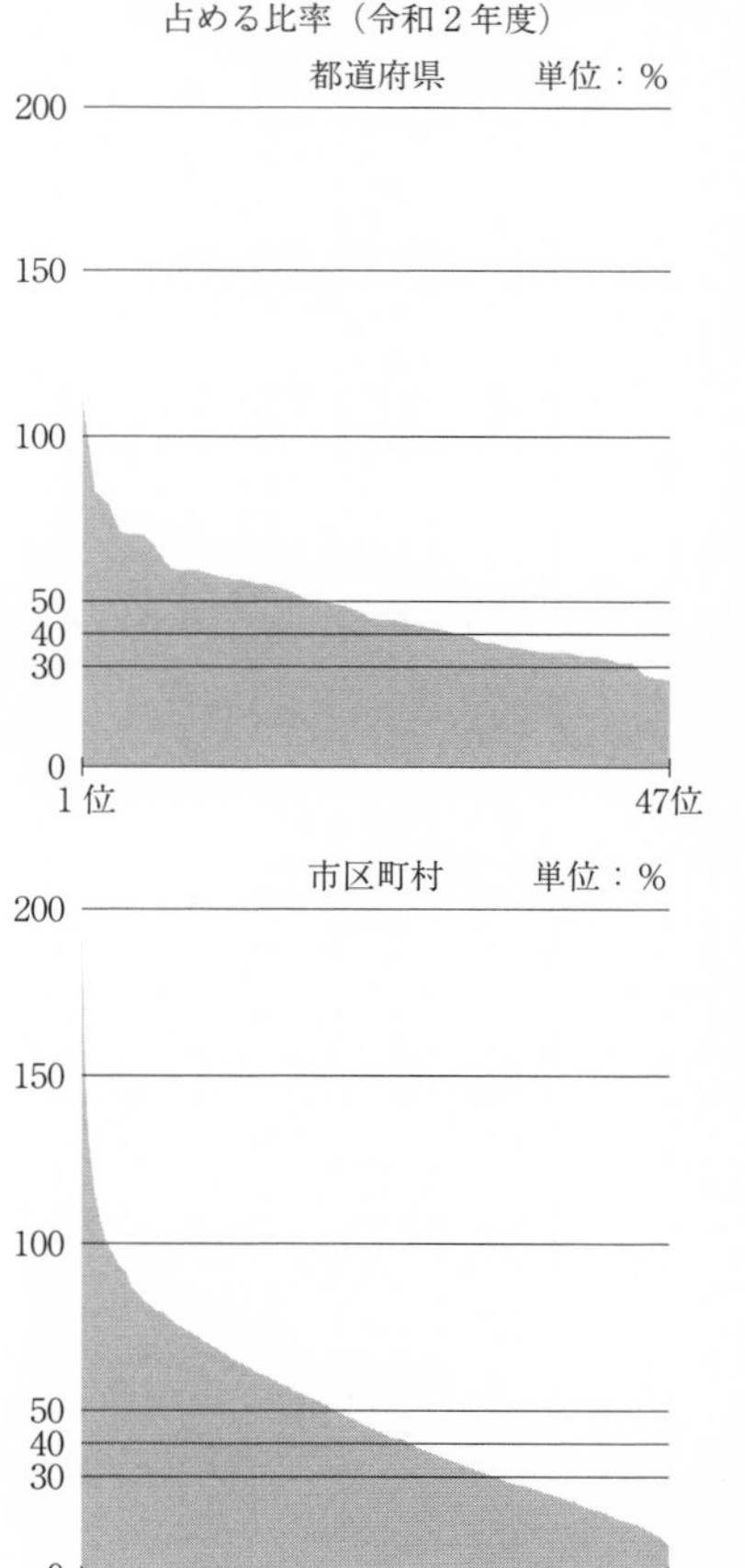

（出所）　総務省「基準財政需要額及び基準財政収入額の内訳」をもとに筆者作成.

表４－１　基準財政収入額が基準財政需要額に占める比率（令和２年度）

	都道府県		市区町村	
100％〜	1	2.1％	75	4.4％
75〜100％	2	4.3％	212	12.3％
50〜75％	15	31.9％	449	26.1％
25〜50％	29	61.7％	611	35.5％
0〜25％	0	0.0％	372	21.6％

（出所）　総務省「基準財政需要額及び基準財政収入額の内訳」をもとに筆者作成.

になる。地方交付税が交付されるのは、この「収入額」より「需要額」が大きい自治体である。つまり単純にいえば、地方交付税の交付額は「需要額」－「収入額」の算式で計算される。では自治体によって「収入額」と「需要額」のバランスはどうなっているか。見てみよう。

図４－１は、都道府県と市区町村において、「収入額」が「需要額」の何パーセントを占めるか、グラフ化したものである。「収入額」比率の大きいもの、つまり財政状況のよい自治体から、左から右へとランク化してある。表４－１は概略を数値で示した。比率が一〇〇％を超えるのは、都道府県では東京都だけである。市区町村では、一〇〇％を超えるのは全体の五％以下で、絶対数では七五の自治体があてはまる。

このデータからわかるのは、財政状況が比較的よい自治体もそれなりにあるものの、大多数の自治体は、自主財源がまったく足りないことである。自主財源が三割から四割ほどしかないことを「三割自治」「四割自治」などと言うが、とくに市区町村では「収入額」比率が二五％以下の自治体が全体の五分の一を占めており、深刻な財政格差がある。(5)

もちろん、地方交付税の制度は、この自治体どうしの格差を埋めるためにある。しかしそこに矛盾がある。

できるだけ単純化して説明する。自治体は一般的に、なんらかの方法で地方税を増収しようとする。だが原則として、ある自治体が地方税を増収できても、そのすべてが収入にはならない。収入額の七五％が「収入額」に算入され、地方交付税の交付額から減額されて相殺される。交付額が「需要額」－

「収入額」で決まるので、「需要額」が変わらないなら、「収入額」が増えれば交付額は減るということである。だから地方税の増収分のうち、自治体の歳入総額に直接影響するのは二五％の「留保財源」である。残りは国全体の配分予算にまわされ、国全体で「分かちあう」のである。

ここに問題がある。すなわち、そもそも財政状況がよく、地方交付税を交付されていない自治体がある。表４－１で見たように、都道府県では東京都、市区町村では七五の自治体が該当する。

これらの自治体は地方交付税と無関係なので、地方税の増収分をそのまま収入にできる。したがって、地方交付税を交付されていない自治体は、いわば増収分を国全体で「分かちあう」作業に参加していないのである。[6]自治体の増収の努力が無意味というわけではないが、財政状況のよい富裕自治体ほど、さらに税収を増やしやすいのが、いまの日本の行財政システムである。

地方交付税のような制度は、一般に「財政調整制度」と呼ばれ、他国にも存在する。日本の地方交付税制度は、財政調整制度のなかでも、国による地方自治体の統制機能がもっとも強い種類だと考えられている。[7]つまり日本の税制は良くも悪くも中央集権的で、地方自治体が財政的に自立しにくくなっている。

こうした日本の制度は、つぎに説明するように、観光による財政の改善をめざす自治体の取り組みをも束縛している。

入湯税や宿泊税で税収を増やせる？

近年では入湯税や宿泊税などが注目され、観光で積極的に税収を得ようという動きもある。

入湯税とは鉱泉浴場、つまり温泉への入湯に対して、入湯客に課される市町村税である。入湯税は一

写真４－１　定山渓（じょうざんけい）温泉．札幌駅から自動車でおよそ１時間弱かかる．
（出所）　定山渓観光協会

九五七年に制定された古い税制であり、消防など鉱泉関連設備の整備が目的なので、観光のためにはあまり利用されてこなかった。

そこで近年では観光目的のために、入湯税の「嵩上げ」、つまり増税が、一部の地域で慎重に検討・実施されつつある。ただ、そもそも温泉が湧いていて温泉旅館などが集まっている地域でなければ意味がないし、また民泊施設のように温泉を持たない施設は対象外になるという難点もある。

一方、より有力と期待されるのが宿泊税である。宿泊税は、自治体が地方税の税率や税目を自主的に決めて課税できる、「課税自主権」で創設される「法定外税」である。

法定外税の場合、増収分が地方交付税で相殺されることはない。税率なども地域の実情にあわせて決められるなど、メリットが多い。温泉の有無にも左右されない。宿泊税は東京都が初めて導入し、その後、大阪府や京都市、金沢市など、観光の盛んなごく一部の自治体が導入している。

だが構造的な課題もある。まず宿泊産業や宿泊者にとっては事実上の増税や値上げなので、導入済みの地域のように、そもそもの圧倒的な競争力がなければ導入しにくい。とくに市町村の場合、大部分の地域では客数が減ってしまいかねないので、宿泊税の導入には慎重になる。

第二に、自治体独自の税制であるがゆえの課題もある。導入を検討中の札幌市の場合、市の中心部では、市外や道外、あるいは訪日外国人の観光客が多い。だが市内のすべての観光地がそうとはかぎらない。札幌市内の「定山渓温泉」地域では、観光客の多くが札幌市民なので、ここの利用者にとっては、市外の来訪者ではなく、札幌市民への増税になってしまう（写真4－1）。さらに、すでに入湯税があることや、北海道も宿泊税の導入を検討しているため、二重、三重の多重課税になりかねない。(8)

ほかにも多重課税とは反対に、幅広い観光産業や観光という行為のなかで、なぜ宿泊業・宿泊者だけが追加で税負担せねばならないのかを、自治体でどうコンセンサスをとるかという問題もあろう。また京都市の宿泊税はホテルや旅館だけでなく、民泊などすべての宿泊施設を課税対象としているが、違法民泊などの課税対象施設を捕捉しきれず、税制として不公平という問題もある。

なお京都市は日本で最も有力な観光都市のひとつであるが、財政難自治体でもある。

写真４－２　京都市庁舎（３代目庁舎）.
（出所）　京都市役所　https://www.city.kyoto.lg.jp/gyozai/page/0000002284.html

財政状況について京都市長は「地方交付税が減らされていることに加え、社会福祉関連経費の増加などで収支の不均衡が毎年発生している」と、構造的な問題を説明している(9)（写真4－2）。観光が京都市の財政を悪化させているという懸念もある。報道では「京都市では、首都圏や海外の富裕層が物件を買い、マンション価格が高止まりしている上、住民票の届け出がないため市民税の税収が見込めず、ごみ処理や上下水道など公共サービスの提供に見合った負担をしていない」と報じられている。(10)その結果、二〇代から三〇代の若い世代は、住宅価格の高止まりを一因に、近郊の都市に流出している。こうしたなか京都市は、居住実態のない住宅の所有者に課税する「別荘税」の導入も検討している。

京都市の財政難は観光だけに原因があるわけではないが、[11]京都市ですらこの状況である。観光の活性化による自治体財政の改善が、実際にはとても難しいことを例証している。

宿泊税やDMOで「稼ぐ」のはむずかしい

近年の地域活性化では、DMO（観光地域づくり法人）も注目されている。DMOはマネジメントの方法論で地域の資源を発見し商品化する地域的組織である。[12]だが注目の一方で、税収や財源に関してはDMOならではの問題が見つかってきた。

自治体にDMOを作っても、持続的に運用するには恒常的な財源が要る。とりわけ、DMOではマーケティングなどの知見のある人材が必要とされる。[13]だが第一部で解説したように、観光が本質的に自治体どうしの競争関係にある以上、どの自治体も優秀な人材を欲しがるため、当然、人材確保も自治体どうしの競争関係にある。[14]それゆえ自治体は、そうした人材によりよい報酬や待遇を用意せねばならない。「優秀な人材」に大きな報酬を出すのは観光政策論でも重要とされてきたが、つまり自治体は財源を得るために財源を用意しつづけねばならない。だからDMOで自治体の財政を好転させようとしても、DMOによる活性化の可能性は、そもそもの自治体の財政状況によって束縛される。要は、財政状況のよい自治体が活性化するという矛盾である。

さらにDMOは「地方創生」の取り組みのなかで、旅行商品の企画販売や特産品の販売など、みずからの事業によって活動資金を調達すべきとされたが、ここでも問題が指摘されている。

ひとつは、そもそもそうした収益性の高い事業が自治体に存在することが、とても稀である。それを措いても、もうひとつ「仮に収益性の高い事業があった場合、それを民間事業者ではなく、公的な要素を持つＤＭＯが独占することが許されるのか」[15]という問題が出てくる。ＤＭＯを自治体の財源で運用する以上、ＤＭＯだけが「おいしい事業」で栄えてしまっては本末転倒である。しかしＤＭＯが稼がねば自治体は繁栄しないというパラドクスである。

こうした状況を見るに、やはり自治体は宿泊税などを創設すべきだという見解には、観光の活性化論として一定の説得力がある。

しかし現実に宿泊税がわずかな自治体にしかないように、財政学では、課税自主権を用いた法定外税の創設は、観光など地域に固有の財政需要への対応策にはなっても、自治体の財政そのものの改善には、あまりつながっていないとも考えられている。

たとえば二〇一七年度の決算では、自治体の課税自主権によって設けられた法定外税の中心は、宿泊税などではなく、核燃料税であった。ほかには産業廃棄物税などもあるが、市区町村による法定外税は、そもそも、きわめて少ない[16]。観光に関してはおろか、課税自主権そのものが自治体からはあまり期待されていない。

宿泊税などは無価値ではない。だが先に説明したように、地方自治体の歳入総額のうち、自主財源は三割から四割にすぎない。増収分は地方交付税で相殺される。だから自治体にとっては、そもそも根本的に財源が足りていない。そこに課税自主権を用いても大きな税収は得にくい。それゆえ自治体の財政問題というのは、基本的に「財源が不足する構造」というマクロの話であって、それをミクロの課税自主権で解消するのはきわめてむずかしいのである。

自治体が課税自主権を用いるには、増税対象になる住民や事業者を説得する必要があり、苦労が多い。なのに得られる財政的メリットはかならずしも大きくない。だから、自治体の財源が根本的に不足するというマクロな問題と向きあって、国の行財政システムそのものを改革しなければ、観光の活性化による地方自治体の財政対策は、どうしてもミクロで場当たり的になってしまう。

国は地方交付税で自治体を統制する

課税自主権の効果が限定的である以上、多くの自治体は国からの交付金に頼らざるを得ない。だから、日本の中央集権的な行財政システム自体が根本的に変わらなければ、地方自治体が自主・自立して自主財源を確保するのは難しい[17]。多くの自治体は引きつづき、交付金を必要とする。

とくに地方の小規模自治体が問題である。

公共サービスを提供するには、人口の少ない町村部（少人口町村）で、より大きなコストがかかる。多くの住民が集中している都市部なら公共サービスも効率的に提供できるが、少ない住民がまばらに住んでいると、公共サービスの提供はどうしても非効率的になる。そして少人口町村は一般的に産業の条件も不利なので、そもそも税収が少ない[18]。だから地方の条件不利な小規模自治体は、地方交付税など国からの財政補助制度に頼らざるを得ない。

ではこの構造的な不平等に、政府はどう対応してきたのだろうか。

都市化が進んだ一九七〇年代から八〇年代前半頃まで、当時の自民党政権にとって重要な支持層は少人口町村を含む地方農村部であった。だから財政政策でもこうした地域は優遇されてきた。

だが一九九〇年代の不況期になると、自民党は人口が増えて政治力を強めた大都市住民層の意向を無視できなくなる。自民党政権は一九九八年の参議院選挙での大敗を転換期として、地方の少人口町村への財政配分を見直し、市町村合併への圧力をかけていったとされる。この圧力に、地方交付税がつかわれる。二〇〇一年度、当時の小泉政権の「聖域なき構造改革」の号令のもと、総務省は少人口町村を対象とした地方交付税の削減策を提出した[19]。交付金が削減されれば、自主財源に乏しい少人口町村は存続できず、近くの市町村と合併せざるを得ない。結果、「少人口町村は、集中的な地方交付税の削減対象とされ、その多くは市町村合併によって消滅した[20]」。それが「平成の大合併」である。

合併して財政難を解決できたならよかったではないかという見方もあるだろう。だが、少人口町村の場合は人口が少ないので、合併すると、政治的マイノリティになってしまう。

少人口町村は市町村合併に参加した場合、人口規模の零細性から地域の意向を新市町村の政策に反映することはおろか、地域内から議員を輩出すること自体が困難となる。また、吸収合併の吸収される側に回る可能性も高く、その場合には新市町村の周辺部に位置づけられ、地名をはじめとした地域の歴史や文化が消失する危機に直面することになる[21]。

国は地方交付税制度で自治体を統制し、少人口町村に自治体の消滅という、意に沿わない結果をもたらした[22]。地方交付税が自治体の存続のためにあるとすれば、きわめて矛盾している。

「平成の大合併」はすでに二〇年ほども昔のことである。だがこうした、地方の財源不足や、国と地方自治体の財政調整問題、政治関係については、当時から抜本的な改革が必要と指摘されてきた。抜本改革の必要性はいまだに主張されつづけており、根深い問題になっている。

2　観光政策論の「自助努力」という精神

「観光」は本質的な問題解決ツールにはなれない

観光に関しては、自治体や地域の「消滅」を避けるためにも「自助努力」で観光を活性化し、固定資産税や住民税などの地方税収を増やしたり、課税自主権を用いた宿泊税の創設などによって、自主財源を確保していくべきだという（論理の逆転した）主張もあるだろう。

だが、ここまで解説したように、それは経済的にも制度的にもかなり難しい。観光の活性化による税収の増加策は、住民税や固定資産税にせよ、入湯税や宿泊税にせよ、自治体の財政状況を根本的に規定する、日本の行財政システムの構造的な問題のなかで、本質的な解決策にはなりにくい。

前提として多くの自治体財政は「三割自治」「四割自治」であって、観光による税収増加策は、その三割から四割のなかでいかに工夫し努力するかという、小さな枠組みの話になる。そして残りの六割から七割を賄う日本の地方交付税制度は、各国の財政調整制度のなかでも、国が地方自治体を強く統制する設計になっている。だからこの状況は、自主財源が必然的に不足する大多数の自治体を国が地方交付税によって統制しようという、日本の中央集権的な行財政システムを抜本的に改革しない限り、各自治体がどれだけ観光を活性化しようと、まず変わらない。

政府は第一〇次にわたる「地方分権一括法」によって「地方分権」を進めてきたとされるが、行われてきたのは、主に「権限の移譲」である。一方で財源は、徐々に地方自治体に移譲されてきたものの、中央集権的なシステム自体はほぼ変わらない。

序章で紹介したように、国交省は観光の経済的なメリットを強調し、「観光はまさに『地方創生』の切り札となっている」[23]と期待する。だが、観光が「地方創生」のために機能するには、まず行財政システムの抜本的な改革が必要なのである。行財政システムは国交省の管轄ではないかもしれないが、それは政治や行政の都合であって、私たちの問題ではない。行財政システムの抜本的な改革がなければ、観光による税収増加策はつねに、周辺的で枝葉末節のテーマにならざるを得ない。

むろん入湯税や宿泊税も無価値ではない。それどころか――観光政策論ではあまり注目されない論点だが――宿泊税の導入など課税自主権を行使するために、地方自治体が地域住民と対話を重ねて利害を調整するというのは、地方自治や地方民主主義の涵養という意味で、大きな意義がある。[24]だがそれは政治的な意義であって、経済的あるいは財政的な意義とはべつである。

結果として、少なくない地域や自治体は、行財政システムが改革されないために、本質的な（マクロな）問題解決のための十分な資源＝財源を得られないまま、不十分な（ミクロな）解決策にすぎない観光というツールを手に、表面的な対応の繰りかえしを強いられている。地域住民が疲弊していくのは当然であろう。観光にこだわる限り、問題は解決できない。

失政を補塡させるための観光

また、これも序章で論じたように、「関係人口」論も含めて、観光の活性化ではしばしば、地域住民の努力や工夫、あるいは地域住民や地域の「つながり」などの「非・経済的な豊かさ」なる価値が称揚され、重視される。その理由がひとつ、ここにある。

つまり、国が自治体に自主財源を確保させず地方交付税で統制する、現行の行財政システムの中央集権性を改革しない以上、自治体の財政状況＝つかえるお金の量は、自治体が努力しても好転する見こみは小さい。だからこそ観光の活性化は、お金以外の要素である「努力や工夫」や「非・経済的な豊かさ」なる抽象的な価値に頼らざるを得ないのである。「財源はないが精神的な価値が得られる」というロジックを立てれば、観光の活性化という「改革」は、財源＝経済的な価値の不足を、精神的な価値で補塡して、コストを下げられる。

言いかえれば、政治指導者たちによって、問題の根幹である、行財政システムの抜本改革が十分に行われないことによる損失を、地域住民や関係人口として集められる人びと（とりわけ、相対的に経済力や権力の弱い若い世代）が、「観光の活性化」という枝葉の「改革」のための努力と工夫にかける労力と、それによる地域どうしの観光客の獲得競争によって補塡させられている。

結果として観光の活性化は、政府や政治指導者が取り組むべき本質的な問題や改革から離れた、周辺的なごく一部分の表面的な「改革」のための、地方自治体や地域住民の「自助努力」による、終わりの見えないマラソン競技にされている。

「自助努力」という観光政策論のミーム

もっとも、観光に関する政治リーダーや政策論者の考えを見れば、抜本的な改革がなされないのも頷ける。観光をめぐる政治には、自治体や地域住民の「自助努力」に依存しようという、深刻な精神がある。

左に紹介するのは、平成一八年（二〇〇六年）一二月五日に行われた、衆議院の国土交通委員会における発言である。これは直後の同年一二月二〇日に成立する「観光立国推進基本法」をめぐる、重要な質疑である。

劈頭、自民党の観光基本法改正プロジェクトチームの事務局幹部の議員は、観光立国の意義と意図をつぎのように強調する。

その経済波及効果の大きさから、観光は二十一世紀の少子高齢化時代の経済活性化の切り札と言えます（中略）。観光による交流人口の拡大は、地域振興の起爆剤となり地域の再チャレンジを可能にするとともに、集客力のある個性豊かな地域づくりは、各地域の自主自立の精神とその発揚との相乗効果で真の地方分権、地方自立の実現に資するものであります。[25]

観光は経済効果が大きいという前提のうえで、それゆえ観光は「経済活性化の切り札」だから、観光を活性化させれば「地域振興の起爆剤」「地域の再チャレンジ」につながる。よって地域（自治体）は、「自主自立」して独自に観光の活性化に向けて努力すれば「地方自立」につながるという発言である。[26]

ここで重要なのは、「地方自立」なるものを、観光を「切り札」とする「地域の自主自立の精神とその発揚」によって実現できるとする枠組みである。

「切り札」という言葉は、国交省の「観光はまさに『地方創生』の切り札」[27]という表現にも見られる。皮肉だがまさに、行財政システムを根本的に改革しないなら、「これに頼るしかない」という意味で、観光は「切り札」であろう。しかしその内実は、議員の言うように「自主自立の精神」である。[28]地方自治体の地域住民という、要は他人の努力に頼ろうという、国から地域住民への「自助努力」の要求が

「切り札」なのである。

「自助努力」の要求は、観光政策論のミームとして政権中枢に引きつがれている。右の委員会のおよそ一〇年後、序章でも紹介した、政府の成長戦略会議にも名を連ねた代表的な論者は、つぎのように主張している。

文化財を整備するのにも、町並みを整備するのにも、先立つものはお金です。もちろん、何もしなくても国がやってくれるというのであれば、それに越したことはありませんが、医療費がパンクして財政再建が叫ばれている今、多額の税金を景観や文化財に注ぎ込むのは難しいのは言うまでもありません。そうなると、やはり自分自身で稼ぎ、自分自身で外国人観光客がくるような魅力ある文化財に整備していかなければいけないということです。つまり、自助努力です。(29)

文化財や町並みは「自助努力」で整備させるのである。

必要なお金は自分で稼ぐべきというのは、家計の話だったら明快かもしれない。(30)だが行財政論として考えれば、医療費負担が増えて財政に余裕がないから景観や文化財に税金を投入できないので、文化施設や地域住民が「自助努力」すべきという論理は、あまりにも無理がある。超高齢社会化による医療費負担の増加は観光や地域に原因があるのではなかろう。出生力の低下は、たとえば五〇年前の「新全総」ですら指摘されており、(31)現在の超高齢社会は、政府の長年の失政の帰結である。

医療費負担の増大は、重大な問題である。だがそれなら医療政策や、増殖する行政組織や、地方交付税などの行財政システムや、年金制度や政党交付金なり議員数なりを直接改革せねばなるまい。そして、それをやるのが政治指導者や政府の仕事である。その仕事ができないしわ寄せが、景観や文化財の整備のために「自助努力」せよと地域住民に押しつけられる正当な理由はない。もし「自助努力」が必要なら、必要なのは地域住民や観光産業ではなく、政府と政治指導者である。

問題がわかっているなら直接それを解決をすればよいのであって、表面的な観光の活性化で解決しようというのは、遠まわりで破綻した論理である。

「観光」という都合のいい願望の実現ツール

つまり、前提として少子高齢化と人口減少など、なんらかの理由による「財政の余裕のなさ」を掲げ、財政に余裕がないから、地方自治体や地域の人びとに、地域を商品化して「自主自立の精神」を持って「自助努力」をしてほしいというのが、観光による経済の活性化をめざす政策論のある側面である。このとき、行財政や地方自治をめぐる根本的な問題に取り組もうという、政治指導者や政府自身の「自助努力」は見えてこない。

だから政府にとって観光とは、じつは経済の活性化のためのツールですらない。

より正確には、全体として政府と自治体の財政には一切の余裕がなく、かつその根本的な構造は改革しないという前提のもとで、その残余である、観光というごく限られた周辺領域において、地域住民や地方自治体の「自助努力」の範囲内で、雇用や経済成長、財政状況の好転、あるいは自治体の延命などを、経済的に低コストで、政治的に低リスクでめざそうという、都合のいい願望の実現ツールだといわざるを得ない。

そして本章や第一部で論じたように、その願望は経済的にも財政的にも、多くの地域において必然的に実現せず、条件の有利地域と不利地域との地域格差や非正規雇用化などの社会格差を無限に悪化させる。観光は複合的に格差を悪化させ、強者に富を集める。財政的にも、いまの行財政システムでは、宿泊税を導入できそうなのは有力自治体ばかりであって、観光で自治体間の財政格差や財政難の改善は困難である。もともとの財政格差が再生産される。

観光は格差を悪化させ、弱者の淘汰を進めるにもかかわらず、条件不利な地域の救世主として位置づけられた。格差是正の手段として格差を悪化させるシステムを導入したのだから、問題が解決どころか悪化したのは当然であろう。

あまねく地域が観光による経済の活性化のために「自助努力」しても、得られる結果は「自主自立」ではない。得られるのは人口減少の時代のなかで地域どうし、企業どうし、労働者どうしの競争を促進して、その勝者（もともとの強者）に、本質的な改革をしないから減るばかりの財源を選択的に投入し、敗者（もともとの弱者）への財源を切りつめていくという、人工的な「淘汰」である。

抜本的な改革を避け、目先の小さな「改革らしきもの」による数値目標を追求しようという場合、「観光立国」による淘汰は、稼げない地域を切り捨ててゆく根拠を、観光客数や消費額といった数字で得られるという意味で、政府にとっては、短期的には政治的なメリットになるのかもしれない。

結局、観光の活性化より先に、観光の活性化で解決しようとしている問題と直接向きあって、抜本的な改革をやらねばならないのである。そうでなければ観光は、徒労と格差を無限に再生産しつづけるだけの公害産業になってしまう。真に地域や経済を活性化し、社会を豊かにするには、観光の活性化の前提として、政府や政治指導者たちが、それぞれの問題の抜本的な改革に取り組まねばならない。

この状況はいったいなんなのか？

本章ではここまで、観光の活性化をめぐる政治の矛盾を論じてきた。だが、まったくべつの疑問もある。矛盾を指摘したところで、「抜本的な改革」が講じられ、観光は「決して問題を解決できないツール」や「都合のいい願望の実現ツール」を脱せるのだろうか。

ふつうに考えて無理だろう。そのほとんどを老齢男性が占める同質性と硬直性を特徴とする日本の政治指導者層に、やる気がないのか、やる力がないのかは不明だが、現実として、二度の政権交代を経た二〇年あまりを通して、観光の活性化の前提であるべき抜本的な改革はされなかった。いまの大学生の人生の、ほぼすべての期間である。もしやってくれるなら、さすがにもうやっているのではないだろうか。これは、なぜなのだろうか。

「抜本的な改革が行われないのはなぜか」を明らかにするオーソドックスな方法は、これまでの政治過程を細かく分解して、ひとつひとつの経緯とうまくいかなかった原因を追求することである。だが、本書でいまからやるには紙幅が足らなさすぎるし、それぞれの原因がわかっても、行きつくのは「必要な対策をせよ」＝「抜本的な改革に取り組むべきだ」という、おなじ主張であるような気もする。多様な分析に基づいて、おなじ主張を繰りかえすのも社会科学の重要な作業だが、ある意味では、論理的な行きづまりかもしれない。

また「抜本的な改革が行われないのはなぜか」の理由は、しばしば「政治家の無能と怠慢」のようなステレオタイプに還元されがちでもある。それも、だいぶ真実かもしれないが、べつの見方もできないだろうか。より総合的に状況を理解し、みんなで共有できるべつの見方ができれば、ステレオタイプや論理の行きづまりを超えて、新たな道が見えてくるかもしれない。

だからこの状況を、より広い視点から考え直してみたい。つまり「抜本的な改革が行われないという この状況は、一体なんなのか」という問いを立ててみる。この問いに取り組む作業によって、「抜本的な改革が行われない」という問題の構造や、そこから抜けだす道を総合的に解釈して共有する、言葉の枠組み——理解のストーリーを組み上げていこう。

3　数によるガバナンス

「規制緩和」という名の規制強化

映画『わたしは、ダニエル・ブレイク』は、二〇一六年の第六九回カンヌ国際映画祭で最高賞のパルム・ドールを獲得した（写真4-3）。

イギリスの地方都市に住む高齢の大工ダニエルは心臓発作を起こし、命は助かるが失職する。失業手当を受けようとするが、書類上の情報しか見ない行政の「お役所仕事」によって、彼は職務継続可能と判断され、給付金がもらえなくなってしまう。非人間的な書類業務でたらいまわしにされるダニエルは、おなじく不運にも貧困生活に陥った近隣住民との人間的な交流を通して、行政にささやかな反抗を繰りかえしながら困窮する。結局、彼はそのストレスが原因で心臓発作を再発してあっさり死ぬ。弱者を救うための制度が弱者を殺す。

観るとわかるが、ある意味つまらない映画で、作中では「役所のルーチンワークと、問題を解決しない態度への苛立ち」という構図がつづく。だがそれこそ、本作が表現するイギリスや先進諸国の、非人間的で非効率的とされる新自由主義的な制度の特徴である。[32]「お役所仕事」と言えば日本というイメージがあるかもしれないが、本作がパルム・ドールを受賞したように、解決すべき問題の本質から乖離した、非人間的で、非効率で、現実の見えていない制度のあり方は、多くの国々で問題視されている。最近では『ブルシット・ジョブ――クソどうでもいい仕事の理論』という挑発的なタイトルの著書でも知られていた、文化人類学者のデイヴィッド・グレーバー（一九六一―二〇二〇）[33]は、前著『官僚制のユートピア』で、こうした非人間的な官僚制の矛盾をするどく指摘した。

> 官僚の仕事の多くは、つまるところ物事を評価することである（中略）。その世界には監査文化が君臨しており、数値化もグラフ化もされないもの、コンピューター・ディスプレイにも四半期報告にもあらわれないものは、そもそも現実ではない。[34]

写真４－３　映画「わたしは、ダニエル・ブレイク」.

（出所）　Blu-ray/DVD 発売元：バップ　©Sixteen Tyne Limited, Why Not Productions, Wild Bunch, Les Films du Fleuve, British Broadcasting Corporation, France 2 Cinema and The British Film Institute 2016

彼によれば、資本主義と官僚性との結びつきによって、あらゆる（経済）活動について、数字による「客観的な評価」を追求する圧力が強まってきた。だが、それは本当に「客観的」なのではなく、官僚制が物事を評価するのに都合のいい指標の導入である。日本を含む先進諸国で進められてきた「規制緩和」も、つまりは「客観的な評価」を要求する、新しい規制手段の追加にすぎない。一見、人びとを自由にさせそうな規制緩和の本質は、グレーバーの表現を借りれば「オレ好みに規制の構造を変える[35]」である。

だから規制緩和は官僚制を弱めるように見せるが、実際は官僚制を強める。規制緩和は、彼いわく「処理すべき書類、仕上げるべき報告書、解釈に法律家を必要とする規則や規制（中略）の実数が五倍上昇[36]」する現象である。

規制緩和が進んで自由競争が広がるほど、逆説的に、企業や組織や個人の業績や状態を数字によって「客観的」に評価するシステムが肥大化し、規制が強まっていく。だからしだいに「客観的」に評価できない、現実のなかの数字にできない部分は制度からこぼれていく。

先の映画のダニエルも、彼が自分の心臓の状態をどう感じているかとか、行政の職員[37]による「お役所仕事」へのいらだち、職務継続可能と言われてもどうしようもない状況といった「現実」ではなく、それらを「客観的」に表現する数字でしか評価されなかったから、死んだ（殺された）のである。数字で表現されないものは、本当は「現実」であっても、制度上は存在しない非現実とみなされる。

ＫＰＩと数値目標の国家戦略と観光政策

数字ほど、現代の政策で重要視されるものはないかもしれない。

日本でも政府の主要施策では、さまざまな数値目標がＫＰＩとして「客観的」に設定され、その達成のためにＰＤＣＡサイクルを回してなにをするかが計画化されている。

ＫＰＩは経営学で生まれた概念で、企業や政府などが目標達成にどれだけ近づいているかを把握する指標である。日本大百科全書の説明が的を射ている。

顧客からの引き合い件数、学校訪問回数、滞納者数などを指標に設け、日次、週次、月次など一定期間ごとに数値をチェックして進捗状況を管理する（中略）。安倍晋三（あべしんぞう）政権は成長戦略を推進するため、二〇一三年（平成二五）に策定した日本再興戦略で初めて政策目標としてKPIを採用し、以後、地方自治体などさまざまな政策分野でKPIが活用されるようになった。(38)

PDCAをまわしてKPIを達成する。そうすればきっと状況はよくなる（そうしなければよくならない）。とてもいまっぽくて、わかりやすい発想である。

首相官邸の政策会議、日本経済再生本部の「未来投資戦略」や「成長戦略実行計画」では、じつに多岐にわたる数値目標がKPIに設定されている。というか、KPIを達成するための「戦略」や「計画」という様相である。左はKPIのごく一例である。(39)

- 二〇二〇年度までに四〇〇床以上の一般病院における電子カルテの普及率を九〇％
- ロボット介護機器の販売台数を二〇二五年度までに二万五千台
- 二〇二〇年までに、（筆者注：芸術の）鑑賞活動をする者の割合が約八〇％まで上昇
- 放送コンテンツの海外販売作品数を二〇二五年度までに五千本に増加
- 農林水産物・食品の輸出額を、二〇二五年までに二兆円、二〇三〇年までに五兆円
- 二〇二五年までにリフォームの市場規模を一二兆円に倍増（二〇一〇年六兆円）

数値目標さえ達成すればよいわけでもなかろうと素朴に思うが、観光も例外ではない。政府の「明日

の日本を支える観光ビジョン」では、つぎのような数値目標が設定されている。[40]

- 訪日外国人旅行者数……二〇二〇年に四千万人、二〇三〇年に六千万人
- 訪日外国人旅行消費額……二〇二〇年に八兆円、二〇三〇年に一五兆円
- 三大都市圏以外での外国人延べ宿泊者数……二〇二〇年に七千万人泊、二〇三〇年に一億三千万人泊
- 外国人リピーター数……二〇二〇年に二千四百万人、二〇三〇年に三千六百万人
- 日本人国内旅行消費額……二〇二〇年に二一兆円、二〇三〇年に二二兆円

筆者としては、雇用者数や利益率や税収ではなく、客数と消費額しか目標になっていない点に根本的なナンセンスを感じずにはいられないが（客数や消費額が増加したからなんなのだろうか）[41]、ポイントは、中身がナンセンスとはいえ、とにかく具体的な数値目標が設定されていることである。

国だけでなく、自治体も数値目標やＫＰＩを設定している。こちらはもっとユニークで、たとえば「地域ブランド品の認証件数」「無料Ｗｉ-Ｆｉ設備設置数」「Ｆａｃｅｂｏｏｋの『いいね』件数」「町政運営に関心のある人の割合」「幸せ実現指標」「観光産業求人増加数」などがある。[42]

やはり税収や人口、失業率など、もっと本質的な数値を指標にした方がいいように思われるが[43]、これは無根拠にアピールしているのでもなく、法的な裏づけがある。すなわち「まち・ひと・しごと創生法においては、各地方自治体に対し総合戦略策定の義務が課された。そしてこの計画はＰＤＣＡサイクルによって管理することが求められており、評価指標（数値目標やＫＰＩ）を設定し、その効果を測っていくことが不可欠とされている」[44]ためでもある。

こうした数値目標の設定は、観光の活性化によって得られると期待するなんらかの成果を、客観的に、つまり数字で把握しようとする行為である。それはグレーバーの言葉を借りれば、官僚制の側が、「改革」が意図どおりに遂行されているか評価するために地域に要求している作業といえる。

官僚制が数字にこだわるのは当然でもある。地域の一員でない官僚制の側が「改革」の成果を知るには、数字を見るしかない。また観光庁が国土交通省や財務省に予算を求めたり、ある市が県に補助金の継続を希望するなど、ある官僚制がみずからの存在意義をアピールするにも、やはり数字が必要なのである。

だからそれぞれの地域は、官僚（と、その後ろにいる政治家）に理解させるために、どの数値目標をＫＰＩにするか、それを達成するにはどのような施策を行うか、結果どうなったかを、膨大な書類によって説明し、官僚に提出することになる。そして官僚制の側は、その数値目標の達成可能性や、あるいは文字数や書類のページ数（これらも数字である）をもって、地域の取り組みの価値を評価する。こうして、地域に「自助努力」や自主・自立を要求する観光政策は、現実の地域を知りえない官僚制のために、むしろ数字によって地域を束縛している。

数字をめぐる競走へ

コレージュ・ド・フランスの教授、アラン・シュピオ（一九四九―）は、当代屈指の法学者である。(45)彼は右のような、数値目標をめぐる混迷を、「法による統治」から「数によるガバナンス」への変化だと表現している。

グレーバーと同様に、シュピオもまた、資本主義の発達とともに市場原理にまかせた国家や組織の運営――「規制緩和」という名の「規制強化」――が進み、数字による「客観的な指標」を用いたパフォーマンスの計測が広がってきたと見る。そして「客観的」な指標で評価するために、さまざまな価値が数字で表現されていく。やや長い引用になってしまうが、観光や地域にも関係する部分である。

（筆者注：風景や人間環境、生活習慣、言語や文化資源、考え方など）これらの財もやはり資源とみなされ、それぞれの国や世界の地域の比較優位の決定に際して考慮に入れるべきものとなる。こうして新たな計量化のテクニックが出現し、商品ではないこれらの財の比較価値を計測し、そこから可算的で普遍的な表象を導き出すことが目指される（中略）。地理的な側面では、都市や国や領土が、このような技術によって、競合するトレードマークのように扱われようとしている（中略）。そのことにより地域のアイデンティティは解体されて評価可能なアイテム（風景、気候、公共サービス、治安、グルメなど）の標準的な一覧になり、地域の政治的・経済的「アクター」たちは「地域競争力」改善のための競争へと駆り立てられる。(46)

風景や文化の価値は数字にできない。だが、ある地域がほかの地域よりもどれだけ価値があるかを「客観的」に評価するには、地域の風景や文化を「資源」として、なんらかの方法――観光客数や、景観整備のボランティア人数、それ自体が計算による○○○○指数などの計測と算出によって、数字にする必要がある。

数字ほど比較しやすいものはない。

だが数字にできない部分にこそ、その地域ならではの個性的な価値がある。価値を数字にした瞬間、

「数字にできなかった部分」は「客観的」な評価軸からこぼれおちる。結果、ほかの地域と比較できる部分だけが数字として取り出され、それが地域の価値や競争力の指標として評価される。だから地域の人びとは「アクター」[47]、つまり数字で表現される地域の「競争力」なるものを高める作業員として、数字をめぐる競争に駆りたてられる。

「数によるガバナンス」

あらゆる価値を数字にするプロセスは、単に地域や文化の「商品化」だけを意味するのではない。数字によって物事を「客観的」に評価する手法は科学的と言えるが、科学的であるがゆえに、その評価には、政治的な意図が介在しないことになる。

たとえば、いま一般に、ある市長が利用者数の少ない公共施設を閉鎖するのは、市長が「その公共施設は要らない」と考えたからではなく、利用者数を計測したら少なかったから閉鎖すべきである、という論理になろう。この判断が依拠するのは計測結果という「客観性」であり、「要らない」という市長の政治的な「主観性」ではない。数による「客観的」で科学的な計測結果は「主観的」な政治性よりも優先される。[48]

このことは、政治の場から政治の要素が薄められることを意味する。「客観的」な数字の力に対して、「主観的」で政治的な判断の権力や影響力は、だんだん弱まっていく。[49] シュピオは「法」と「数」を比べて、つぎのように解説する。

このような世界では、法による統治が数によるガバナンスに場を譲る（中略）。それが依拠するのは計算能力、つまり計量化（異なる存在や状況を同じひとつの単位に還元する）と行動のプログラミング（ベンチマーキングやランキングなどのパフォーマンス測定の技術による）という操作である。[50]

法の規範とは、ひとつひとつの現実から超越した存在である。だから法による統治がめざすのは「一般的で抽象的な規則の支配[51]」である。法による統治は、主権者や政治指導者が、ひとつひとつの異なる状況を認識し、それらを、超越した法にひとつひとつ「主観的」にあてはめていく作業である。現実を超越している法に依拠するからこそ、法の運用には、だれかの「主観性」に基づく「あてはめ」の判断が必要となる。

政治的な権力とは、この「主観性」による判断ができる「だれか」の力だといえよう。だから法の規範にあてはめて判断するには、現実を「主観的」に評価する「だれか」という権力者が必要である。

だが、だれにでも評価できる「客観的」な数字が規範（判断基準）になるなら、特定の「だれか」の主観性は必要ない。必要なのは「前年比〇〇％の増加が必要」といったような、資料を読みさえすればだれでもできる、数字の追認である。だから「数によるガバナンス」では、超越した法の支配や「だれか」の主観的なあてはめを必要としない。「来場者数が減少している施設は閉鎖対象とする必要がある」ように、事実の測定から規範を導きだせるからである。こうして政治の「主観性」は、数字の「客観性」の従属物になる。[52][53]

結果、数によって「客観的」に判断できることが、「主観的」な判断がゆだねられてきた権力者への統制を拡大している。自由に裁量できる権力は衰退し、いわば「ボスが一人で一族の善処を判断する時代は終わった」のである。[54] 意思決定に必要なのは、ボスの判断力や、胆力、器の大きさではなく、数字である。むしろ胆力や器は、意思決定に不確実性を持ちこむ不純物であり、排除の対象である。

みんな主体的に行動できない

「数によるガバナンス」は、官僚や政権党の指導部などへの、権力の集中を意味しているのではない。起きているのはむしろ、権力の分配である。

「規制緩和」という名の「規制強化」が起きるのは、権力がどこかのだれかに集められたからではなく、だれもが意思決定を、数字という「客観的」な指標に頼らざるを得なくなり、だれかが持っていた自由に裁量できる権力が、みんなに分散されてしまったからであろう。

みんな権力が足りなくて、判断のために数字が必要だから、他者に数字を課し、数字による規制が強化される。だれかが強大な権力で規制を強化しているのではなく、権力が分散されて、それぞれの権力体がみんな「主観的」な判断をするのに十分な量の権力を持てなくなっている。こうした「権力の不十分さ」が循環して、数字へ依存する規制強化が進んでいる。

だから官僚制が規制を強化していると言っても、べつに国家や自治体が強い権力を持つようになったわけでもない。官僚制による規制強化もまた、官僚制自体が、べつのなにかに従属している結果である。(55)

国家にできることは少なくなっている（中略）。国家は、国際的局面での金融市場であれ、国内的局面での各部門の利害であれ、自らを超える力に従属するだけの単なる道具と化している。(56)

企業の経営者も同様に、経営上の選択を、みずからの自由意志だけでは決められない。ＧＡＦＡのようなメガベンチャーのＣＥＯすら創業者ではなく雇われ労働者になってきた現在では、[57]経営者も、取締役会や株主、社外の様々な委員会から課せられる数値目標を無視できない。そして株主も、自身の株主の意向を無視できない。いわば経営者の「主権」は「『客観的』な規律の侵入によって脅かされている。自社の賃金労働者や下請け業者あるいは失業者と同じように、企業主もまた、自分が同意したとされる諸目標の実現に従属している」のである。[58]

かくして、いまや世の主体は、みんなが「足りない権力」を手にした結果、権力の不足を補填する「客観性」をもたらす数字に依拠した、他者の意向のネットワークにからめとられ、みずからの「主観性」による主体的で自由な身動きができない。

シュピオの要諦はここにあろう。国家や政治指導者や大企業の経営者といった、特定の権力体が大きな権力を独占しているとか、だれかから、べつのだれかに大きな権力が移行したとかではなく、従来の権力体すらもまた「数によるガバナンス」によって「従属させられる側」になり、権力が細分化して分散してどこでも不足してしまい、みんな主体的にみずからの「主観性」を持って意思決定や行動ができなくなっている。みんなが「従属させられる側」である。

「主観性」よりも「客観性」が追求される以上、「数字」よりも客観的な説得力を持った言説など、だれにも作り出せない。ノルマに追われる末端の労働者から中間管理職、経営者から投資家、教員、公務員、自治体、議員、首長、政府まで、みなが「数字」のとりこである。[59]

だから自治体が自発的に数値目標やＫＰＩを設定しているのも、すごい権力者や独裁者が、みずからの「主観性」によって上から「やれ」と命じたからではない。だれかに命じられなくても、「努力目標」などのかたちで、数値目標に到達するように、事実上、みんなが自発的に行動している。私たちは勤勉かつ奇妙にも、みずから数値目標を設定し、それをどれだけ達成できたかを計測して自律的に行動するように、他律的に自己をプログラミングしている。

したがってこれは、いわゆる「パノプティコン」のように、どこかのだれかがみんなを監視していて、みんなが自分は監視されていると思って、監視者にとって都合のいい行動をするようになっているというような、監視社会論とは違う。「みんなを監視できる者」などいない。もしそういう主体がいるとしたら、その主体が恣意的に判断すればよいのであって、「数によるガバナンス」など必要ない。そうではなく、そもそも主体性が減衰する。

もはや絶対的な主権者たる主体は存在せず、（中略）全体的調整の代理人に、各人が自分でならなければならないのである。[60]

来場者数、訪日外国人の消費額、○○○○指数など、現実を抽象化したこれらの数字をＫＰＩや数値目標として設定したら、あとは、その数値にどれくらいで到達できそうかを考えるのみである。現状が目標値に遠ければ委員会を開き、対策を関係者間で「周知・徹底」する。到達できそうならべつの委員会を立てて、承認されそうな数値目標を新たに設定する。そうでなければ予算が減らされる（あるいは予算が減らされるとだれかに指摘される。もしくは『予算が減らされると指摘される』と指摘される）。そしてまた目標達成のための会議や委員会が設置され、いくつもの議事を着々と遂行する。こうして、数字をめぐる、主体的に見えて受動的な調整が繰りかえされていく。

だから「数によるガバナンス」の浸透した社会では、自身の問題意識に基づいて、数字による客観的なエビデンスをとって主体的に問題解決を図ろうというのも、難しい。「自身の問題意識」という「主観性」は、排除されるべき不純物だからである。すなわち「企業のトップは金融市場のサインに反応し、政治指導者は世論調査に反応する」[61]ように、本人が意識しているかどうかはべつとして、みな「客観的」な数字への受動的な対応を繰りかえす。その作業は、現実への対応というよりも、数値目標の達成について整合性のある書類を作るための、関係者間の調整である。

シュピオはこうした状況を、しばしば「サイバネティックス」的と呼ぶ。つまり人間が機械化している。数字に反応する人びとや組織がやっているのは「自らのパフォーマンスを改善するために、自分のもとに届いた数値的シグナルにフィードバックを送ること」[62]だからである。

調整とガバナンスによるサイバネティックス的世界において、人間は行動しない。自分が組み込まれた情報システムから受け取る信号に反応するだけである。[63]

人間は行動しない。この状況をめぐる本質的な指摘であろう。

「抜本的な改革が行われない」という必然

さて、私たちが考えているのは「『抜本的な改革が行われない』というこの状況は、いったいなんなのか」だった。なぜ抜本的な改革が行われず、周辺的な「改革」でしかない観光の活性化が進められ、ナンセンスに見える無数の数値目標が設定されるのか。

抜本的な改革が行われないのは、観光をめぐる「数によるガバナンス」の結果であろう。

「観光で経済が活性化できる」というドグマ――宗教的教義――のもと、ある者は予算を減らされないために、ある者は補助金を得るために、ある者はだれかの意向に沿うために、観光をめぐる数値目標が作られ、その達成のための施策がPDCAサイクルとともに講じられる。

重要なのは書類の数値目標であって、現実の問題ではない。数字にされない現実は、存在していない。だから数値目標が現実であり、改革の対象は「問題」ではなく、数値目標である。結果、問題は解決されないまま「いかに観光を活性化するか」＝「客数や消費額や○○○○指数といった数値目標をいかに達成するか」へと、時間とお金が投入されていく。

もちろん「客観的」な数値目標を達成せねばならない人びとは、主体的に「現実の問題」と向きあいたいと願っているかもしれないが、それは難しい。企業、住民組織、自治体、国、その指導層から末端まで「客観的」な数値目標を課せられる限り、本人の希望がどうであれ、数字への従属が求められる。組織や人びとに必要とされるのは、主観性に基づく現実の問題の把握と解決に向けた行動ではなく、数値目標への受動的で「客観的」な対応である。

これは観光だけの話ではない。地域の農林水産業の活性化や工場地域の再生などでも、また地方政治や国政一般から商店街組合まで、もちろん行財政システムの問題も含めて、社会一般で、フラクタルに見られる現象であろう。(64) だから、なにかが改革されても、変わっているのは数字だけで、数字を生成し流通させ評価するシステムの構造は、基本的に変えられない。「抜本的な改革が行われない」のは「数によるガバナンス」の時代の必然である。

離散する空間と地域の経験の非共有

この問題をめぐっては、地域や観光に関して、もうひとつ重要なことがある。

数字で評価する側はかならずしも、お膳立てされた視察などを除けば、それぞれの地域の観光の現実を実際に経験して広く眼にしているわけではないし、ひとりひとりの地域住民のことも、かならずしも深くは知らない。

たとえば地域の観光協会や地域活性化の委員会が、地域に根ざした町内会や商店会だけでなく、職業研究者や民間のコンサルタントやデザイナー、役場職員までさまざまな利害関係者から構成されているように、いまや奇妙なことに、ある地域を観光で活性化しようとしても、それを進める人びとみんなが、その地域の現実の経験を共有していることは、あまりない。それどころか、むしろ地域を経験しない「客観的」な「第三者」なる者がいた方がよいということにすらなる。

地域の観光活性化プロジェクトにも、コンサルタントや建築家、デザイナー、メディア関係者、あるいは大学教員といった、その地域で生活していない、外部の「有識者」の参加が必要とされる。(65) 第三者の必要・不必要はここでは措くが、数字はこうした、地域を経験しない者にもわかりやすく地域の価値を表現する、最も便利な記号である。

本来、地域住民ひとりひとりの人格や精神（その地域をどうしたいのか）、地域の歴史や質的な個性や雰囲気（そこはどんな地域か）といった、本来は数字にできない質的な価値を評価するには、「評価する者」と「評価される者」とがおなじ地理的空間にいて、地域の経験を共有する必要がある。

しかし実際には「評価する者」と「評価される者」が地域の経験を共有せず、むしろ共有しない方がよいとされ、両者が地理的に離れているから、離散した空間を超えて評価が可能な数字、つまり数値目標やＫＰＩが重視される。数字はデジタルデータとして、離散した空間を超えて共有できる。[66]だからこれは、地域における経験や空間の距離をめぐる、地理学的な問題なのである。

地域の観光を活性化しようとしても、そこに「客観性」を導入しようとする限り、地域の経験は共有できず、活性化のための「改革」は、現実の地域の問題から離れていく。むしろ接近するのは、離散した空間を超えて共有できる、数字への宿命的な従属である。

数値目標やＫＰＩといった「その仕事の単独的経験から切り離されたパフォーマンス指標」を参照する意思決定について、シュピオは「指導層と、彼らが統治するとされる人々や事実とを切り離している」という。[67]だがその「切り離し」とは、人間や組織どうしの切り離しであると同時に「空間の切り離し」でもある。観光をめぐる「数によるガバナンス」は、空間の切り離しによる「地域の経験の非共有」の結果であり、過程である。

地域の多様性と自由が見失われている

地理学者として言えば、要は、この観光や地域をめぐる「数によるガバナンス」や「地域の経験の非共有」は、地域の多様性を見逃し、地域の自由を損なっているのである。

数値目標やＫＰＩの設定が前提としてしまうのは「あらゆるものは『おなじ基準』で比較できる」という仮定である。おなじ基準を前提にしなければ数値化しても比べられず、意味がない。学校のペーパーテストのように、数値化は、同一基準化をともなう。

すなわちこのプロセスは、計測する数値が現実を表象しているのだと信仰し、他方では、その計測の枠組みが、現実を均質的な存在と仮定している前提を忘れている。信仰と忘却。数値目標とＫＰＩは、現実の地域がじつに多様であることを見落としている。

書いてみるとかなり当然なことだが、だから、あまねく地域の価値を、客数や消費額では測れないのである。[68] 無論、他の数値──「都道府県の魅力度」や「住みたい街ランキング」とか──でもおなじである。地域の価値は多様であって、それを、おなじものさしで測ることなどできない。[69] そして同様に、あらゆる地域が観光による活性化をめざそうというのも、地域の多様性を前提とすれば、やはり当然間違っている。観光に向いている地域もあれば、そうでない地域もある。

そうした地域の多様性を無視して、あまねく地域に、観光の活性化のために「自助努力」と自主・自立を求め、そのための数値目標やＫＰＩの設定と達成を要求するのは、現実の地域の多様性に対して、あまりにも無理がある。こうした観光政策論は、それぞれの地域が、それぞれなりの方法でみずからの個性を発揮しようとする「地域の自由」に対する、制度による束縛にほかならない。地域を「観光の活性化」という一つの号令のもとで地域どうしの自由競争に突入させ、地域の観光資源を商品化して、数値目標に向かって「自助努力」で「稼ぐ」ようにさせるのは、自由でもなんでもない。ただの束縛である。自由競争はかならずしも自由を意味しない。

さきほど引用したグレーバーの言葉を借りれば「規則はその本質からして制約的なもの[70]」である。彼は官僚制批判の文脈で、つぎのように述べる。

もし、あなたが科学的創造性を最大化させたいならば、図抜けた頭脳を探し出し、その頭のなかにあるアイデアを追求するのに必要な資源を与え、それからしばらく放っておく、というのが常識の命ずるところだ。大方、たぶん、なにも成果があがらないだろう。だが、一つか二つ、なにかまったく予期されなかった発見があがるということもありうる。もし、あなたが予期せざるブレイクスルーの可能性をほとんど壊滅させたい［最小化させたい］と望むなら、このおなじ人間たちに、次のようにいえばよい。たがいに競争しながら、きみたちが達成するであろう発見が確実であることを、わたしに説得したまえ、そのための時間はおしむな、さもなくば賃金の獲得は望めまい、と。およそ、これがいまのシステムである。[71]

本当にそのとおりではないだろうか。すぐれた成果がほしければ、必要なのは「資源と自由の提供」であって「競争と確実性の要求」ではない。だれでも知っている。

だが、観光では逆のことが起きている。

地域は、多数の数値目標とＫＰＩの設定、補助金の申請書、実行計画書、実施報告書、実施委員会の稟議など「観光の活性化で地域の再生が可能である」ことの確実性を保証する、無限につづく書類作成と関係者間の協議や調整を要求され、そのうえで、地域どうし、観光産業どうしで不十分な資源のもとで、観光市場というひとつのマラソンコースで競走させられている。敗者は淘汰され、勝者にはさらなる書類作成がまっている。一般的にいって、これは制度設計をする官僚制サイドの得にはなっても、地域サイドの得にはなるまい。

例を挙げればきりがないが、ひとつ、観光庁はＤＭＯのうち、申請を受けた法人を「登録ＤＭＯ」として認定し、「関係省庁が連携して支援を行うことで、各地における観光地域づくり法人の形成・確立を強力に支援[72]」することになっている。

だがその申請作業は果てしない。申請のガイドラインは文字数で一万四千字に達し[73]、申請書には経営学のSWOT分析[74]の結果や、KPIの設定値とその考え方、数値目標やマーケティングに関するデータの収集方法、「メディア掲載回数」などの目標値、各年度の収入と支出の細目見こみなどが細かく記入させられる。

ここまでやって、もし登録されても、得られるのはたった三年間の予算補助である。

三年間で観光地域づくりなどできるのだろうか。

できるのは、そもそも基盤のある「できる地域」であろう。ここにも「活性化している地域が活性化する」という矛盾がある。ある意味でメリトクラティック（実績主義的）な制度とも言えるが、そうした地域ですら、たった三年間のために膨大な書類作成が課せられ、書類に記入した数値目標を達成するための作業に従事することになる。もちろんその分、観光客をもてなす時間的・労力的リソースは目減りする。

またおなじ制度では、地域に企業的な組織運営が強制導入され、右の申請書では、データ収集・分析等の専門人材（CMO）、財務責任者（CFO）の任命も課される。[75]

こうした人材が地域にどれだけいるのだろうか。というか、いないから「外部」から人材が入れられる。申請書のCMOとCFOの欄には、記入例として「民間シンクタンクで○年間勤務。観光地域マーケティングについて高い知見と能力を持つ」とか「(株)○○で○年間勤務。持続可能な運営のため、運営収支や財源確保に関する検討を行う」と、地域外部からの企業人材の導入が誘導される。もちろん観光庁にとっては、DMO制度で「地域の組織にこれだけ外部から企業人材を入れました」という数字は、霞が関での自身の存在意義のアピールポイントになる。

こうして数値目標やKPIの追求、補助金の獲得、そのための外部人材の導入などを通して、「地域の経験」はますます共有されず、離散した空間のあいだで希薄化する。そして地域は、数字を要求する制度と、みずからが設定した数字と、数字のために導入した外部の人材によってさらに束縛されていく。(76)

かくして地域は「自助努力」を要求されつつ、それなのに「自助努力」の方法は自分で決められない。他人が決めた方法で「自助努力」させられる。地域は「地方創生」や「観光立国」といった制度的枠組みによって多重に束縛されており、多様性と自由が損なわれている。

4　すべての地域が「観光地」をめざすべきなのか？

地域と観光の多様性をとりもどす

さて、ではどうすべきか。やるべきことはシンプルである。すべての地域が観光による経済の活性化をめざすのは無理があるという現実を、私たちが深く理解することである。

どの地域も観光の活性化をめざそうというのは、「みんなと一緒」で、政治的な選択としては横並びで低リスクである。それに観光は「裾野」が広いから、観光を活性化させればさまざまな地域や産業が広く再生される（かもしれない）というのは、やはり政治的に魅惑的なストーリーである。だが、それはあまねく地域にとって真に価値のある選択とは言えない。

第一部で論じた観光の性質——本質的に地域どうしが競争関係のゼロサムゲームとなり、かつ機械化やデジタル化によって生産性が向上しにくい——を踏まえれば、一般的に言って、地域の経済を活性化したいなら観光以外の方法を選ぶ方が有力である。地域の経済活性化は、観光に向いたミッションではない。

健全な観光は、その他の基幹産業が十分に機能し、地方の公共サービスが無理のない財政のもとで提供されていて、はじめて成立するのではないだろうか。このまま基幹産業を再生せず、地方財政が悪化したままで、その根本原因を直接解決しないまま、観光の活性化でささやかに、しかし膨大な労力をかけて手当てしていっても、一般的にはあまり意味がない。精神的には一部の人たちは「がんばった」と達成感を得られるかもしれないが、現実には徒労に終わる恐れが大きい。

日本交通公社が二〇一六年に出した研究レポートでは、統計分析によって、人口減少地域での観光による経済活性化は、そもそもの地域の人口規模や労働市場などによって成否が左右されると示されている。レポートの著者らは、つぎのように注意をうながす。

人口減少への対応策として、単純に観光振興が有効であると考えることが必ずしも適切な判断とはならない場合がある（中略）。本研究が、地域振興の手段として観光を無批判に選択するのではなく、自地域の人口や産業構造などをふまえた検討を進めていく一助となることを期待したい。(77)

この指摘は、あらゆる地域や空間を観光資源化して経済を活性化しようという観光政策論や、それを地域の「自助努力」で進めるべきだという主張が多くあるなかで、重要な意義がある。

観光政策論ではしばしば、地域の多様性を生かして、それぞれの地域の個性を活用した観光の活性化をめざすべきとも主張される。

だが、その発想は「観光」という世界のなかだけでの話である。

地域も社会も経済も、観光だけで成り立っているわけではない。地域は観光だけでなく、それぞれ固有の価値があって、向いていることがある。地域は本来、多様である。社会も経済も、多様な地域どうしが関係しあって成立している。だからあらゆる地域で観光を無批判に取りいれて観光に振り回されるのではなく、それぞれの地域に向いていること、成すべきことはなんなのかを、それぞれの地域が考えて実行できるようにすべきである。地域の再生や活性化を考えるなら、観光の外側に立った広い視点から、地域の真の個性を考えるべきだろう。

観光は多くの場合、地域の経済を活性化させない。だが、だからといって観光が無価値だというわけでもない。経済以外の、観光の価値の多様性を現実的に生かすことが、これからの観光の方向性である。

地域の自由をとりもどす

グレーバーは自由に関してておもしろいことを言っている。

　官僚制の魅力の背後にひそむものは、究極的には、プレイへの恐怖である。(78)

自由とは、実のところ、みずからがたえず生成する規則に抵抗するという人間の創造性の自由なプレイのはらむ緊張である。(79)

彼のいうプレイとは「遊び」のことである。グレーバーは、プレイをゲームと比較する。ゲームとはルール（規則）に支配された行為である。他方、プレイは即興的なものでもあり、「プレイはゲームを生成することができるし、規則を生成することもできる(80)」。ゲームが静的で確実的だとしたら、プレイは動的で不確実的である。

数値目標やKPIの設定と達成の要求は、規則に支配された行為、すなわちゲームの形成である。そして官僚制は、何者かが自主的で創造的な行為、つまり自由な抵抗のプレイによって、みずからの作った規則のゲームによる支配を覆されることを恐れて、より強い規則――より静的で確実的なゲーム――を作り、改良していく。数値目標やKPIの無限増殖は、動的で不確実性を生み出すプレイの自由によって、自分たちのゲームを破壊されるのではないかという、官僚制サイドの「恐怖」の表れである。[81]

このゲームとプレイの比較論は、私たちが観光の価値を真に見つけ出すために、なにに注目すべきなのかを教えてくれる。

序章で数多く挙げたように、観光をめぐる議論ではしばしば、政府の政策や数値目標、KPI、観光業界での流行などに沿った文脈で、要するに「自助努力」によって実際にこれだけの成果が出ました（出るはずだ）とか、関係人口がこれだけ確保できた（できるはずだ）というような活性化の例が注目される。

それらは無価値ではないが、つまりは、めざすべき「観光立国」や「地方創生」を、地域の「自助努力」でどれだけ達成できるのかという、既存の枠組みのなかでの達成可能性の議論である。言いかえれば、扱われているのは「地域の『自助努力』に頼った観光による経済活性化」という、官僚制が作った数値目標やKPIをめぐるゲームのなかでの、数字としての現実である。そしてここには「抜本的な改革の不在」という根幹的な欠陥がある。このゲームをクリアしても、真の現実の問題はあまり解決されない。

だから、もし数値目標やKPIに縛られて抜本的な改革が不可能なら、もうそれはそれとして、私たちは、政府などが考えてもみなかったような、あるいは重要視してこなかったような「外側」の部分にある観光の価値を見つけるべきであろう。これからの観光は、経済以外に見落とされている価値の多様性を、さまざまな地域や観光産業、そして人びとの、自由なプレイのすがたとして、どれだけ見つけ出せるかにかかっている。

それは官僚制や数字に束縛されない、地域の自由をとりもどす作業である。すなわち「観光立国」や「地方創生」とはかならずしも関係なく、個々の地域が自身なりの問題意識のもとで、あるいはかならずしも意図せずとも、主体的もしくは創造的に活動した、模索した結果という、地域における動的で不確実な自由の営みをとらえることである。

こうした観光を体現する地域は、実際には数多く存在する。だから本書は残りの部分で、この自由な観光の多様な価値を見つけ出していく。

観光を大切にしていくと、いかに社会を豊かにできるのだろうか。地域の自由な営みは、いかに行われているのか。その答えは、さまざまな地域のなかに見つけられる。

注

(1)　山田（二〇一九）一二八頁。

(2)　行政サービスは公共サービスに含まれる。本章では前者を含むものとして、「公共サービス」に統一する。ただ、両者の区別はかならずしも単純ではなく、専門的な議論もある。たとえば馬場（二〇〇七）など。

(3)　地方交付税の制度は複雑である。ここでは問題の構図をわかりやすくするため、ごく基本的な議論にとどめておく。また、具体的な割合は、所得税・法人税の三三・一％、酒税の五〇％（ともに平成二七年度から）、消費税の一九・五％（令和二年度から）、地方法人税の全額（平成二六年度から）とされる。地方交付税のうち総額の九四％が使途に定めのない普通交付税である（二〇二一年三月時点）。総務省サイト「地方交付税」による。https://www.soumu.go.jp/main_sosiki/c-zaisei/kouhu.html　二〇二一年八月二一日アクセス。

（4）したがって基準財政収入額は「見こみ」の数値であって、実際の歳入額ではない。なお、続く本文で令和二年度の「収入額」を「需要額」で除して得た数値を示しているが、この数値の過去三年間の平均値が「財政力指数」である。ここでは概況を簡易に示すため、単年度の数値を示すにとどめた。

（5）過去には、おもに二〇〇〇年代に行財政改革が行われ、この財政状況の改善を意図して国から地方へ三兆円規模の財源が移譲された。だが結局、多くの自治体の自主財源は、全体的に低い比率のままである。自治体どうしに財政力格差がある状況は、変わっていない。

（6）このため、佐藤（二〇一九）は「ほとんど東京都を狙い撃ちする特別法人事業税・贈与税が必要となることは理解できないことではない」（七一頁）と評する。

（7）各国の財政調整制度の性質は、主に財源の「配分の仕方」と「配分額の決定基準」の組み合わせで決まる。梶田（二〇一二、二五―二六頁）によれば、配分の仕方については「一定の総額を指標に基づいて対象政府に配分する（例えば人口に比例した額による配分）按分方式」と、配分前の財源量と必要な財源量の差分を補填する差分補填方式がある。差分補填方式では、財源が足りている地方政府は補填されないので、調整機能がより強いことになる。日本の地方交付税制度は、この差分補填方式である。また配分額の基準は、「各政府の財政力格差をならし、財源を均等化する」方法と「各政府が標準的な行政事務を遂行するのに必要な財源を保障する」方法がある。これも地方交付税制度は後者であるが、これは条件が不利で財政力が弱い地方政府への調整機能がより強くなることを意味する。

（8）「宿泊税導入、札幌市の課題は」、『朝日新聞』二〇一九年一〇月一四日。

（9）「京都市は「財政非常事態」　来年度財源五〇〇億円不足で市長、聖域なき行革を約束」、『京都新聞』二〇二〇年一〇月一七日。

（10）「京都市、別荘税導入へ　富裕層に負担求める」、『産経新聞』二〇二一年三月一〇日。

(11)　京都市は、その観光地としての魅力を構成する資源が寺院や寺社などであるため、税収面では弱みになってしまうことから、市民一人あたりの市税収入が他の政令指定都市平均に比べてきわめて少ないことも指摘されている（京都市行財政局税務部税制課、二〇一九）。

(12)　ＪＴＢ総合研究所の説明では、ＤＭＯとは「観光物件、自然、食、芸術・芸能、風習、風俗など当該地域にある観光資源に精通し、地域と協同して観光地域作りを行う法人のこと。Destination Management Organization の頭文字の略」とされる。また観光庁は日本版ＤＭＯとして、つぎのように説明する。「観光地域づくり法人は、地域の『稼ぐ力』を引き出すとともに地域への誇りと愛着を醸成する『観光地経営』の視点に立った観光地域づくりの舵取り役として、多様な関係者と協同しながら、明確なコンセプトに基づいた観光地域づくりを実現するための戦略を策定するとともに、戦略を着実に実施するための調整機能を備えた法人です」。上記はＪＴＢ総合研究所「ＤＭＯ」、および、観光庁「観光地域づくり法人（ＤＭＯ）とは？」による。https://www.tourism.jp/tourism-database/glossary/dmo/、https://www.mlit.go.jp/kankocho/page04_000048.html いずれも二〇二一年八月二一日アクセス。

(13)　観光庁の「明日の日本を支える観光ビジョン」（一五頁）では、「世界水準のＤＭＯの育成・形成」のために「海外知見も取り入れ、世界最先端の人材育成プログラムを開発・提供」「専門的な知識を有するマーケッターの地域とのマッチングから、実際の地域派遣まで、一気通貫で支援」を行うとされている。

(14)　マーケティングもまたサービス業で、商品を輸送できない。だから優秀なマーケターを獲得するにも、地方農村部に比べて、本人の通勤圏や居住圏に含まれやすい大都市圏の方が有利になる。

(15)　山田前掲、一三八頁。

(16)　佐藤（二〇一九）。

(17)　あるいは自主・自立を強制的に進めて「国民の平等」を切り捨てて、公共サービスを受けやすい地域＝国民とそうでない者との格差を容認するのも、理屈ではありえよう。だが国民にとっては、自分が日本の「どこで産まれたか」が完全に運で決まっている以上、当面、そうした格差を容認するのは慎重にならざるを得まい。たとえば、たまたま産まれた地域の初等教育サービスや医療サービスが劣悪だったがために、その人物の将来の選択肢が狭められるのは問題である。もっとも、現実にはこうした公共サービス水準には地域格差がある。

だが「格差がある」という事実と「格差の存在を容認する（あきらめる）」ことは、意味がまったく違う。ここで問題にしているのは後者である。

(18) 名古屋港に面していて莫大な税収を得られる愛知県飛島村（日本一の『金持ち村』として知られる）や、原子力発電所の立地自治体など、例外はある。

(19) 当時の少人口町村は、自治体数でみれば全体の一五％程度を占めるものの、人口が少ないので、地方交付税の削減額でみれば総額の一％にも満たなかった。つまり全体から見ればほとんど「改革」されていない。一％以下の削減のために一五％の弱小自治体が削減を受けたのである。ごくわずかな削減額で抜本改革を避けたという意味で、総務省にとって「改革」は成功であろう。総務省は「少人口町村をスケープゴートにすることによって地方交付税制度を守ろうとしたのである」（梶田　二〇〇八、七一頁）。こうして地方交付税制度は抜本改革されず、またその財政調整制度としての特徴である、国が地方自治体を強く統制する構造も生き残った。

(20) 梶田（二〇〇八）七二頁。

(21) 梶田前掲、六二頁。

(22) つまり「中央政府は一般財源を増加させるだけでなく、減少させることによって、地方自治体を統制してきた」（宮崎　二〇一八、五六頁）のである。

(23) 国土交通省「持続可能な観光政策のあり方に関する調査研究」一頁。

(24) 大森（二〇〇〇）によれば、この点こそ日本の地方自治の最大の弱点と考えられている。

(25) 衆議院「第百六十五回国会　国土交通委員会　第七号（平成一八年一二月五日（火曜日））」。

(26) 発言には続きがあり、同議員は地元である鳥取県境港市の「ゲゲゲの鬼太郎」を活用したまちづくりを紹介し、地域の資源をうまくつかえば、観光産業は「地域経済を活性化するための切り札、そういったものになっていけると確信するものでございます」（前注(25)）と、質疑で（牧歌的に）地元をアピールする。

(27) 国土交通省「持続可能な観光政策のあり方に関する調査研究」一頁。

(28) そもそも「地域の自主自立の精神とその発揚」によって「地方自立」の実現につながるという議員の発言は、「地域が自立すれば地域が自立する」というトートロジーである。

(29) アトキンソン（二〇一五）二五三―二五四頁。

(30) とはいえ、家計にすら、扶養控除や健康保険、生活保護や年金という制度がある。「自助努力」で成立している人間社会のシーンなど存在しない。「自助努力」でやっていけるほど社会は甘くなかろう。他者に対する「自助努力」の要求は、その実、とても非現実的な発想である。

(31) 国土交通省「新全国総合開発計画（増補）」一五頁。

(32) この節で論じられることは、要はこの「新自由主義」の問題とも言える。続いて参照するグレーバーやシュピオの議論も、新自由主義を内包する形で扱っている。だが彼らが新自由主義を新自由主義そのものとして扱わず「官僚性のユートピア」や「数によるガバナンス」といった独自の枠組みから現実を理解しようとしたように、筆者もまた、本書ではできるだけ新自由主義という言葉で問題を説明することは避けたいと考えている。なぜなら新自由主義という言葉は、現時点ではあまりに多義的で、あまりに多くの論点を内包しており、また現在の社会においてあまりにも前提的――動かしようのないイデオロギー（あるいは、イデオロギーの欠如というイデオロギー）である。だから筆者個人としては、「新自由主義なるもの」の概念をいかに整理し、その問題点をいかに並べたところで、現実が変わるとは考えにくいという危惧もなくはない。またしばしば新自由主義は、市場原理主義の徹底と同一視されるが、かならずしもそうでもなく、新自由主義という概念には、認識上の複雑さと難解さがつきまとう。新自由主義はもともと、ヨーゼフ・シュンペーター（一八八三―一九五〇）の経済理論を継承しつつ、フリードリヒ・ハイエク（一八九九―一九九二）や、ミルトン・フリードマン（一九一二―二〇〇六）といったシカゴ学派第二世代のいわゆる「シカゴ・ボーイズ」たちが、当時の西側諸国の脅威であった社会主義化への対抗措置として、資本主義の有効性を言説として広めようとした結果生まれたものでもある（若森　二〇一三、二〇一七）。それがレーガン政権やサッチャー政権（あるいは日本の小泉政権）で公的支出の削減のための政治イデオロギーとしてかたちを変えながら採用されるわけだが、それは東西冷戦の終結による対抗すべき敵だった社会主義世界への資本主義の適用拡大や、アジア通貨危機、世界金融危機などを経て、「ポスト社会主義の時代に思想的対抗軸（ライバル）を失った新自由主義が、いま、劣化に拍車をかけているように見える」（若森　二〇一三、四九頁）とみなされている。つまり、いわば新自由主義によって資本主義経済が危機に瀕しているのではなく、新自由主義というイデオロギー自体が、自身の劣化によって危機に瀕しているのである。こうした新自由主義の劣化をどう考えるかは論者によって見解が分かれるであろうが、この状況認識のもとでは「新自由主義」概念そのものを用いて問題を論じるよりも、劣化しつつある新自由主義を含めた、より現実的な状況を包括するあたらしい枠組みもまた、必要であろうと考える。ここで「官僚制のユートピア」や「数によるガバナンス」を挙げるのは、そうした枠組みの例として適すると考えたからである。

(33)　グレーバーはさらなる活躍が期待されていた二〇二〇年九月、五九歳の若さにして、パンデミックの渦中にあるイタリアのヴェネツィアで客死した。死因は膵臓炎のようである。ワシントンポスト「David Graeber, scholar, anarchist and intellectual leader of Occupy Wall Street, dies at 59」、POLITICO「David Graeber: The Anarchist Anthropologist-Provocateur」による。https://www.washingtonpost.com/local/obituaries/david-graeber-scholar-anarchist-and-intellectual-leader-of-occupy-wall-street-dies-at-59/2020/09/05/df66b16e-eeb9-11ea-99a1-71343d03bc29_story.html、https://www.politico.com/news/magazine/2020/12/26/david-graeber-the-anarchist-provocateur-447090　いずれも二〇二一年八月二一日アクセス。

(34)　グレーバー（二〇一七）五六一—五七頁。

(35)　グレーバー前掲、二三頁。

(36)　グレーバー前掲、二四頁。

(37)　作中で「お役所仕事」をしているのは公務員ですらなく、コスト削減のために指定管理者制度などによって外注された企業の非正規職員かもしれない。

(38)　日本大百科全書（ニッポニカ）「ＫＰＩ」。https://kotobank.jp/word/KPI-22888　二〇二一年八月二一日アクセス。

(39)　首相官邸「令和二年度革新的事業活動に関する実行計画」より抜粋。

(40)　首相官邸・明日の日本を支える観光ビジョン構想会議「明日の日本を支える　観光ビジョン——世界が訪れたくなる日本へ」より抜粋。

(41)　一〇年後の消費額などは、金融市場や貨幣価値の変動を考慮に入れねば意味があるまい。たとえば日本銀行は「二〇一三年一月に、『物価安定の目標』を消費者物価の前年比上昇率二％とさだめ、これをできるだけ早期に実現するという約束」をしている。いわゆるインフレターゲットである。日銀のインフレ政策はいまのところかならずしもうまくいっていないし、筆者はそれに賛成などしていないが、観光政策における二〇三〇年の観光消費額は、政府（日銀）の二％のインフレターゲットの設定と、どのように整合性をとっているのだろうか。もし、いまの貨幣価値のままで一〇年後の消費額をＫＰＩにしているとしたら、あまりにも素朴で危険と言わざるを得まい。右の引用部は日本銀行「二％の「物価安定の目標」と「長短金利操作付き量的・質的金融緩和」」による。https://www.boj.or.jp/mopo/outline/qqe.htm/　二〇二一年八月二一日アクセス。

(42)　平田（二〇一七）五四頁。

(43)　ただ、これらの本質的な数字を指標にすると、おそらく観光の「寄与率」は限りなくゼロに近づいてしまい、観光の活性化という「改革」の政治的な意味――問題解決ではなく、改革すること自体に意味がある――が失われてしまうとも思われる。つまり観光の活性化で真に問題を解決するのではなく、予算や補助金の確保や横並びなど、なんらかの理由によって「観光による再生」という方法を実施すること自体に意味があるなら、税収や失業率といった本質的な指標を設定するのは、「その改革には意味がない」という結果を出しかねず、政治的には蛮勇である。迂遠でナンセンスな指標を数値目標とすることには、政治的な意義がある。

(44)　平田前掲、四九頁。

(45)　権威主義的な説明になってしまうが、コレージュ・ド・フランスは、フランスの高等専門教育機関で、世界で最もすぐれた学術研究機関の一つとされる。ロラン・バルトやアンリ・ベルクソン、クロード・レヴィ＝ストロースなど、著名な研究者たちが所属してきた。シュピオは二〇一二年より同教授。

(46)　シュピオ（二〇一九）八一―八二頁。

(47)　なおここでわざわざカギカッコつきで「アクター」と表現されるのは、のちに説明するように「数によるガバナンス」の世界では、皮肉なことに、「アクター」つまり主体には、主体性などないという皮肉からであろう。

(48)　もし、たとえば自身の支持基盤に便宜をはかるためなど、本当に政治的な意図があって閉鎖するなら、その主観性を、やはり数字による客観的な根拠を作って隠蔽する必要がある。

(49)　関連してシュピオ（二〇一九）は次のように述べる。「民主主義社会において政治的理論を免れることができるのは、科学的規範と宗教的規範だけであるので、経済を脱政治化するためには、それが科学に属すると信じる必要があるし、信じてもらう必要もある」（二一七頁）。
(50) シュピオ前掲、七九頁。
(51) 同右。
(52) これは政治の「主観性」そのものがあらゆる政治過程から消失したことをかならずしも意味しない。ただこの場合、政治性は「どう判断するか」ではなく、「数値目標をどう設定するか」の位相において展開していると想定もできる。その意味でも政治の「主観性」は、存在するのだが、権力による判断よりもまえに「数の設定」がおかれるという意味で、数字の「客観性」に従属していると言える。
(53) わかりやすい例として、アメリカのドナルド・トランプ氏などは大統領であった当時、彼自身の強い「主観性」によって、かなり独善的な政権運営をしていたようにも見える。だがその実、彼は良くも悪くも自身の「支持率」や「フォロワー数」という他者評価を表す数字をかなり気にしていた。結果として二〇二〇年の大統領選では敗北したものの、共和党候補者としては歴代最多の得票を得た。その意味で、彼ほどに個性的なキャラクターを持った政治指導者であっても、その政治判断は数字への従属を免れない類例である。
(54) シュピオ（二〇一八）一八八頁。
(55) 官僚制が他者を規制するのも、官僚制自体もまた、議員や世論といった他者の意向（官僚数の削減など）を意識して、みずからの存在意義を数字で証明しなければならないからであろう。
(56) シュピオ前掲、一九四頁。
(57) GAFAは、Facebook（メタ）以外はみな、創業者がCEOを降りている。
(58) シュピオ前掲、二一六頁。またシュピオはつぎのようにも述べる。「経営者の全知全能な『神権的』権力に取って代わるのは、管理経営的な規範を利用する機能的権力であり、これらの規範を構想し、会計監査という手順に沿ってそれを実行に移す専門家の権威が、その後ろ盾である」（同二二一頁）。
(59) 筆者のような大学の職業研究者もまた数字のとりこである。競争的外部資金の獲得件数、論文の本数、被引用回数、インパクトファクター、授業の履修者数、指導学生のGPA、大学図書館の学年別利用率、オープンキャンパス模擬授業の来場者数、受験者数、定員充足率、科目担当者に占める非常勤講師率、文部科学省による努力目標などなど、挙げていけばきりがない。

(60) シュピオ（二〇一八）二二四頁。
(61) シュピオ（二〇一九）一四一頁。
(62) シュピオ前掲、八五頁。
(63) シュピオ前掲、一四一頁。
(64) シュピオ自身は国際政治を含めた議論もしている。
(65) たとえば大手広告会社出身の大羽（二〇一八）はつぎのように述べる。「新しい価値を創造するときには、地域外のターゲットとなる生活者をよく知っている『よそもの』と言われる地域外の人が必要です。もちろん、地域資源のこともよく知らないと『掛け算』にはなりませんので、地元の人たちもこのプロセスに加わります。このような理由から、僕らの新価値創造型の観光体験プログラム開発においては、外部の人と地域の人が共創するワークショップを重視しています」（九四―九五頁）。筆者はここで外部から導入される第三者の存在意義を即、全否定するわけではないが、第三者の挿入＝地域の経験の非共有という状況をどう理解するかという問題を考えている。
(66) デジタルデータという言葉からは、第三章の「フローの空間」が想起される。「フローの空間」と「数によるガバナンス」は整合するのだろうか。「フローの空間」では、権力によってどこかの密室や大都市などで決定づけられた「意思」決定がデジタルデータとしてＩＣＴを通して一方的に流通する過程が理解される。では「数字の客観性」のもとで権力が無限に分散し主体性が失われていく「数によるガバナンス」は、こうしたフローの空間を解体するのだろうか。おそらくそうではなく、フローの空間の各層における人びともまた「数によるガバナンス」のなかにそれぞれ位置づけられる。意思決定プロセスを握る特権階級たちは、「数によるガバナンス」のもとで主体性を失いながら意思決定しているのだと筆者は理解する。だから「フローの空間」と「数によるガバナンス」は矛盾なく両立する。むろん厳密な議論も必要だが、本書の範疇を超えてしまうので、ここで検討はやめておく。
(67) シュピオ前掲、一二四頁。
(68) だからこそ、客数や消費額のような間接的な数字ではなく、人口や税収や失業率、雇用者数といった、より本質的な数字を指標としなければ意味がないのではないだろうか。

(69)　筆者もまた、第一章で観光による経済の活性化の地域格差を、観光中核産業の従業者数などの「おなじものさし」で計測しているではないかという批判も、万が一、あるかもしれない。だが第一章で筆者が、その数値を見てどの地域が優れている、優れていないなどの記述をしていないように、あの分析は地域の価値の計測ではない。読めばわかるように、あの分析は観光の経済効果が地域格差を生み出す空間的なメカニズムを記述している。だからむしろ、本章の言葉を使って解説すれば、第一章は、客数や消費額などの同一指標で地域を評価しようという「数によるガバナンス」を、従業者数など別の本質的な指標となる数字を用いて、その数字の計量の背後にある空間的メカニズムを記述することで批判したものである。だから筆者は（当然のことではあるが）数字を用いてなにかを表現すること自体を批判しているわけでもない。

(70)　グレーバー前掲、二八四頁。

(71)　グレーバー前掲、一九四頁。

(72)　観光庁「観光地域づくり法人の登録について」。

(73)　観光庁「観光地域づくり法人の登録制度に関するガイドライン～観光地域づくり法人を核とする観光地域づくりに向けて～」。

(74)　事業分析の手法の一つで、ある事業の強み・弱み・機会・脅威を判定し、経営課題を導き出すものである。

(75)　CMO、CFOとは、それぞれチーフ・マーケティング・オフィサー、チーフ・フィナンシャル・オフィサーの略。

(76)　現代においてこうした補助金や助成制度をめぐる書類作業の負担というのは、ある意味では常識のことでもあろう。だから「なにをあたりまえのことを」という批判もあろうが、ここではその「あたりまえ」の矛盾をあらためて問い直している。

(77)　山田・柿島（二〇一六）一五九頁。

(78)　グレーバー前掲、二七五頁。

(79)　グレーバー前掲、二八五頁。

(80)　グレーバー前掲、二七三頁。

(81)　興味深い点として、ゲームを作るという官僚制の行為は、それ自体は官僚制にとってプレイである。官僚制はみずからの自由によって他者の自由を束縛している。他者をみずからのゲームによって束縛しつづけるプレイは、しだいにゲームへと化していく。グレーバーのゲームとプレイの比較論は、両者を切り離された別個の概念としてではなく、切り離せない、ある意味で同一的なものとして扱っているのも特色である。こうした「他者に束縛されない自由」と「他者を束縛する自由」は、自由論では一般的な考え方でもある。代表的なのが、ラトビア出身の哲学者アイザイア・バーリン（一九〇九―一九九七）の「消極的自由」（～からの自由）と「積極的自由」（～への自由）であろう（バーリン　二〇一〇）。だがバーリンの自由概念の区別も、一見明快だが、消極的自由と積極的自由はかならずしも区別できないし、また、消極的自由と積極的自由は、自由の区別の方法自体の区別でもある。やや複雑だが、バーリン研究のグレイ（二〇〇六）では、もっとも単純な区別として、つぎのように解説される。「消極的自由と積極的自由の区別は、最も単純な形では、非干渉と自治の区別である。消極的観念においては、ある人間が自由であるのは、他の人びとがそのひとの前に立ちふさがり、かれ自身が望むような仕方で行為することを（中略）妨害しない場合であり（中略）、ここでの不自由の観念は、あるひとの行為を他の人間主体が、妨害や障害によって阻むことである。対象的に、積極的な見解においては（中略）、ある人間が自由であるのは、かれが自らの生に責任を負い、自らの環境の主人であり、そして自らなそうと決めたことをなすことができる時だけである。この後者の見解においては、ある人間は、他の人びとの意図的な干渉によってばかりでなく、かれらの不作為によっても、あるいは行為に必要な資力や能力を持たないことによっても、さらにはかれ自身の内面的葛藤や欲望の虜になることによってさえも、不自由であるとされるかもしれない」（七頁）。この「非干渉と自治」という区別は明快であろう。ゲームを作るという行為＝プレイは、作成者にとっては積極的自由の行使であり、ゲームを「つくられる側」にとっては、消極的自由の束縛（制限）である。バーリンのような人間（個人）を対象とした自由論を地域にそのまま当てはめられるのかという技術的問題があるが（だが、地域とはある種の人間の集合体だとも言える。地域とはなにかの再定義が、地域の自由論に必要であろう）、数値目標やＫＰＩの要求は、「干渉」と「不自治」であり、地域の消極的自由と積極的自由を束縛しているといえるかもしれない。「地域の自由」を本格的に突きつめると、この消極的自由と積極的自由と地域との関係を考えなければならない。

第五章　無理な町おこしはしなくていい
――ローカルな限定性を生かす

観光は多くの場合、経済を活性化させない。ならば地域は、観光とどう関わればよいのか。その鍵は、観光の価値の多様性と、地域の「ローカルな限定性」を生かすことである。経済の活性化にこだわらないかたちで観光を大切にすれば、結果的に地域は、経済的なメリットを得られる。どういうことなのか、「ローカルな限定性」とはなにか、農業やＩＴ産業などを例にしながら解説していこう。

1　観光地の「もともと」を考えてみる

高等遊民の海水浴

夏目漱石の『こころ』で、「私」と「先生」は鎌倉の海水浴場で出会う。

私は先生の後につづいて海へ飛び込んだ。そうして先生といっしょの方角に泳いで行った。二丁ほど沖へ出ると、先生は後ろを振り返って私に話し掛けた。広い蒼い海の表面に浮いているものは、その近所に私ら二人より外になかった。そうして強い太陽の光が、眼の届く限り水と山とを照らしていた。私は自由と歓喜に充ちた筋肉を動かして海の中で躍り狂った。[1]

海水浴は、日本では比較的新しい遊びである。

ごく一部の地域では「奇習」として知られていたが、一八八二（明治一五）年頃から広まったと考えられている。海水浴はもともと、呼吸器の疾患やリウマチを治療する医療行為だった。それが『こころ』の明治後期になると、健康な人びとや家族連れも海水浴を楽しむようになり、海水浴は医療からレジャーになっていった。[2]海水浴場はみんな、もともと観光地ではない。

『こころ』の鎌倉にはすでに「玉突きだのアイスクリームだのというハイカラなもの」があって観光地化しているが、鎌倉も、もともとは観光地ではない。源頼朝が作った、四方を海と山に囲まれる自然条件を生かした天然の要害、軍事・政治都市である。

東京ディズニーリゾートのある舞浜が、もともとは衰退した漁村だったように、観光地はみな、もともと観光地ではなかった。多くの場合、なんらかの「観光地にならざるを得なかった背景」がある。ならば観光地の「もともと」のすがたを見てみよう。地域が「もともと」のすがたから、そこに住む人びとの、かならずしも希望しないかたちで変貌してきたプロセスは、地域が観光にどう関わればよいかを教えてくれる。

草津温泉で稲作ができるか？

人間にとって最も重要な産業はなんだろうか。

難問だが、生命の維持という意味では、まず観光は外れてしまう。石油採掘や医療産業なども考えられるが、最も重要なのは食糧生産ではないだろうか。人間はなにも食べずには生きられない。その意味で農業は最重要産業といえる。実際に農業は、品種改良や生産の機械化、遺伝子の組み換えといった最先端技術が投入されてきた(3)。

日本の場合、とくに稲作である。モンスーン（季節風）の影響を受けて夏季に太平洋の湿った空気が流れこむ気候が、イネという、単位面積あたりの摂取カロリーが高い、より少ない面積で、より多くの人を「食わす」ことができる、恵まれた作物の栽培を可能にしている。稲作は、品種改良が進んだいまでは北海道ですら盛んだが(4)、もともと寒冷な地域で稲作はできない。

古くからの観光地には、農業に向いていない地域が結構ある。

第三章で紹介した群馬県の草津温泉は、日本を代表する温泉観光地だが、稲作はできただろうか。たぶん、いまならできるだろうが、前近代の時代には難しい。気温も降水量も足らないし、白根山が噴火するので火山灰が積もっており、土地に栄養がない。そもそも山奥にあって交通がきわめて不便であり、冬は雪に覆われる。もともと生活すること自体、かなり厳しい。草津は一八九七（明治三〇）年までは、住民は夏にしか滞在せず、それ以外の時期は山麓の農村におりていって「冬住み」をする、夏だけの季節集落だった。

草津温泉が温泉観光地なのは、もちろんそこに温泉が湧いているからだが、もうひとつ決定的に重要なのは、もともと、農業＝食糧エネルギーの生産が難しかったことである。だから温泉集落としての道を歩まざるを得なかった。

しかしその困難な運命が、逆に観光地としての草津温泉の魅力である、山奥にある非日常性、火山による豊富な温泉湧出、夏と冬の観光地の二面性[5]などを、結果的に生み出している。ときに、地域の「不利」は「有利」と表裏一体である。

化学肥料革命とエネルギー革命が生んだスキー場

もうひとつ、典型的な観光地の「もともと」を見てみよう。スキー場である。

映画『私をスキーに連れてって』(一九八七年)の時代はずいぶん昔のことで、スキー人口もだいぶ減っているが、いまでも日本はスキー大国である。オーストリア＝ハンガリー帝国のレルヒ少佐が一九一一(明治四四)年に新潟県上越市高田で軍人にスキー技術を教えたのを始祖として、日本は世界で最もスキーが盛んな国のひとつになっている[6]。

観光地理学者の呉羽正昭(一九六四―)は、日本の代表的なスキー観光研究者である。彼は群馬県の片品村でのフィールドワークから、同地に多くのスキー場が作られた背景を、化学肥料革命とエネルギー革命に注目して説明している。

日本には戦前からのスキー集落もあるが、片品村のような典型的な地域では、スキー場は一九六〇年代以降に作られていった。スキー集落化の前には、自給的な農業と、集落の周囲にある山地の共有林野――集落の住民が共有して利用できる林野――をつかった製炭業の組みあわせが生業(なりわい)だった。

農業は、稗―大麦―大豆―小麦―粟の三年五作に、わずかな水稲栽培、養蚕および家畜飼養が組み合わされたものであった(中略)。馬は福島県へ通ずる沼田街道における輸送、そして耕地に投入する厩肥の生産のために不可欠なものであった(中略)。こうした家畜の飼料、そして家畜を媒介として作られる厩肥の原料の供給地として、採草地が必要であった。製炭は、大正時代以降、重要な現金収入源になった[7]。

この記述は、日本の典型的な中山間地域の伝統的な農村生活システムの一例を示している。山がちな日本の伝統的な集落では広い農地が確保できない。農業は一般的に小規模で自給的、つまり売るためではなく、自分が食べるためのものだった。農業には肥料が必要で、肥料は厩肥（家畜の糞）から作る。家畜は輸送力としても必要だが、その餌は、共有林野の草である。厩肥はこの草からも作る。また林野の枝をつかって製炭、つまり木炭が作られた。木炭は現金収入源で、自分たちでつかう燃料源でもある。つまりこうした農村の生活は、①共有林野で草や枝をとって、②それらで肥料や木炭を作り、③それをつかって集落内で農業をやって食糧エネルギーを生み出すという、集落と共有林野が結びついたシステムで成立していた。

このシステムは、一九六〇年前後に起きた化学肥料革命とエネルギー革命で根本的に壊滅する。化学肥料があれば厩肥は要らない。よって厩肥を生む家畜も、その餌になる共有林野の草も要らない。そしてエネルギー革命で、主な燃料エネルギー源が石油にシフトした。製炭が成り立たないので、共有林野は木炭の供給源としても不要になる。それでは共有林野と現金収入源をどうするか。

折しも当時は、都市部では高度経済成長で経済力が蓄積し、観光が重要視されはじめた。

片品村の場合、日本労働組合総評議会（総評）が労働者のためのスキー場開設をもちかけるのが端緒になるが[8]、集落の住民はこうした都市（とりわけ東京）の組織や企業と関係しながら、要らなくなった共有林野を切りひらいてスキー場に変えていった。そしてスキー場や、その周囲にできた宿泊施設を、冬の新たな収入源にしたのである。

伝統的な農村の生活システムが急激に、化学肥料革命とエネルギー革命という世界的な構造変化によって崩壊する。こうしたスキー集落は、運命的な変化のなかで「観光地にならざるを得なかった」のである。(9)

圧政に泥炭とウィスキー、農業の衰退とワインツーリズム

海外の例も挙げておこう。

イギリス、スコットランドの名物といえばウィスキーである。マッカラン、グレンフィディック、ボウモアなど数多くの種類や蒸留所があるが、同地のウィスキーは、泥炭（ピート）の香りが特徴である。スコットランドではウィスキーの蒸留所をめぐる「ウィスキー・ツーリズム」も盛んである。

その「もともと」を探ると、一七世紀にたどり着く。イングランドによるスコットランドへの圧政が、スコットランドのウィスキー製造を大きく変えた。観光地理学者の飯塚遼（一九八六―）は、つぎのように解説する。

イングランドの圧政に反発したウィスキー製造家たちは、僻地であるスコットランド北部のハイランドやスペイ川流域の山間部に逃れ、そこで密造を行うようになった。山間部には、モルト（麦芽）の焙燥とウィスキー独特の香りづけに欠かせない上質のピート（泥炭）と、ウィスキーの重要な原料となる清らかな水が豊富にあり、結果としてウィスキーの質が向上した。さらに、イングランドの税吏官の目から逃れることや長期保存を目的としてウィスキーをシェリー酒の樽に貯蔵した。

当時、蒸留したての無色透明の状態で飲まれていたウィスキーは時間を経ることで熟成され、樽の琥珀色や香りがつけ足されることで美味になった。イングランドにおける密造ウィスキーの絶大な人気によって、蒸留所は存続することができた(10)。

製造家たちを僻地に追いやったのは、「圧政」という歴史的な変化である。僻地はもちろん農業に向いていない。あるのは水と泥炭ばかり。

泥炭は「炭」といっても水分が多い土の塊で、そのままでは燃焼しないなど「炭」としてはあまり役に立たない。だがそれが、たまたま独特の香りづけの材料になり、また「圧政」から逃れるため酒を樽に隠したら、結果的に「おいしいウィスキー」と評価され、いまのスコットランドの名物を作り出した。

こうした僻地は一九七〇年代になると、僻地ゆえに、産業構造の変化で経済的に衰退する。他方でウィスキー産業が生きのこり、今日のウィスキー・ツーリズムの舞台になっていく。

また、カナダ南西部、ブリティッシュコロンビア州に位置するバンクーバー島のカウティンバレーは、ワインツーリズムの典型的な地域のひとつである。

同地には一六のワイナリーが立地し、一九八八年から二〇〇八年にかけて、ブドウ園の開園とワイナリーの創業が進んだ。だがほとんどの創業者はブドウ栽培やワイン醸造の経験者ではない。もともとは農業機械の販売などの会社員で、農場を買う資金を貯めてきた。

ワイナリーの創業時期がわりと最近であるように、もともとカウティンバレーはワインツーリズムの観光地ではなかった。もともとは畜産や、野菜・果樹などの一般的な農業が行われてきた。だが大都市から遠く、氷河で侵食された丘陵地だから平地が少ないなど地理的な条件が不利で、農業は衰退していった。

だがワインツーリズムが発達した理由も、やはりその不利性にある。不利ゆえに、会社員たちにも買えるほど土地が安かった。「条件不利地域であるため、他業種からの新規就農者が比較的容易に農場を購入することができた[11]」のである。

イングランド政府の圧政に比べると、工業国における農業の衰退というのは現代的で、先進国では普遍的な背景であろう。どちらも、地域の人びとの努力ではどうにもならない構造変化である。そしてそれが、もともとそこにいた人びとには不本意だったかもしれないが、結果的に地域を観光地化したのである。

地域の魅力は「経路依存」する

世界にはあまたの地域・観光地があって、ここで挙げた数例では到底、そのすべてはわからない。だが、これらの例からは「地域の魅力」とはなんなのかという示唆が得られる。

つまり、かならずしもその地域の「利点」や「有利性」だけが魅力のすべてではない。むしろ「欠点」や「不利性」、歴史の「理不尽」などが重要である。地域の魅力とは、じつのところ、こうした「欠点」「不利性」「理不尽」から生まれる。

これは、ありきたりな指摘に見えるかもしれない。町おこしの議論などでも「地域住民の見落としているものが魅力になる」「逆境をチャンスに変える」などと、よく言われる。

ただ、ここで筆者が言いたいのはべつのことである。

地域の「欠点」や「不利性」や、歴史の「理不尽」が地域の魅力になっているのは、たぶん、多くは結果論である。

観光地の「もともと」をさかのぼって見えてくるのは、地域をめぐる予測不可能性や、不確実性である。過去に地域の人びとが、土地の「欠点」「不利性」「理不尽」のなかで暗中模索しているうちに、みずからが意図や希望したかにかかわらず、いつのまにか「観光地」になっていて、それを地域の人びとが引きついできたというのが、多くの場合の実際ではないだろうか。

進化経済学に「経路依存性」という概念がある。

もともと、タイプライターの故障を防ぐためにタイピングが「遅く」なるように設計された、キーボードのQWERTY配列がいまでもデファクトスタンダードであるように、経済主体の選択はかならずしも合理的とは限らず、いまできる選択は、過去の（いまから見ればベストではない）選択や習慣、規範によって束縛されている。(12)

だから、いかに、よその地域や海外に「先進例」や「成功例」があっても、それをそのまま導入するのは、地域が過去の選択や状況に経路依存している以上、不可能なのである。地域の未来は、災害や政変、経済危機やイノベーションといった外生的な変化のなかで、そのときどきの、ある意味では場当たり的な実践の連続でしか作れない。「欠点」を魅力に変えるのは、結果論として言うのは簡単でも、あらかじめ計画し、計算してやるのは、かなりの無理がある。だからこそ、観光による活性化やまちづくりには、最適解がありえないのである。

「良い日常から良い都市が生まれる」

地域の未来は過去によって束縛されているが、未来は未来で、基本的に見通せない。それならば結局、地域を経済的に維持・発展させるにはどうすればいいのか。

近年の都市地理学では、観光とおなじように、都市の再生方策が問題になっている。とくに地方都市では、人口減少や経済構造の変化などで「空き不動産」が増えている。都市地理学者の武者忠彦（一九七五―）は、その状況の改善には認識の転換が必要だとして、観光にもつながる、興味深い議論を展開している。

（筆者注：かつての）都市化社会の時代には、都市をいくつかの変数で構成されるシステムとして認識し、システムの動態を予測するモデルによって都市を制御するという工学的な思考が広く浸透していたように思われる。すなわち、それは工学的に正しいとされる機能、デザイン、制度などを「入力」すれば、快適で賑わいのある都市が「出力」されるという法則を前提にする考え方であり、「良い計画が良い都市を生む」という認識であった。[13]

それは、社会全体であらかじめ共有された都市像を具現化するための計画や事業、それを執行する行政組織などによって、快適で利便性の高い都市が生まれるという単線的な因果関係であった。[14]

こうした工学的な認識論は、「中央政府がルールや補助金メニューを標準化して整備し、地方自治体がそれにもとづいて全国で画一的に事業を展開する」[15]方法と親和的だった。それゆえ中心市街地の活性化のために、これまでさまざまな再生計画が「入力」されてきたが、空き不動産の増加がとどまらないなど、「出力」されたのは多くの場合、衰退を止められない都市であった。

そのため、彼は今後、逆の見方も必要だという。つまり「前提となる望ましい都市像は存在しない」という出発点から、個々の主体による「さまざまな実践によって漸進的に都市が変化し、徐々に目指すべき将来像が共有されていく」[16]という認識である。彼はこれを工学的な認識論と対比して、「人文学的アーバニズム」と呼ぶ。

この考え方が前提とするのは、やはり、未来の予測不可能性である。予測可能性を前提とした「計画」だけでは、都市は再生できない。

むしろ不可能性のなかで、地域の人びとが模索することで「事後的にエリア全体の個性が形成されていく」[17]のが、「良い都市」の生まれ方として現実的である。だから、将来に向けた、すぐれた「計画」を立てるというより、地域の人びとの「実践」や「模索」の意義を再評価することが、都市再生の方策になる。言いかえればそれは、「良い計画が良い都市を生む」ではなく、「良い日常から（意図せざる結果として）が良い都市が生まれる」[18]という認識論である。

地域の魅力は「欠点」と「不利性」と「理不尽」――ではどうする？

本書は都市研究を行っているわけではない。だがこの都市再生の認識論は、観光や地域一般の活性化を考えるにも有益だと思われる。

すなわち、ポイントは「計画」や「デザイン」ではなく、不確実性（未来の予測不可能性）を前提とした、ときには「場当たり的」とすら批判されうる、地域の人びとの「模索」を、地域再生の方法として位置づけたことである。それはかならずしも計画的ではないし、「上から」言われたとおりの作業プログラムを実施する、官僚的な対応でもない。地域の人びとの日常のなかにある「自由な実践」の繰りかえしである。それは第四章で論じた、他律的な「ゲーム」ではない、自由な「プレイ」の姿といえる。

地域の未来は、つねに過去に経路依存し、将来予測は基本的にできない。地域の魅力は「欠点」「不利性」「理不尽」のなかでの、人びとの模索のなかから結果的に生まれる。だから、地域の再生や活性化に必要なのは、すぐれた計画ではなく、人びとの「自由な実践」である。

それなら、こうした「自由な実践」は地域にどのようなメリットをもたらし、いかに経済を活性化させるのか。

余暇活動である観光は、本質的に「自由な実践」である。筆者には、観光の「自由の実践」という価値を生かせば、地域の経済を間接的に支援できると思われる。やや抽象的な説明だが、現実にそうした例は結構ある。いくつか挙げておきたい。

そのためにまず、観光という概念をあらためて確認しておこう。観光はあいまいな概念なので、それが結果的に、最もわかりやすい「観光消費による経済の活性化」以外の価値を、見えにくくもしている。だから、観光が持っている「自由な実践」としての価値を、理論的にはっきりさせておく。

2　あらためて、観光とはなにか?

すごい料理とバーベキューの本質、ディオールの新作

デンマークのコペンハーゲン近郊に、ｎｏｍａ（ノーマ）という、なんというか、すごいレストランがある。フードエッセイストの平野紗季子（一九九一―）が、いきいきと、その「すごさ」を記している。

生のじゃがいもに変なネギが刺さった不完全なゆるキャラみたいなそれは、右手に持ってネギを吸えば中身が飲める北欧風ココナッツジュースとのことで、そのようにしてみたら胃袋に中身が届く前に脳が痺れた。「こんな二〇年生きてきて初めて食べたわ」。過去と比べようもない既視感ゼロの純粋体験。私の人生におけるまったくの例外がそこにあった。料理は二〇皿。半分は手で食べる。花瓶から生えた野菜を食べる。バッタのピュレと酸葉とハーブのアイスを食べる。セロリと海藻のジュースを飲む。私は野生児。樹液や木の粉、何でも食べる（中略）。料理は殺気に満ちていた。[19]

コペンハーゲンまでの航空券とホテルを確保して、一食およそ五万円のコースで出てきたのは[20]「木の粉」である。かなりの異文化体験であろう。彼女はその体験を「私はいつまでもこのたったの一食を忘れないと思うし、同じ興奮は二度と味わえないだろうと思う」[21]と総括している。

ｎｏｍａシェフのレネ・レゼピ（一九七七―）はかなりの有名人だが、彼は世界中を旅することで――観光を通して――、木の粉とかバッタのピュレといった、地元の食材をつかった革新的な（革新的すぎる）調理や演出を考案している。彼は日本で「ｎｏｍａ東京」を期間限定でオープンしたときにも、観光（旅）の重要性を語っている。[22]

まず、青森から沖縄の石垣島まで、日本列島縦断で食材探しの旅をして、研究を重ねてきました（中略）。それらが私の中に積み重なって、表現されたのが今回の「ｎｏｍａ東京」の料理です。日本に来ることは、私にとっては月に行く感じでした。すべてが違う。例えば、かぶ一つ、いちご一つ買うのでも、デンマークならマーケットでお金を払いさえすればいい。でも日本では、生産者のところで毎日毎日、かぶのみそ汁を飲んで関係をつくることから始めなければなりませんでした。いちごを買う時には、おもちを食べながら七時間かけて交渉。生産者との関係をつくることから始めることが大切だということを学びました。(23)

レゼピの僚友で、韓国系アメリカ人の料理家、デイビッド・チャン（一九七七―）は、ネットフリックスの番組「アグリー・デリシャス」で、「おいしいバーベキューとはなにか」を考えるために、アメリカのさまざまな地域のバーベキューを味わうだけでなく、韓国焼肉店や北京ダック店にまで足を運ぶ。彼はいろいろ食べまくったあと、東京の焼き鳥屋（武蔵小山の「まさ吉」）を訪れ、バーベキューのひとつの到達点として、その味に感激する。焼き鳥もバーベキュー。いろいろ足を運びまわって得た、彼なりの自由な理解である。

服飾デザイナーのラフ・シモンズ（一九六八―）は、よく美術館に通っている。彼はディオールのディレクターとして新作の考案に悩んでいたとき、パリの近現代美術館「ポンピドゥー・センター」を訪れ、そこで展示されていた絵画から着想した衣装を作り、ファッションショーで称賛された。(24)

「観光っていったいなんなの？」問題

彼女ら彼らがやっていることは、なんだろうか。経済学的に、あるいは観光政策論的に言えば、「消費行動」や「観光消費」である。

だが、そこにはどういう精神的な含意があるか。

一連の行為は、いわば異文化体験としての観光である。異質な空間における、異質な「なにか」との出会いによる、みずからの変質という現象である。彼女ら彼らは、その行為の過程で、みずからの世界の殻を破り、あるいは世界観を崩壊させる。そしてみずからを、その非日常体験によって変質させる。変質した自分が、新しいモノや価値観を作って、広めている。

観光とはある意味、こうした「自由な実践」による自己変質の連鎖である。

江戸時代の参勤交代や、伊勢参りなどの聖地巡礼がそうであるように、異質な空間への人間の移動は、そこでの異質な体験をきっかけに、本人の人間性を変質させる。そして、人間を媒介として、地域どうしのモノ・カネ、文化や思想の流通を促進する。

たとえば昨今、ヨーロッパではキリスト教の聖地巡礼が人気を集めている。それは、歴史学の巡礼研究では「生産と労働、成長と発展、最大利潤を基調としたヨーロッパ近代の伝統的価値観の動揺」のなかでの、「ヨーロッパ近代の価値観と異なる、新たな価値観の模索」[25]だと考えられている。つまり巡礼者は、その異質な経験を通して、日常生活への疑問などを背景に、みずからの価値観を変質させたいのである。そして巡礼を経験した観光者は、もといた地域に戻るとき、変質化した価値観も一緒に持ち還る。

本質的に人間の自由移動である観光もまた、変質していく人間を媒介にして、貨幣や商品、人間の思想や価値観の流通と交換を促進する。世界は観光によって「ごちゃまぜ」になり、少しずつ変わっていく。もし、本人がなにも変質しないなら、それは観光ではなく移動である。

こうした、ややぼんやりとして、理論的で抽象的な観光のとらえ方は、当然ながら、観光ビジネスの世界ではあまりされない。

それなら、観光とは結局なんなのか。

この問題は、観光研究者たちの永遠のテーマである。いまのところ、完璧な定義はない。たとえば「観光立国推進基本法」にすら、観光の定義はない。観光の活性化が「目的」なのか「手段」なのかもわからない。観光概念のあいまいさや複雑さは、観光をめぐる混迷の一因である。

そんななか、二〇一九年に刊行された『観光の辞典』は一九九項目にわたる「観光に関する日本で最初の大型の『辞典』である[26]」。これによれば、観光やツーリズムの本質は「知りたいという願望や欲求のなかから醸成された[27]」とされ、つぎのように、観光の定義が試みられる。

> 観光とは国内国外を問わずに人々が報酬を得ることを目的としないで一時的には居住地を離れるが、そこに戻ることを前提として、ある期間のなかで行う行動／活動である。また、それによって惹起される文化的事象の総体である。[28]

この定義は、なかなか手堅い。一般的に「観光」とされる行為や現象を、堅実にまとめあげている。ただ、これは観光とはどういう行為なのかという「行為のかたち」に注目した定義でもある。そのため「自由な実践」や「自己変質」のような、観光消費の「裏面」にある精神的な側面はあまり重視されない。だから、この定義を踏まえた上で、さらに観光の精神的な側面を考えてみよう。ここでは観光の価値の多様性の参考になる、ふたつの議論を参照する。

観光の「割り切れなさ」と「還流性」

観光という現象が起きるのは、損得勘定の利害意識があるためである。おもしろそうな場所がある。おいしいものが食べられる。会いたい人がいる。こうした「知りたいという願望や欲求のなかから醸成された」利害損得の意識が、観光を成立させる。

そして同時に、観光（あるいは旅）には、利害損得では「割り切れない」側面もある。社会学者の米田和史（一九五〇―）はそれについて、論文「社交と観光」で、興味深い指摘をしている。

「人生は旅である」というとき、利害損得に関係する商品交換という世界とは異なる世界が存在することが想起される。それは「割り切れない」という意識にもとづく世界でもある。他者に依存しつつも、他者とはことなる自分自身の人生を構築していきたいという思いである。それを余暇という言葉で表現することもできよう。余暇は損得だけで人生を割り切って生きることができるのかに対する問いかけでもある。割り切れない世界がたえず存在することを意味する。人生は生と死の狭間を生きる過程である。その過程では利害損得関係と併存するもうひとつの世界がある。人はその二つの世界を渡り合いながら生きている。(29)

観光が成立するには、他者が必要である。だれにも会わない一人旅でも、行く先々ですれ違い、目にする人びとがいる。観光は他者との交流である。

だがどれだけ観光して、非日常の空間で他者と交流しても、所詮、他者の人生は歩めない。どんなに感動的な観光を体験して人生観が一八〇度変わっても、自分以外の人間には変われない。だが、そうした体験を通して、自分は自分なりに、少しずつ変わってもいく。

だから観光は、自分は自分の変質形にしかなれない（しかし、変質形にはなれる）という、人生の限界と可能性を示している。[30]それは「損得」がどうこうのレベルを超えた話である。損だろうが得だろうが、他者にはなれない。だから観光は異質な空間を経験しながら行う、他者との関わりによる、人生の、損得だけでは割り切れない側面としての、自己変質の行為でもある。——ユニークだが説得力のある観光論である。

ただ、これは人生そのものがそういうものだとも思われる。[31]観光に限らず、人生そのものが利害損得と、それだけで割り切れない自己変質を抱えている。だからこれを、観光により限定して考えるとなにが重要になるか。

観光の空間性を考えると、観光する者は、自分が足を踏み入れた異質な非日常空間から、いつかは日常空間へと「還ってくる」。自己変質が、死に向かって時間を不可逆的に進む「人生」ではなく、空間を循環する「観光」において重要になるのは、ひとつはこの、観光の「還流性」にある。

哲学者の東浩紀（一九七一—）はそれに関して、「観光客」を「他者」と比較する。いわく、いわゆる人文系の「リベラル知識人」たちは「他者を大事にしろ」と訴えつづけてきたが、現実には排外主義の台頭など「人々は世界中で『他者とつきあうのは疲れた』と叫び始めている」。[32]だから彼は「他者」ではない存在としての、「観光客」を中心におく哲学を構想する。

「観光客」と「他者」の対比は興味深い。「他者とつきあうのは疲れた」のは、「他者」がいつまでも自分のそばにいる（気がする）ので、不安で不快だからである。だが「観光客」はいつか帰っていく。[33]観光地から見て「帰っていく」観光客は、それを送り出した地域の側では「還ってくる」存在である。

る。

観光の還流性は、さきの『観光の辞典』の定義でも「一時的には居住地を離れるが、そこに戻ることを前提として」と、はっきり含まれている。還流性は、変質性とともに、観光の重要な要素をなしている。「観光客」と「他者」の違いは、還流性の有無にある。

観光は「地域のパラダイム」を再構築する

観光は、所詮はほかのだれにもなれない人間が、どこかに行って本人の変質形になって、還ってくる現象である。観光の特徴は「知りたいという願望や欲求」に基づく、空間をまたいだ変質性と還流性にある。

一般的に観光の活性化の議論は、観光を「人がやってくる現象」としてとらえる。その場合、観光地は「人がやってくる場所」である。だから序章で見てきたように、観光政策論や活性化論では「いかに人がやってくる場所にするか」が議論される。

だが、前衛的なシェフが旅先での経験から北欧料理に「バッタのピュレ」を持ちこむように、観光する人間は、異質な空間での異質な体験から、ときに異質な文化や価値観、知識や人間関係などを、自身の持ちものとして、かつて自分がいた地域に持ち還る。「還ってこられる側」の地域にとって、こうした人間は異物である。観光は地域に、異物という楔を打ちこむ。

すなわち、「観光したあと」まで視野に入れると、観光はその変質性と還流性によって、観光者の日常空間にも影響を与えている。――観光の議論はしばしば観光地など非日常空間に注目するが、観光は非日常空間がすべてではない。

もう少し理論的に具体化してもよいだろうか。

もともと、あまねく人は、自分が知っている地域に対してイメージを持っている。ロンドンは伝統的な都市、富士山は高い山、渋谷は若者の街、日立は企業城下町。

地域に足を運ぶ観光は、その地域での体験を通して、地域へのイメージを作ったり強化したり、あるいはイメージを変質していく。たとえば、行ってみたらイマイチだった、無名だけどこんな素晴らしいものを見つけた、この地域はみんなで守らなければならない——。

さらには、観光した先での交流で生まれた人間関係や、そこで得た価値観、物理的な資源（ピュレにできるバッタとか）があれば、観光した人間にとって、その地域は「それらをつかえる地域」として意味づけられる。イメージも、理論的にはおなじである。そこに行けば、こういうイメージ通りの体験ができる、ホテルやアトラクションなど、自分が楽しむ資源をつかえるという、地域の意味づけである。

これらはすなわち、私たちにとってその地域はなんなのか、私たちはその地域と関わって、なにができるのか、なにが得られるのかという、「地域のパラダイム」である。

観光は、みずからの「自由な実践」を通して、それぞれの人間が、それぞれの地域のパラダイムを作り、変質させ、それを持参して還っていく、地域のパラダイムの（再）構築といえる。観光の変質性と還流性に注目し、観光を「人間がどこかに行き、変質して還ってくる現象」ととらえて見えてくるのは、地域が人間によって結びつけられ、秩序がごちゃまぜになり、地域やそこにいる人びとが変わっていく、観光のダイナミクスである。

このように観光を考えると、観光のどういうメリットが見えてくるのか。いくつかの事例を参照してみよう。

3　むしろ観光がＩＴビジネスを支える

農村を守るための観光

農業の衰退は先進各国の共通課題である。日本も例外ではない。農業が衰退すれば、それを生業にする農村社会や、そこに受け継がれる伝統文化も衰退する。農業の衰退は重要問題である。

農村地理学者の大橋めぐみ（一九七五―）は「ルーラルツーリズム」に注目して、日本の条件不利農村の維持可能性を論じている。

ルーラル（rural）とは辺境や田舎といった意味だが、ルーラルツーリズムは、農山漁村における、その地域の資源を活用し、地域の環境や暮らしや文化を体験として提供する。そうした農山村に特有の生態環境や社会・文化を「ルーラルアメニティ」と呼ぶ。

日本の条件不利地域の農村においてルーラルツーリズムが広がることには、単に観光消費を得る以上に、農村のルーラルアメニティを維持する政策的な価値があると考えられている。

ルーラルツーリズムが、従来の観光開発のように環境破壊的でなく、より積極的には、ルーラルアメニティの保全に寄与するという点を強調すれば、ツーリズムへの国民の支持が得られやすい。それに加えて、中山間地域への直接支払政策などが導入される中で、ルーラルツーリズムに対する国民の需要があり、その支持が得られるのであれば、農山村への公的な支出に対する重要な根拠ともなり得るのである。[34]

ここでは、単純な観光客の誘致や観光消費の促進を超えた、高度な議論がなされている。世界的にも国内的にも環境保全が重要な政策課題になっている今日、自然環境が豊富に残っているのは農村、しかも経済的に条件の不利な中山間地域である。こうした地域では、もはや政府の補助金なしでは農業をつづけられない。

しかし、もし大規模なテーマパークやホテルの開発ではなく、その地域の伝統的な資源——伝統文化、自然環境、生業などのルーラルアメニティ——を持続的に活用した観光が成立すれば、観光は農村の保全に役立てられる。とくに、多くの国民がルーラルツーリズムによって農村生活を体験して、農村やその自然環境の「守るべき価値」を知れば、農山村への公的支出——農家の生活保障のための補助金——への、国民からの支持も得られる。

べつの言い方をすると、環境や農村文化の保全のために税金を投入していくには、農村の環境や文化の価値を国民に広く理解される必要がある。国民の理解を得られないまま公的支出を広げるのは「農家の特別扱い」といった批判を招くので、政治的に危険である。

他方で、地方圏や農村部の人口減少で、より多くの国民が都市部で暮らすようになったいま、日常生活だけでは農村の価値は理解されにくい。だから非日常での体験が必要である。こうした状況でルーラルツーリズムは、農村の価値の理解促進と、それによる農山村への公的支出をつづけるための、政治的に有効な手段と考えられている。

彼女の研究では、長野県栄村の秋山郷を事例として、自給的農業と民宿経営と建設業の兼業で、小規模かつ低コストで、持続的に（古いものは戦前から、多くは一九六〇年代以降から）ルーラルツーリズムが提供されているとわかっている（写真5-1）。そのなかでは中学生の農村体験や耕作放棄地の復活、マ

写真５－１　秋山郷の集落．長野県北部，中津川渓谷沿いの山間地域に点在する．
（出所）　津南町観光協会提供

タギや渓流釣りや木工といった伝統文化の継承など、農村文化の保全が行われている。

もっとも、秋山郷でも課題はいろいろあって、地域で一丸になってさらなる活性化をめざす若手世帯と、協力意識の低い高齢世帯の対立があったり、そもそも家計が、自然破壊的な公共事業に依存している矛盾などが明らかにされている。

ただ、ここで強調したいのは、観光を農村政策に導入して地域保全をめざそうという、観光をとりいれた政策スキームの成立可能性である。だからこれは、観光客を呼んで消費させれば農家の家計の足しになるとか、観光農園に訪日外国人を集めて消費させようといった単純な活性化論とは、まったく次元の違う議論である。[35]

国際政治の「正義」のための観光

こうした観光の政治的な活用は、国際政治においても注目されている。農村政策を専門とする農業地理学者の市川康夫（一九八四―）は、現代先進国の農村の維持可能性について、フランス山村地域を事例として実証的に分析している。ヨーロッパを中心に、先進国の農村をめぐる状況は不条理に満ちている。経済のグローバル化で世界各地の農村が競争関係に入りつつあるなか、人件費などで高コストな先進国の農業は、もはや「自助努力」だけでは成立しにくくなっている。つまり、安い輸入品に勝てない。日本も含め、先進国の農業や農村はすでに「安価な輸入農産品に対抗するためには、政策による農家や農産物に対する補助金制度が必要不可欠」という状況にある。[36]ルーラルツーリズムのように、農村保全に向けた公的支出のために観光も注目される一因もここにある。

しかしながら、ここにはグローバルな矛盾がある。国どうしの自由競争が広がるなかで、先進各国が経済力を盾に補助金（公的支出）で自国の農業を保護するのは、せっかく安く大量生産できる新興国や途上国の競争力を不当に削ぎ、平等な経済成長のチャンスを挫くことになる。だから、すでに一九九〇年代以降、WTO（世界貿易機関）などでの国際的な貿易交渉を通して、農業補助金の削減は義務化すらされており、農業への公的支出による単純な農村保全は難しくなっている。

だが、これに先進各国は政治力で対抗する。農業補助金は、農業のために支払うのではないという「正義」を作るのである。「農業の多面的機能」や「多機能レジーム」と呼ばれるやり方である。

自由貿易に基づく国際ルールに抵触することを回避するために登場したのが「農業の多面的機能（multifunctional agriculture）」を利用した「多機能レジーム（multifunctional agriculture regime）」である。これを簡潔に説明すると、先進諸国が自国農業の保護を目的に、「農業の多面的機能（観光・景観美・国土保全）」を盾に補助金を支払うための政治的な戦略体制が「多機能レジーム」ということである。[37]

つまりルーラルツーリズムの例でも指摘したように、国民の多くが都市に住んでいる先進国の場合、農業が行われる農村は、非日常の空間、つまり観光の対象である。また農村には都市と違って豊かな自然や伝統的な文化が残っている。だから「経済活動としての農業」に補助金を出すのではなく、観光などの「多面的な機能をもつ農業」や、それが行われる農村の維持に補助金を出すというロジックにすれば、実質的に自国農業を保護する補助金が作れる。観光はこうした、国際政治における政治的な「正義」を生み出すのに利用されている。

フランスの農山村ではこうしたEUとフランスの「多機能レジーム」によって作られた補助金によって、原産地呼称（ＡＯＣ）[38]を取得しているレンズ豆や牛肉、有機農産物などの高付加価値化が進んでいるほか、農村が移住や観光の対象になっている。こうした包括的な農村保全の政策的枠組みによって、観光が間接的に、農業や農村を支えているのである。

「多機能レジーム」には、自国の農村を補助金と引きかえに公共性の正義のもとで監視下におき、農家に数多くの書類作成を課すなど、新自由主義的なさまざまな矛盾があるとされる。新興国に不利益を押しつけている恐れもある。それらは本書では第四章で論じた「数によるガバナンス」の問題でもある。ただここで重要なのは、その考え方である。

すなわちこうした考え方は、単純に観光客数や観光消費額を増やそうとする観光の活性化論や町おこし論では、一般的に埒外である。「多機能レジーム」のような政治的に戦略的な観光の活用は、「観光の活性化」だけに注目していると見えにくい、観光の重要な価値である。

本書の言葉でいえば、これら秋山郷やフランス農山村の例で起きているのは、都市住民を本人たちなりの「自由な実践」として農村で観光させることで、都市住民の農村に対する「地域のパラダイム」を再構築させる作業といえる。

すなわち観光は、農村という地域を「食糧生産のための空間」から「守るべき自然環境や伝統文化がある空間」として、都市住民の、農村に対するパラダイムを作り変えさせている。そのパラダイムを、観光した人びとに都市へ持ち還らせることで、農村保全のための公的支出を可能にする国内世論や、国際政治の正義を醸成しているのである。

「観光」が台湾のＩＴビジネスを発達させた

観光客の個人消費による経済の活性化ではなく、観光で間接的に地域の個性を生かせるという意味で、「多機能レジーム」は示唆に富んでいる。では農業や農村だけでなく、べつのビジネスや都市はどうか。

不確実性の高い現代社会の都市において、ビジネスの発展に必要なのは、斬新な発想や革新的な技術、異業種の融合などをもたらす、自由や多様性の尊重である。直接的な観光消費ではなく、多様で異質な人びとを結びつける観光の特性を生かすことは、間接的に、地域の産業を発達させる、地域の自由と多様性の尊重につながる。(39)

たとえば、アメリカの経済地理学者ユウコ・アオヤマは、いくつかの統計分析から、起業活動――アントレプレナーシップ（entrepreneurship）――が盛んなのは、商習慣が閉鎖的な地域よりも、「よそ者」（outsider）に開放的な地域文化（regional culture）のある地域だと指摘している。(40)

固定的で同質的な地域では、革新的な事業は生まれにくい。必要なのは動的で多様性のある地域を作ることである。さまざまなかたちでの人の移動が活発で、そうした人びとを受け入れやすい都市は、多様性に富み、革新性を生み出しやすいと考えられている。

具体的に、アメリカと日本の例を見てみよう。サンフランシスコ・ベイエリア南部のシリコンバレーは、数多くのＩＴ企業が生まれて成長した、革新的な地域だった。

経済地理学者のアナリー・サクセニアン（一九五四―）は、シリコンバレー地域の先駆的な研究者として知られており、アオヤマも彼女を参照している。サクセニアンによれば、同地の革新性の源泉は、挑戦と失敗を肯定的にとらえて自由を尊重する価値観が、地域で共有されていることである。

彼女の研究でおもしろいのは、その「自由を尊重する価値観」が、海を渡って台湾にも伝播したという指摘である。

台湾もＩＴビジネスが盛んだが、そのリーダーのひとりはロナルド・チュワンである。サクセニアンによれば、彼は台湾のＡｃｅｒ（エイサー）のＣＥＯと協力して、台湾に、アメリカの起業家や投資家、顧客のネットワークを持ちこみ、台湾のＩＴビジネスを牽引していった。

一九八〇年代初頭、シリコンバレーからの帰国者たちが、台湾やイスラエルに、リスクの高いベンチャー企業に投資をするモデルを持ち込んだ。母国に帰ったこれらの投資家たちは、成功に欠かせない資本や文化・言語面のノウハウを、自国市場にもたらした。また彼らには、技術や経営の経験もあり、ビジネスモデルの知識もあれば、米国における提携先へのコネもあった。[41]

もちろん、これは純粋な観光ではない。「移民」や「ビジネス出張」、もしくは「留学」などと呼ばれることもあろう。だが、それらの概念だけでも、この現象の意義は説明できない。

ここでのポイントは、空間を超えて移動した人間が、ある地域からある地域へと、新しい価値観や知識、ネットワークなどを持って還っていることである。それは旅先で新たな食材のつかいかたを見つけてデンマークに持ち還る前衛シェフや、美術館でのアート鑑賞から新作の着想を得る服飾デザイナーの類例である。

チュワンをはじめとした台湾の技術者たちは、シリコンバレーという異質な空間に渡って、さまざまな異質な体験をすることで、同地で「資本や文化・言語面のノウハウ」や「提携先へのコネ」を獲得し、台湾に還って持ちこんだのである。彼やその周囲の人びとにとってこのプロセスは、シリコンバレーという地域を、台湾と連携してＩＴビジネスを進める資源が存在する場所とみなす、「地域のパラダイム」の再構築である。

つまり、観光の還流性があるから、シリコンバレーから台湾へと、価値観や知識などが行きわたっていく。もし、台湾からシリコンバレーへの一方的な「移民」なら、それらの資源はかならずしも還ってこない。また「ビジネス出張」なら、異質な他者に出会うとは限らないし、台湾で同胞たちに「投資をするモデル」などを共有する意味もない。むしろ企業秘密として秘匿されるであろう。

だから、重要なのは「知りたいという願望や欲求」に基づく、「自由な実践」の結果としての変質性と還流性なのである。その意味で、台湾でＩＴビジネスが発達した一因は、シリコンバレーと行き来する「観光」にある。

観光がＩＴビジネスの発達する地域を作る

おなじような構図は、日本でも見られる。

日本でＩＴビジネスの集積地といえば東京であろう。かつて「ビットバレー」と呼ばれた渋谷を中心に、数多くの企業が集まっている。渋谷などに集まる理由は、サクセニアンも言うような自由な「場所

の空気」があって、それが優れた人材や企業を惹きつける、地域の魅力になっているとされる。(42)

ＩＴビジネスの技術者たちにとってこの業界は、変化が速く、実力主義的である。自分の能力を磨いてキャリアアップをめざしたり、またプログラミング自体を仕事というより趣味（というかライフワーク）として楽しむ人も多い。こうしたことから、技術者のなかには、自分が働く会社を超えて、自由に「勉強会」や「技術者会議」といった会合を開いたり、いろいろな地域の会合に足を運んでコミュニティを作っていく者がいる。

ＩＴ企業も技術者も多い東京は、こうした活動が活発である。有名な活動例として、「ＹＡＰＣ：Ｊａｐａｎ」や「ＲｕｂｙＫａ・ｉｇｉ」といった、技術者たちが自発的に開催している国際的な技術者会議がある。これは技術者たちがボランティアで運営しており、わざわざ地方や海外からくる者も少なくない。(43)

この人びとは会合で、最新の技術的知見に関する発表スピーチを聞いたり、ふだんは会えない技術者に出会って人的ネットワークを作り、ビジネス的ではないリラックスした会話を通して、さまざまな情報や知識を仕入れていく。たとえば左は、筆者が会合でのフィールドワークで出会った、実際の参加者の発言である。(44)

ここで得た知見を社内のチーム四、五人で共有して、仕事で試す。その結果をフィードバックして会社全体で共有するという制度が社内にある。

（今日きたのは）採用とエンジェル（個人投資家）の獲得を目的にしている。

おもな目的はリクルーティング。いい人材を探すのは難しいので、できれば特定の人をねらって採用していきたい。そのためにはコミュニティを通して採用するのがいい。

こうした発言が意味しているのは、ここにくれば知見（知識）や投資家、「いい人材」といった、社内に存在しない経営資源を得られるという期待である。地方の企業もこうした期待を持って、人びとに出会うためにやってくる。左は福岡の企業の経営者の声である。

社員から、東京の会合に出て刺激を受けてモチベーションを高めて、そこで得た知見を業務で応用したいという声が寄せられる。そういう声があるから社員に参加を奨励することにした。自分もシリコンバレーでの経験からコミュニティの重要性を感じている。

ＩＴビジネスは変化が速いので、企業にとっては、ビジネスに必要な知識や人材を、すぐに獲得できるとも、いつでも社内にあるとも限らない。だからそれらの資源を社外で簡単に確保できると経営的に有利である。こうした会合やコミュニティは、企業にとって、東京という地域で共通してつかえる、経営資源の「共有プール」なのである。このプールをつかえることが、東京でＩＴビジネスが発達するひとつの要因である。第二章で解説した、経済地理学における「集積の外部経済」の効果の一例である。

地方都市でも、こうしたケースはある。島根県と松江市は、政策的にＩＴビジネスの活性化をめざしてきた[45][46]。同地の行政は、地域内外の技術者たちが自由に作るローカルなコミュニティを育てて、東京や海外のコミュニティの会合へ、地域の技術者の参加を後押ししている。またこうした会合を島根県内でも開いて、地域に国内外の優秀な技術者を来訪させ、地域の技術者ネットワークに組みこませてきた。島根や松江のような地方都市では、地域単独では、ITビジネスの発達に必要な高度な知識や人材を賄うのは簡単ではない。だが技術者たちの「知りたいという願望や欲求」に基づく移動を尊重して、地域どうしを結びつけることで、地域になかった知識や人材といった資源を、東京や海外から持ちこんでいるのである。[47]結果的にITビジネスの従業者数や企業数は増加傾向である。

観光が作る「弱い紐帯の強さ」

ここでは、東京の技術者たちや、島根県や松江市の行政を称賛したいわけではない。また、ITビジネスだけの話をしたいわけでもない。

ポイントは、東京や島根の例も、シリコンバレーや台湾とおなじように、「知りたいという願望や欲求」に基づく「自由な実践」として、観光の変質性と還流性が、地域を経済的に発展させているという理解の仕方である。

すなわち、技術者たちの会合にやってくる人びとは、会合への参加を通して、それが存在する地域――ここでは東京や松江――を、「共有プール」がつかえる場所として意味づけている。そして参加者たちは、それぞれの働く場所や地域に、「共有プール」で得た知識やネットワークなどの資源を持って、還っていくのである。

ITビジネスは変化が速く、新しい知識の獲得や、斬新な発想、業界の動向の理解、それらを共有する、企業の枠を超えた技術者どうしのネットワーク化が、発展の重要な要素となる。それはITビジネスの特性であると同時に、ITビジネスが象徴的に示す、知識経済化する現代のビジネスそのものの特性でもある。地域がそうした資源を単独で得るのは難しい。だから現代のビジネスでは、地域を超えて、異質な空間にいる異質な他者たちと、自由に関わりあう方法を考えることが必要になっている。

それは社会学者のマーク・グラノベッター（一九四三―）が指摘した、かならずしも親密ではない人物から重要な情報が得られるという、いわゆる「弱い紐帯の強さ」(Strength of weak ties) を生かすことでもある。地理学的にいえば、空間を超える「弱い紐帯」を作り、活用し、地域に価値を生み出すのである。

人びとの「知りたいという願望や欲求」に基づく変質性と還流性という、「自由な実践」としての観光が特徴的に持っている価値を生かすことには、結果として地域に、空間を超えた「弱い紐帯の強さ」をもたらす経済的なメリットがある。

観光がＩＴビジネスや製造業を発達させる

こうした観光の価値について、ほかの現象と比べながらもう少し具体化しておこう。

観光の世界では昨今、「ＭＩＣＥ」（マイス）が注目されている。研修旅行や、国際会議、展示会や見本市といったビジネスイベントの総称である。[48] ＭＩＣＥは純粋な観光ではないが、日本政府は観光の新たな成長分野として誘致に力を入れている。観光庁はＭＩＣＥの意義を表５‐１のように説明する。

ＭＩＣＥの誘致は、観光の活性化で観光消費額を増やそうという単純な活性化論に比べれば見るべき点はある。[49] ただ、ＭＩＣＥ誘致策の対象は「観光」というより「出張」である。

出張は一般に、とくに労働者にとっては、他人に言われて、他人のためにやるもので、他律的に束縛された行為である。それに対して観光は、自分がやりたいから、自分のためにやるもので、本人なりに

表5－1　MICEの意義（観光庁）

①ビジネス・イノベーションの機会の創造
MICE開催を通じて世界から企業や学会の主要メンバーが我が国に集うことは、我が国の関係者と海外の関係者のネットワークを構築し、新しいビジネスやイノベーションの機会を呼び込むことにつながります。
②地域への経済効果
MICE開催を通じた主催者、参加者、出展者等の消費支出や関連の事業支出はMICE開催地域を中心に大きな経済波及効果を生み出します。
③国・都市の競争力向上
国際会議等のMICE開催を通じた国際・国内相互の人や情報の流通、ネットワークの構築、集客力などはビジネスや研究環境の向上につながり、都市の競争力、ひいては、国の競争力向上につながります。

（出所）観光庁Webサイト「MICEの誘致・開催の推進」をもとに筆者作成.

自律的で自由な行為である。だから「自由な実践」なのである。本章で見たＩＴビジネスの例には、出張的な側面もあるが、観光的な面も強い(50)。

ＩＴビジネスの例で、地域を超えてコミュニティや会合に参加する現象が、それぞれの地域のＩＴビジネスを発展させているのは、それが「出張」だけでなく、「知りたいという願望や欲求のなかから醸成された」、自由な「観光」でもあるからである。

つまり自由だから、自治体や企業が思いもしない異質な知識やネットワークを人びとが地域に持って還ってきたり、新しいプロジェクトが生まれる。アオヤマやサクセニアンが指摘したような、地域の革新性を生み出す地域の多様性に必要なのは、かならずしも純粋な「出張」だけではなく、「観光」という概念がもつ、自由ではないだろうか。

こうした出張というよりも観光的な、労働者や経営者の自由な結びつきは製造業などでも見られていて、産業の集積地を発展させる鍵だと考えられている。

日本の経済地理学では、浜松市の機械工業、台東区の製靴業、日立市の機械金属工業など、地域の中小企業の経営者や職人的な労働者たちがネットワーク化して発展する、数多くの事例が知られている。こうした地域では、中小企業の専門的な職人が企業の枠を超えて柔軟にネットワーク化することで、高い専門性を生かして多様な商品を柔軟に製造している。これを「柔軟な専門化」という[51]。

やや古いが、海外でもっとも有名な例は「第三のイタリア」であろう。重化学工業を牽引したミラノやジェノヴァがある北部ではなく、農業的な南部でもない地域では、ヴェネツィア、ボローニャ、フィレンツェなどを代表として、同地の職人の伝統技術とネットワークで、ファッションや家具など、「イタリア的」な地場産業の高品質化に成功している。

「自由な実践」の尊重とサバティカル制度

こうしたネットワーク化の議論は、産業や経済、ビジネスの世界で論じられてきたこともあって、しばしば「人脈」など、他律的なビジネスの側面が注目されがちだった。観光的な、自由な側面はあまり省みられなかった面もある。

しかし現実には、労働者や経営者の行動はビジネス——利害損得——だけで割り切れない。「やりがい」というと陳腐だが、そこには自律的で自由な、観光的な要素が含まれている。むしろビジネスの損得利害で割り切れない自由な側面が、間接的に地域に多様性や革新性をもたらし、地域の産業を発展させている。

観光のこうした価値は、かならずしも注目されてこなかった。しかし、グローバル化のなかで経済がますます複雑化し、不確実性が高まるなかで必要なのは、繰りかえすように、自由と多様性を尊重する地域のあり方である。

そこで重要な役割をはたすのは、他律的で官僚的にビジネスを遂行する「労働者」ではなく、自律的で自由に自己実現をする「個人」ではないだろうか。だから、労働者の「出張」や「人脈づくり」を尊重するばかりではなく、異質な空間での異質な体験を望む、個人の観光的な意味での自由を尊重することは、地域の経済を再生し成長するのに、有効な方法である[52]。

こうした考え方は最近になって、ようやく政策的に注目されている。

代表例が「サバティカル制度」である。サバティカルは、一定期間にわたって勤続した後に数ヶ月から一年ほどの休暇がとれる、とても素敵な制度である。大学のほか、海外の一部の企業で導入されている。

日本では、ヤフー株式会社が二〇一三年に導入したのが有名である[53]。二〇一八年には経済産業省が大企業を中心にサバティカルの導入を呼びかけていて、厚生労働省も、能力開発など「学び直し」のための長期休暇を取得できる制度を導入した企業に助成金を出している[54]。国会の若手議員も民間有識者とともにサバティカルの導入を提言している[55]。

サバティカルでは、それまでの職場を離れて副業をしたり、他社への「武者修行」や留学などが奨励される。ここで期待されるのは、本人の主体的な意思に基づいて、企業内では得られなかった経験を積んで、それを資源として社内に持ち還ってくることである。

すなわち、サバティカルでは会社ではなく大学院に通ったり、旅をしたり、べつの会社や組織に所属したりして、みずからを異質な空間におくことになる。そして他律的な業務命令ではなく、自身の目標——やりたいことや知りたいこと——にあわせて、自律的に活動する。それは「被雇用者」や「労働者」でもあるが、同時に「個人」としての「自由な実践」でもある。

だからサバティカルは、個人が自由に、異質な空間で異質な体験をして、そこで得たものを持って還ってくる行為でもある。サバティカルは狭義の「観光」そのものではなかろうが、変質性と還流性を持つ「自由な実践」という意味で、観光的なのである。

アオヤマやサクセニアンを参照しながら説明したように、観光の変質性と還流性は、地域の意味づけを変えながら、地域どうしを結びつけて、地域の内部に多様性をもたらす。その意味では、ＩＴビジネスや製造業のコミュニティやネットワーク化、サバティカルで活動する地域や空間を変える行為には、共通項がある。いずれも、もともと自分がいた地域に、異質な空間から異物を持ちこんで多様化を促進する、個人的で自由な活動である。

それはおそらく、不確実性が高く、斬新な発想や柔軟な組織化が求められる現代社会の経済において、地域の産業を発達させる重要な要素である。だから観光は、地域の経済を間接的に発展させる力を持っているのである。

4　「ローカルな限定性」を生かす

観光の間接効果を生かして基幹産業を育てる

本章で取りあげた事例はとても少ない。農村の保全や、ＩＴ産業や製造業の地域的な発展が、観光とどのような関係にあるかを見ただけである。

農村の例では、国際的な貿易交渉のなかで自国の農村を維持するための政治的な「正義」を作る手段として、観光が戦略的につかわれている。それは、都市と農村との観光による交流が、農村を「食糧生産のための空間」や「遊びに行く場所」ではなく、「守るべき国土」というかたちに、地域のパラダイムを変える企てである。

ＩＴ産業や製造業の例では、空間を超えた人びとの「自由な実践」が、たとえばシリコンバレーや台湾、東京や島根といったそれぞれの地域において、産業の発展に必要な人的ネットワークという、地域の資源を作り出して、持ち還っている。

これらの現象は、観光消費額が増えるといった直接的な経済効果は、あまりもたらさないかもしれない。だが、ある地域で農業やＩＴ産業や製造業といった基幹産業が発展する、あるいは保全されることを、間接的に支援している。

観光の変質性と還流性に注目したとき、観光にはこうして、ほかの産業を地域的に発展させる間接効果がある。しかもそれは、本章の例で見た国際政治や、国境を超えた人材の移動、社会のデジタル化、環境保全など、むしろ先進国社会の現代的な問題に貢献している。これらは、直接的な経済の活性化が注目されるなかで、かならずしも注目されてこなかった、観光の価値の多様性ではないだろうか。

繰りかえし指摘するように、地域の経済を発展させるには、観光産業はあまり向いていない。地域格差が大きくなるし、機械化による生産性の向上も見こめないから「儲からない」。結果、非正規雇用も増大する。税収も増えない。努力不足ではなく、観光自体がそういうメカニズムを持っている。だから経済の活性化のためには、無理に観光消費額を増やそうとするよりも、観光の間接効果を生かして、観光以外の産業を育てた方がよい。

環境決定論と環境可能論

要は、ここで言っているのは、地域の「ローカルな限定性」を生かそうということである。「ローカルな限定性」は、地理学の古典に出てくる言葉である。

一九世紀末から二〇世紀初頭にかけて活躍した、フランスの地理学者ポール・ヴィダル・ド・ラ・ブラーシュ(56)（一八四五―一九一八）は、地理学外では無名かもしれないが、人文地理学の創始者のひとりである。彼は一九二二年の遺著『人文地理学原理』で、私たちに問いかける。

> 地理学の存在理由はローカルな限定性を見出すことではないであろうか。それは場所の知識から原因の知識に向かって進む、「どこに」から発足して「なにゆえに」に到着せんとするものである。(57)

本書では「地理学の存在理由」など重要ではないが、すこしだけ解説したい。

ヴィダルは自然環境と人間活動の関係を論究した。

とても単純に言うと、当時は、人間がどのような地域でどのように活動するかは、その地域をめぐる地形や気候といった、地理的環境で決まると考えられていた。「環境決定論」である。他方でヴィダルは人間と環境のあいだには「社会的諸事象」という媒介があって、人間はその媒介のあり方によって、部分的には環境の束縛を克服すると考えた。(58)(59) これが「環境可能論」であり、人文地理学の定説になっている。

ここでのポイントは、ヴィダルはそれでも、人間が環境のすべてを乗り越えられるとは考えていないことである。だから「環境可能論」であって「人間決定論」ではない。

人間の活動はほとんどの場合、地球上のどこかの地域のなかで行われる。[60] この世にふたつとおなじ地域は存在しない。よってすべての地域にはかならず、地理的環境の地域差がある。

人間は環境の言いなりではなく、知識や技術を駆使して所与の環境を改変できる。けれども、すべては改変できない。だから地理的環境の影響を受けるかたちで、その地域で繰り広げられる経済活動や人間生活にも、必然的に地域差が生じる。[61] この地理的環境の地域差が生み出す、人間活動の必然的な地域差が、ヴィダルの言う「ローカルな限定性」である。[62]

「ローカルな限定性」と観光の価値を生かす

地理的環境という前提条件が動かせない以上、それぞれの地域は結局、ほかの地域にはなれない。だから「ローカルな限定性」をよく理解することは、地域の側から観光を考える上で、根本的に重要である。

観光の活性化論では、よく「その地域の独自性を生かすこと」が重要だと言われる。いわば「『ローカルな限定性』を生かした観光の活性化」である。それはそうかもしれないが、ここで言っているのは反対のことである。

「ローカルな限定性」を生かすなら、観光にこだわる意味はない。

なぜなら、地域の発展方法になにを選ぶかは、観光にするか製造業にするかなど、選択の余地がある。しかし、ほぼ絶対的な前提条件である地理的環境に起因する「ローカルな限定性」は、基本的に転換のしようがない。

だから「観光による活性化」ありきで、そのために地域の「ローカルな限定性」を生かすのは、論理として無理がある。「ローカルな限定性」が「観光による活性化」と本当にマッチすればよいが、そうとは限らない。

観光地の「もともと」をさかのぼってわかったように、地域は地理的環境という前提条件に束縛され、歴史や社会の理不尽によって運命を左右される。多くの観光地は、もともと観光地だったわけではないし、わざわざ観光を選ぶことが、将来にわたってベストである保証などなかった。計画的に観光地化をめざすのは難しい。

したがって、必要なのは発想の転換である。「ローカルな限定性」が前提であり、「観光による活性化」はオプションのひとつである。地域にとって無理がないのは、目の前にある「ローカルな限定性」をよく理解して、それを生かす方法を選ぶことである。

地域の「ローカルな限定性」は、多くの場合、観光以外のところにある。農業をしていたり、製造業やＩＴビジネスが集まっていたりする。あるいはそれらが衰退しているという状況もまた「ローカルな限定性」である。ならば、それを素直に受け入れることが、真に「ローカルな限定性」を生かすことではないだろうか。そして観光消費を追求する単純な観光産業化ではなく、計画的な地域発展プログラムを策定するだけでもなく、個人の「自由な実践」としての観光を尊重することは、「ローカルな限定性」を間接的に支援して、経済的なメリットを地域に生じてくれる。

だから、観光の活性化で、無理な町おこしはしなくてよいのである。

ほかの地域の真似をする必要はない。ほかの地域が町おこしで派手なイベントをしているからといって、無理しておなじ土俵にのる必要もない。無理して大量の書類を作って補助金を持ってこなくてもいい。直接的な経済効果がなくても、べつにいい。

むしろ、地域のことをよく知っている地域のローカルな人びと自身が、ローカルな地域の産業や地理的環境と向きあって、その地域が人びとのしたいことや、できることをすればいい。それを間接的に支援するかたちで、観光を無理なく取り入れればよいのである。

こういう反論もあるかもしれない。そんな方法で地域を再生できなかったらどうするのか。だが本書で論証してきたように、これまでのごとく観光で計画的に地域再生をめざしても、少なくとも経済的には、うまくいくのは稀である。ならばその現実のもとで、それでも無理のある「再生」という茨の道をいくのか、それとも、それなら自分たちのしたいことを無理なくやるのか。私たちは、あらためて問い直すべきではないだろうか。

観光は、「自由な実践」としての還流性と変質性によって、地域のパラダイムを再構築しながら、地域に具体的なメリットをもたらしている。そのメリットの生じ方はさまざまであるが、かならずしも単純な観光客数や観光消費の促進ではない、より複雑で高度な地域の保全や産業の発展ももたらしてくれる。

それは直接的な経済の活性化とは異なる、観光の間接効果を生む、自由な観光の多様な価値である。観光の価値の多様性を冷静に尊重して、観光による直接的な経済の活性化にこだわらず、地域の「ローカルな限定性」を真に生かすことが、これからの地域の発展や保全の、新しい前提である。

注

(1) 夏目漱石『こころ』、岩波文庫版、一二頁。

(2) つまり『こころ』の冒頭シーンは、知識エリートで高等遊民の「先生」と、東京の大学生（たぶん帝大でエリート候補）である「私」の、娯楽として海水浴を楽しむ「最先端」の様子が描かれる。『こころ』で描かれる「近代化の精神とその影」は、この時点ですでに地理的な舞台設定として現れている。

(3) 清涼飲料水の原料であるシロップや家畜の飼料がしばしば遺伝子組み換えトウモロコシで作られるように、農業のテクノロジーなしには現代の生活は成立しない。

(4) 北海道の米の生産量は、新潟県につぐ全国第二位である。

(5) 草津は温泉をベースに、夏は高原リゾート、冬はスキーリゾートになる。

(6) それがすべてではないが、競技の世界で考えるとわかりやすい。オリンピックやパラリンピック、ワールドカップやエックスゲームズといった世界的な大会で選手が上位に食いこむ国は、欧・米・豪のほかにはほとんどなかろう。

(7) 呉羽（一九九一）八二一頁。

(8) 総評が労働者のためにスキー場を作ろうというのは、当時の時代背景を端的に反映していると言えよう。いまでは考えにくいのではなかろうか。

(9) 当時、スキー集落の住民はたんに東京の企業や組織の言いなりになっていたわけでもなく、むしろ共有林野の所有権をうまく活用してしたたかに立ちまわっている。呉羽（一九九一）では、つぎのように指摘されている。「スキー場として利用されているこれらの共有林野は、すべてかつての乾草とカヤの採草地である。これらの採草地は、共有という単純な所有形態であったために、スキー場として利用されるには好都合であった。共有林野のスキー場への賃貸契約には、その所有者である農村住民が、スキー場の従業員として優先的に雇用されること、そしてスキー場内におけるレストハウス建設の権利を有することなどが含まれていた場合が多い。したがって、共有林野のスキー場への貸与は、その所有者である農村住民の冬季における経済活動にとって重要な意味を持っていた」（八二四頁）

(10) 飯塚（二〇二一）三七―三八頁。

(11) 菊地ほか（二〇二〇）一二七頁。

(12)　経路依存性は地理学でも取り入れられており、日本では外枦保（二〇一二）、野尻（二〇一三）が進化経済地理学について展望している。
(13)　武者（二〇二一）二二九頁。
(14)　武者前掲、二三一頁。
(15)　武者前掲、二三〇頁。
(16)　武者前掲、二三一頁。
(17)　同右。
(18)　同右。
(19)　平野（二〇一四）二五—二六頁。
(20)　二八〇〇クローネ。二〇二一年四月のレートでおよそ四万九千円。https://noma.dk/food-and-wine/
(21)　平野前掲、二六頁。
(22)　「ｎｏｍａ東京」では「長野県で採集したアリを乗せて、長野県の森の香りをまとわせたボタンエビ」などが提供された。
(23)　日本食糧新聞「ヘルシートーク：「ｎｏｍａ」ヘッドシェフ兼創設者　レネ・レゼピさん」https://news.nissyoku.co.jp/hyakusai/ishii20150305064038751　二〇二一年八月二一日アクセス。
(24)　映画『ディオールと私』（二〇一四年）より。
(25)　関（二〇一九）五頁。
(26)　白坂ほか編（二〇一九）ⅰ頁。
(27)　白坂（二〇一九）五頁。
(28)　同右。
(29)　米田（二〇一〇）三四八頁。
(30)　ひとりひとりの人生の意義とは、その限界の存在にあるかもしれない。みんなの人生に限界がなければ、みんなの人生はひとつの最適解に収斂する。その場合、多様な人生のあり方に意味はない。人生の限界が、自分の人生を自分の人生たらしめる。異質な空間で異質な体験をしようという観光は、逆説的に、人生の本来的な限界と可能性を、私たちにつきつける。
(31) だから米田（二〇一〇）も「『人生は旅である』というとき」と留保している。
(32) 東（二〇一七）一六頁。
(33) ただ、個人としての観光客はかならず還っていくが、集合体としての観光客は、その内部で観光客個人が入れかわって新陳代謝しているだけで、いつまでも地域にのこりつづける。その意味で、「個人としての観光客」はたしかに「観光客」だが、「集合体としての観光客」は、結局「他者」ではないだろうか。
(34) 大橋（二〇〇二）一四〇頁。
(35) ここでは「農村」という抽象的な非日常空間に対する都市住民たちの一般的な価値観が問題なのであり、「観光客数の多い地域に公的支出すべき」という淘汰論をやっているのではない。
(36) 市川（二〇二〇）二頁。
(37) 同右。
(38) Appellation d'Origine Contrôléeの略。アオセ。もしくはアーオーセー。
(39) ここでは一般的な理解に依拠して記述しているが、観光がつねに、真に異質な他者との出会いであるとは、当然かぎらない。本物の海賊や宇宙人と出会ったら一大事であるように、あまりに異質な出会いは「娯楽」ではなく「危機」である。ある程度まで予測可能であることが、観光の快適性には必要である。だが完全に予測可能では、観光をする意味がない。観光の魅力は、つねに日常性と非日常性のバランスにある。
(40) Aoyama (2009).
(41) サクセニアン（二〇〇八）一八頁。
(42) 川端（二〇〇八）。
(43) 国内外のＩＴ企業から協賛金が集められ、コンベンション施設で開催される。
(44) 以下、東京と島根の事例については、福井（二〇一六、二〇二〇）にて詳細に分析してある。
(45) 島根県は日本のＩＴビジネスの一種の聖地である。世界的にも（多少）知られている。世界的な技術者が住んでいるからである。プログラミング言語「Ｒｕｂｙ」の開発者として知られる、まつもとゆきひろ（一九六五―）である。海外では「Ｍａｔｚ」の名でも知られる。出身は静岡県だが、島根大学大学院を卒業後、静岡県の企業に勤務したのち、島根県に移住。二〇一二年、内閣府国家戦略室の「世界で活躍し『日本』を発信する日本人」に選出。Ｒｕｂｙは手軽で効率的にプログラミングできる特性をもち、国内外で広く普及している。

(46)　きっかけは、二〇〇七年の島根県知事選挙で、ＩＴビジネスによる産業振興を公約にしていた溝口善兵衛が当選したことである。当初は補助金によるＩＴ企業の誘致が試みられたが失敗する。当然である。ある地域が補助金を出すなら、ほかの地域はもっと多く補助金を出す。補助金による立地誘導はダンピング合戦である。県内総生産が全国で第四五位で経済力が小さい島根県に勝てる見こみはない。そこで県と市は方針を転換し、地域の技術者たちを育成して、他の地域にはない高付加価値のＩＴビジネスの育成を目指す。

(47)　たとえば島根県と松江市は、子ども向けのプログラミング教育を進めている。この取り組みは、地域の技術者が海外や東京の会議に参加したことをきっかけにはじめられた。コミュニティのメンバーは地域のコミュニティで組織化と、プログラミング教育のためのソフトウェアを開発しながら、東京や海外の技術者とも交流しつつ、知見を取り入れたり、島根での知見を東京や海外で発表して共有してもいる。すなわち知識は海外↓東京↓島根へと一方的に「流れおちる」だけではなく、島根からの逆流現象も起きている。

(48)　会議（meeting）、研修・報奨旅行（incentive travel）、国際会議（convention）、イベントや展示会（event または exhibition）といった、集客が見こまれるイベントの総称である。

(49)　とくに①の点について。②はただの観光消費の追求で、既存の観光政策論と大して変わらない。③は曖昧で希望的な願望である。一体「都市の競争力」や「国の競争力」とはなんだろうか。

(50)　実際、先の東京のコミュニティの例では、筆者がフィールドワーク中、技術者たちに「今日は仕事で来場したのか、それとも趣味で来場したのか」と質問すると、多くの人は困惑した。なぜなら本人たちは、そんな区別など頭にないのである。実際に「そんなことは考えもしなかった」という返答もあった。また「会社では出張扱いになってて、交通費も宿泊費も出るけど、自分では出張という意識はなくて、自分の楽しみのためにきている」といった回答もある。純粋に出張目的という意識の技術者もいるが、多くの人びとは公私曖昧な意識である。実際、この手のコミュニティの会合に、純粋に観光というか、遊びの意識で参加しても、あまり意味はない。だからこの公私曖昧な意識が、この種のコミュニティやネットワークの価値を醸成する上で、重要な意義を持っているのである。

(51) より正確には、「柔軟な専門化」の一例である。「柔軟な専門化」仮説については、青山・マーフィー・ハンソン（二〇一四）、八七―八九頁に詳しい。

(52) この議論は過去の筆者の中心的なテーマの一部である。筆者の学術論文、博士論文、前著では、そのことを理論的および実証的に分析し考察している。福井（二〇一六、二〇二〇）および Fukui (2016)。

(53) ヤフー「Yahoo! JAPAN、最長三ヶ月の長期休暇を取得できる「サバティカル制度」の導入を開始～社員が自らのキャリアや働き方を見つめなおす機会を創出～」https://about.yahoo.co.jp/pr/release/2013/11/01a/ 二〇二一年八月二一日アクセス。

(54) 「人生100年、学び直し休暇を、長期・有給「サバティカル」、経産省研究会、企業に呼びかけ。」、「学び直し休暇、後押し、厚労省、導入企業に助成。」、『日本経済新聞』二〇一八年三月一二日、五月一二日。

(55) 内閣府「プロジェクトT報告書　～「デジタル化」の掛け声だけで、日本の危機は解決しない。日本の組織を開放し、若者の抜擢と挑戦を！～」。

(56) ポールが名で、ヴィダル以下が姓。日本語の文献ではよく「ヴィダル」や「ブラーシュ」と省略される。彼の孫弟子で『人文地理学原理』の訳者である地理学者の飯塚浩二（一九〇六―一九七〇）はかつてブラーシュと略したこともあるが、飯塚自身が認めるように、省略するのはおそらく正しくない（飯塚　一九三九）。だがフランス語ならともかく、日本語で書かれた本書では、省略しないと冗長になってしまう。省略する行為がおそらく正しくないことに留意した上で、本書でもほかの文献と同様に、適宜「ヴィダル」と略記する。ヴィダルの地理学について参照すべき文献は多いが、ここでは飯塚（一九七五）、野澤（一九八八）、手塚（一九八〇）を挙げておく。

(57) ブラーシュ（一九九一）二七八頁。

(58) 「地理的諸原因は社会的諸事象を媒介としてでなければ人間に働きかけないということができる」（ブラーシュ　一九九〇、一九五頁）という一節がよく参照される。

(59) これに関して先の飯塚も、かつてつぎのように論じている。「モンスーンの風土における住民のいわゆる民族性なるものについていえば、彼らが受容的・忍従的だというのが、果たしてモンスーン的な気候条件の下にあるが故にそうであるのか、それとも彼らは天然の気候、季節のリズムに順応してゆく以外に成功の途のないような農業的な生活様式をとっている限りにおいてそうであるのか――さらに議論を掘り下げてゆけば、こうした農業経済を根幹とする封建的色彩の強い社会であるが故にそうであるのか――大いに再検討の余地があるはずである」（飯塚　一九七五、三二八頁）。すなわち人間生活の「民族性」というものは、しばしばモンスーンの気候条件が決定づけているとしばしば言われるが――いまでもこういう偏見は見られなくもないが――、その「民族性」と「気候条件」は直接つながっているのではなく、そのあいだには、ヴィダルの言う「社会的諸事象」のかたちで、「農業的な生活様式」や「農業経済を根幹とする封建的色彩の強い社会」が介在しているという。モンスーンの気候条件は変わらないが、これら媒介となる社会的諸事象は変わりうる。だから、社会的諸事象を変えれば、ある程度その「民族性」なるものも変えられるのである。環境可能論とは、シンプルに言えばこういうことである。

（60）「ほとんどの場合」というのは、国際宇宙ステーション（ＩＳＳ）で生活している人びとを除外した。ＩＳＳがある場所は「宙域」であろうが、宙域は地域だろうか。あるいはＩＳＳは地域だろうか。

（61）逆にいえば、環境可能論では、仮に地理的環境がおなじでも、社会的諸事象が違えば人間生活にも地域差が生じることになる。

（62）「ローカルな限定性」の存在を前提に、ある地域における人間活動の「ローカルな限定性」が、なぜ、どのようにして生じるのかを考えること、つまり環境との関係に留意して事象の地域差を把握するのは、人文地理学の知的方法論そのものである。ここでの解説はスタンダードな理解に基づいているつもりだが、実際のヴィダルの議論はもう少し複雑である。筆者の前著では、若干の解説を行っている（福井　二〇二〇）。

第六章　暮らしやすさを保つ、国土を守る

——消費されない観光をめざして

第五章では、観光が地域の経済を間接的に活性化すると解説した。そこでは観光を「自由な実践」として捉えたのだが、もっと、ふつうの意味での「観光」は、社会にどのようなメリットをもたらすのだろうか。そして私たちは、これからどんな観光をめざせばよいのだろうか。ここでは暮らしやすさや文化、国土を守る観光のあり方を中心に、観光が社会にもたらすものを解説していこう。

1　観光は「暮らしやすい地域」を作る

岐路に立つ世界遺産

ドイツ東部の「ドレスデン・エルベ渓谷」は、世界遺産から抹消された数少ない地域である。住民投票によって渋滞緩和のために大きな橋がかけられ、それが文化的景観を損なうとしてユネスコに抹消されたのである(1)。

世界遺産は文字通り、地域の文化的・自然的価値を認定する制度として、世界最高レベルの権威を

持っている。だが住民はその権威よりも「渋滞緩和」という「暮らしやすさ」を選んだのである。

世界遺産制度は、いま、さまざまな議論のなかにある。

認定遺産が増えつづけるなかで「世界遺産の価値が相対的に下がる」とか、遺産がヨーロッパや北米の先進国に偏っていること、そして、観光地化によって遺産としての価値が破壊されていることなど、多くの課題が指摘されている(2)。

世界遺産は、遺産を保護・保全する制度であって、観光のための制度ではない。

だが、認定されるには膨大な経済的・時間的コストがかかる。それゆえ認定をめざす地域も、遺産登録による観光地化という、それなりの経済的な見返りを期待せざるを得ない。結果として、日本でも富士山のゴミ問題など、いわゆるオーバーユースによる価値の毀損も問題視されている。他方、最近では福岡県の沖ノ島が、宗像大社の世界遺産登録をきっかけに一般人の上陸を全面禁止した。遺産保護に全面的に舵をきったのである(3)。

世界遺産をめぐっては、しばしば経済の活性化などの地域振興と、遺産の保全・保護との両立が重要と言われる。だが現実には、両立は難しいのである。また、遺産登録されれば観光客が増えるわけでもない。大都市との距離や交通インフラの整備状況、「その他の観光資源」の有無などによっては、遺産登録後も客数があまり増えない地域もあるとわかってきた(4)。

「景観まちづくりは住みよいまちづくり」

世界遺産をめぐる状況が変わるなか、二〇一一年に世界遺産に登録されたのが、岩手県の「平泉――仏国土（浄土）を表す建築・庭園及び考古学的遺跡群――」である。ここは八五〇年に開山された中尊寺を中心に、奥州藤原氏が表現しようとした「浄土」の遺跡群だが、それを観光で経済の活性化につなげるのは、もとより難しかった。

そもそも平泉は宿泊施設がほとんどなく、観光客はほぼすべて日帰りである。当然であろう。新幹線で仙台から一時間もかからない。修学旅行生などもくるが、周辺の花巻など宮沢賢治の関連施設もまわるので、平泉に滞留しない。もし滞留しても、平泉は、ひととおりの観光なら一日で間にあう。地理的環境からして、典型的な通過型観光地である。

ただ、こうしたなかで平泉がやってきたことは興味深い。

同地では一九八〇年代から、歴史を生かした景観まちづくりが進められている。行くとわかるが、平泉の中心市街地の街並みは過度に商業化されず、落ちついている。これを後押ししたのが、世界遺産への登録運動である。平泉では「個人住宅に限らず、企業、オフィス、店舗、さらには設置されている自動販売機にいたるまで和風景観に統一され（中略）、電線地中化のほか建物や塀などのデザインコードが定められ、景観の統一が図られているし、住民による軒行燈設置や縦格子の設置なども進められている[5]」。

遺産登録をめざすのは、地域の歴史を守ることでもある。だからその過程で、中心市街地の歴史的な景観も保全されるという副作用が生まれたのである。平泉ではそうして、かならずしも観光による経済の活性化を十分に見こめない世界遺産登録が、結果的に、過開発を避ける景観保全というかたちで、地域住民の暮らしやすさを高めている。それはいわば「景観まちづくり[6]」という、地域振興のひとつのかたちである。

埼玉県川越市の中心市街地（一番街商店街）も、「蔵造り」の町並みで有名である（写真6－1）。ここ

写真 6－1　川越市の一番街商店街における蔵造りの景観.
（出所）田村 収撮影

では江戸、明治、大正、昭和初期の各時代の景観が残っている。

川越のように、それなりの規模がある都市の景観保全は難しい。都市に一定の不動産価値があると、伝統的な建物が解体され、商業利用やマンション化されるなど、町並みを破壊して高度利用する圧力がかかってしまう。典型例は東京都心部であろう。こうしたなか、丸の内の「ＪＰタワー」や銀座の「歌舞伎座タワー」では、低層部に従前の建築を残しつつ、高層部や裏側に超高層オフィスが建造されている（写真6－2・3）。良くも悪くも、土地の高度利用と建築の保全の折衷案である。

一方で衰退している場合も、それはそれで町並みの経済価値が評価されないため、古い建物が劣化しても、保全されにくい。そのまま朽ちていくか、ふつうの住宅や駐車場などになりやすい。なかでも日本の中心市街地（旧市街）は、街道筋や城下町など徒歩交通の時代に生まれている。そのため近代の鉄道開発は、用地買収などの理由で旧市街から離れたエリアで行なわれたため、そこが駅前エリアとして商業の中心地になってきた。そして戦後は、自動車交通の発達で、商業の中心はショッピングモールなどの郊外に移る。旧市街は、交通の変化による都市の重心移動からとり残されたのである。

川越は、前者と後者の両方の面がある。行けば体感できるが、蔵造りの通りは駅からかなり遠くにある。それゆえ商業的に衰退していたのだが、一九七〇年代に地域の歴史資料研究がなされ、ある建築学

写真６－３　歌舞伎座タワー．歌舞伎座の背面に高層タワーが建つ．
（出所）　松竹㈱・㈱歌舞伎座提供

写真６－２　ＪＰタワー．東京駅駅前広場に面する低層部を中心に，旧東京中央郵便局が一部保存されている．
（出所）　日本郵便㈱提供

者が地域住民に蔵造りの保存を提案した。それをきっかけに地域住民のあいだで町並み景観の保全運動が広がり、マンション建設への反対運動や、景観保全に関する「町並み委員会」やデザインコードなどが策定されてきた。

川越は、大都市圏郊外の歴史的名所という条件の有利性もあって、観光による経済活性化の成功例とも言われている。だがその背景には、地域住民による、川越の町並み保全＝歴史や生活環境の保全がある。つまり地域住民の「暮らしやすい地域づくり」が、川越の観光発展につながったのである。

子育てのしやすい観光地

関連してもうひとつ、石川県七尾市の和倉温泉は、旅館「加賀屋」がある観光地である。加賀屋は日本を代表する旅館

写真6－4　和倉温泉の加賀屋．創業は明治39（1906）年の老舗旅館である．
（出所）　加賀屋提供

だが、一九八六年に保育園つきの寮「カンガルーハウス」を設置するなど、子育て支援に力を入れる企業としても知られている（写真6－4）。

ホテルや旅館の客室係は一般的に女性が多い。「子育ては女性の役目」ではないが、客室係の仕事は早朝から夜遅くにわたるなど、子育てとの両立が難しく、女性労働者の離職率が高かった。加賀屋はその対策として創業八〇周年事業として母子寮を建設し、保育園を併設したのである(7)。

つまり、安心して子育てできる労働環境を作れば、勤続年数を伸ばして優秀なベテランを育てられる。第二章で解説したように、接客サービスは機械化が難しいので、労働者ひとりひとりのスキルが重要になる。だから個人のスキルを安定して蓄積できる環境づくりが、同社のサービス水準の向上につながり、それが旅館としての競争力になっている。

ただ、この話は加賀屋だけが注目されがちだが、じつは和倉温泉自体が「子育てのしやすい観光地」になっている。

保育・子育て支援の地理学者である久木元美琴（一九七九―）は、つぎのように説明する(8)。

温泉観光地では勤務が夜までつづくので、延長保育の提供が重要になる。

和倉温泉では一九七四年に、同地の旅館・ホテルの経営者と寺社が主要なメンバーとなる「和倉温泉福祉会」によって保育所が開設され、二二時までの保育が、生後二ヶ月から提供された。また一九七二年に開設されたべつの私立保育所では、公立保育所との統合後、二三時までの延長保育を提供してきた。ほかにも、二一時や午前二時までの延長保育を行なう保育所もある。そして七尾市は、とくに旅館や飲食店の勤務者が多く利用する保育所に、夜間までの延長保育分の財政補助を行なってきた。

このように官・民・共同体——七尾市・観光産業・寺社——が地域で一体になって「子育てのしやすい観光地」作りを進めた和倉温泉は、「働き方改革」のさきがけとも言えるだろう。特筆すべきは、単に保育所を増やすのではなく、客室係や飲食店員といった、地域の特徴的な働き方にあわせて延長保育を適切に提供し、地域ならではの「子育てのしやすさ」を作り出したことである。

暮らしやすさを作る観光

一般に「子育てのしやすい地域」作りは、自治体の住民層や財政状況、議会のイデオロギーなどにも影響されるので、難しいこともある。

和倉温泉の取り組みも容易ではなかろうが、有利だったのは、観光地だったことであろう。地域にとって、客室係や飲食店員という労働者がとても重要で、かつ、その多くが仕事と子育ての両立に悩んでいるというのが、地域のはっきりした課題だった。だから、それを解決すればサービスが良くなって地域の経済活性化につながるのもある程度明らかだったのである。

こう考えると、和倉温泉や平泉は、観光が「暮らしやすい地域」づくりを後押しした例として理解できる。世界遺産への登録運動や、女性の離職率の低下という、観光の活性化に向けた取り組みが、かえって、地域住民にとっての「暮らしやすさ」の追求につながるのである。また川越の例でも、地域住民が、自分たちのために町並み景観を守ってきたことが、結果的に、観光の活性化を後押ししている。

ここでは、これらの地域を称賛したいわけではない。重要なのは、これらの事例からは、無理に観光客を集めるのとは異なる観光の価値が読みとれることである。すなわち、「観光地である」とか「観光発展をめざす」ことは、「たくさんの人がきて、たくさんお金をつかう地域」ではなく、「暮らしやすい地域」を作るための「共通のゴール」としても役立つのである。そしてそれは、住民と観光客の両方の満足度を高めている。

住宅過剰社会の日本

「観光の活性化」と「暮らしやすさ」をつなげることは、人口減少時代の都市において重要である。日本では高度経済成長期以降、地方農村部からの人口流入で、都市部では人口が増えつづけた。農村の過疎化と都市の過密化である。都市では人口を受け入れるため、住宅開発が都心から郊外へ、郊外から農村へと広がり、日本の都市は「外へ外へ」と広がってきた。

そして人口が増える限り、まだ開発されてない土地は、いつか住宅地や商業地として必要になるとわかりきっているので、地価は上がりつづける。だからますます開発は進み、ますます都市は広がっていく(9)。いわゆる「土地神話」の一因であるが、これが戦後日本の都市発展の基本構造である。

だが人口減少は、この「外へ外へ」のメカニズムを根底から覆す。人口が増えないので、土地は「そのうち要らなくなる」存在になる。今後の都市は「外へ外へ」を「内へ内へ」に転換せねばならないが、それをどうやるかは、日本社会の大きな課題である。

都市政策学者の野澤千絵によれば、すでに日本の住宅ストック数は、世帯総数より一六％も多くなっている。つまり住宅が多すぎる。彼女の著作の言葉を借りれば、私たちは「住宅過剰社会」を生きている。

だが住宅が多すぎるのに、じつはいまだに「外へ外へ」と、住宅開発が進められている。人口減少のなかで、むしろ自治体どうしで人口を奪いあっているからである。だから「短期的に投資を回収したいデベロッパー、とにかく人口を増やしたい自治体、土地活用で儲けたい地権者など[10]」の後押しもあって、学校やインフラなどが十分に整備されていない旧農地でも、無秩序に宅地化が進められている。

それは、自治体は短期的には人口を確保できるかもしれないが、かなり「コスパ」が悪い。無秩序に開発された住宅地にあとからインフラを整備するのは、自治体にとってむしろ損である。たとえば住宅地がまばらに作られると、ゴミの回収ひとつとっても効率が悪い。住民が高齢化すれば、そのまばらな住宅地をまわって訪問介護などをしなければならない。そして中心市街地はどんどん衰退する。

このままでは日本社会（というか、意思決定層にある老齢男性たち）は、つぎの世代（私たち）に、つかうのも維持するのも非常に効率が悪い、負債の都市を残す。本当にやめてほしい。

野澤によれば、それを避けるには人口減少のなかで「『それなり』の暮らしが成り立つ『まちのまとまり[11]』」の空間範囲を設定し、長い時間をかけて、そのなかでの人口密度を維持することや、それに地域住民が主体的に関わっていくことが、方策のひとつとされている。つまり都市をしっかり縮小させて、地域住民の手で暮らしやすさを守るのである。

観光は、暮らしやすい地域を作る補助線

とはいえ、何十年も「外へ外へ」と開発してきた都市を、短期的な人口確保という目先の利益ではな

く、次世代のための撤退戦に導こうというのは、簡単ではなかろう。

また、まちづくりの文脈では、国や自治体からの一方的な「計画」ではなく、地域住民による「どういう地域で生きたいのか」「この地域でどう生きたいのか」の哲学がしばしば必要とされる。だが、そうした「哲学」を一朝一夕で作るのは容易ではない。地域住民の意志をまとめあげるのは至難の業である。これからは都市を縮小させて「暮らしやすい地域」を作るための、補助線になるストーリーが、ますます必要になろう。

すなわち、もしこのまま「外へ外へ」の開発を進めると、中心市街地がさらに空洞化するのは当然である。無秩序に開発された郊外住宅地に住み、郊外のショッピングモールを自家用車で利用するライフスタイルは、人びとの生活を郊外で完結させ、結果的に、中心市街地の魅力を削いでしまう(12)。一方、たとえば地方都市の場合、中心市街地に人口誘導ができていて、子育て世代も高齢世代も、それら以外の人びともみんなが無理なく生活できる地域を作ることは、その地域ならではの老舗の小売店や飲食店を維持したり、地域住民による祭礼の維持にもつながるはずである。それは地域の個性の維持である。

都市において、地域の個性は伝統的な中心市街地にこそある。全国チェーンの大型店と、農地に虫食い状に立地する住宅が幹線道路沿いに広がる郊外に、わざわざ観光しにくる人はあまりいない。

もちろん、郊外開発をいますぐに一切やめるべきということではない。さすがに無理がある。しかしながら、中心市街地で無理なく生活できる暮らしやすさを守り、住宅過剰社会に歯止めをかけることは、結果的に、地域の観光地としての魅力も高めるのである。さらに、そうして中心市街地の歴史や街並みを守り、中心市街地の生活空間としての価値を高められれば、それは都市そのものを中心市街地にもどしていく後押しになる。

「観光の活性化」というストーリーは、単なる観光消費による経済の活性化だけでなく、より長期的な「暮らしやすい地域づくり」を進める補助線になる。観光は、地域を商品にするだけでなく、生活の場としての価値を高めるのである。

2　観光は文化を守る――暮らしやすさとオーセンティシティ、価値観の多様化

「文化を守る」とはなにか――暮らしやすさと伝統文化

秋田県男鹿半島の「なまはげ」は、日本を代表する伝統文化である。じつは少子高齢化のなかで、なまはげの担い手は失われつつある。男鹿市では積極的に担い手不足に向き合い、いまでは県外の住民や、外国人もなまはげ役を担っている。地域住民はつぎのように語る。

> 地元の人が知らない相手の方がかえっていい。外国人も含めていろんな声で入っていくから、双六のナマハゲは怖くて迫力があるんです。(13)

とても現代的で、豊かな伝統文化の継承である。結果的な多様性が、なまはげの来訪神らしさを高めている。

文化は、住民や来訪者など、地域をめぐる人びとの関わりによって体現され、継承され、維持される。文化はかならずしも、その文化だけで独立して成立するわけではない。

伝統芸能にせよ名物料理にせよ、あるいは現代アートにせよ遺跡にせよ、その地域に関わる人間がい

なくなってしまえば、それらの文化も消滅しかねない。文化を体現する人間がいなくなるからである。料理を作るのも食べるのも、伝統芸能を行なうのも観るのも、人間である。遺跡も、人間が整備しなければ廃墟である。文化を守るには、その文化が存在する地域をめぐる、人びとの地域的な関わりを守っていかねばならない。文化を守るとは、地域を守ることなのである。(14)

その意味で、第五章で論じたルーラルツーリズムや、農村保全の「多機能レジーム」は、文化をめぐっても重要な意味をもつ。

自然環境が残っているのが農村部なのとおなじように、農村部では伝統文化や郷土料理、名産品なども残っている。そして一般的に文化、とくに伝統文化は、その地域のローカルな自然環境や歴史といった、ローカルな意味づけと結びついている。だから観光の対象として、こうしたローカルな地域の生活を守ることは、地域に残る文化を守るという意義もある。(15)

たとえば第五章でルーラルツーリズムについて紹介した秋山郷では、宿泊施設の経営者が、客との交流やサービスの一環として、民俗資料の紹介や、きのこ狩り、マタギ（狩猟）や木工などの伝統文化を実践している。もし、この地域にひとりも観光客がこなければ、民俗資料は死蔵されたままかもしれないし、マタギをやる意味もなく、木工の技術は失われるかもしれない。

また、前節の「暮らしやすさ」の面で言えば、いま伝統文化を担っているのが高齢者だとしたら、高齢者が暮らしにくい地域――徒歩で生活できないとか、近所づきあいがなくて孤立化しやすいとか、医療サービスが限界に近いなど――では、高齢者は生活自体がままならない。伝統文化を維持するどころではない。

そして、これからの伝統文化の担い手は若い世代である。若い世代が活躍できる地域を作らねば、文化は守れない。だから若い世代にとって暮らしにくい地域——仕事がない、家がない、コミュニティを高齢者が支配している、子育てや教育サービスが充実していない、禁煙条例が制定されていないなど——であれば、担い手も入ってこない。「なまはげ」の例が示すように、これからは外国人が伝統文化の担い手になることも多くなるだろう。ならば、外国人にとっても暮らしやすい地域とはなにか、さらに考えねばならない。

一般に、大都市圏の新興住宅地では高齢者が、その他の大多数の地域では若い世代がマイノリティになりやすい。外国人はほとんどの地域でマイノリティであろう。マイノリティはほかにもたくさんいる。そうしたなかで、できるだけ多様な人びとが、みんなで暮らしやすい地域を作ることは、文化を守ることにもつながるのである。

前節で論じたように、観光の活性化は、自分たちの暮らしやすい地域をつくっていく補助線にもなる。観光をきっかけに暮らしやすい地域を作るのは、文化を守ることにもつながる。

文化のオーセンティシティ

文化は、人びとの関わりのなかで維持される。観光は、文化と人びと（外来者）の関わり方のひとつである。

観光が文化にどんな影響を与えるのかは、観光研究の重要なテーマである。ある地域であたりまえの生活文化は、観光客のような外来者にとってはめずらしい。新年に神社や寺に行って両手を合わせる文化は、日本人（アジア人）にはふつうだが、西欧やアフリカなどからの訪日外国人にはクールかもしれない。このとき、文化は観光の対象として商品価値を持つ。観光は「文化の差異を商品化する現象」[16]である。

商品化されると、文化のかたちは変わってくる。たとえば観光で体験できる「農村生活」が、かならずしも農村生活のリアルとは限らない。手作業の田植えを体験できるツアーがあっても、ふだん手作業で田植えしている農家はほとんどいない。手で田植えする体験ツアーは「伝統」を体験させるフィクションでもある。

こうしたフィクション性は、現代的なものにも当てはまる。

観光社会学者の遠藤英樹（一九六三―）は、アメリカのケネディ宇宙センターを例に、観光地の「舞台裏」の理論を解説する。この施設にはスペースシャトルやロケットの打ち上げ設備があり、職員の働くすがたを間近で見られるツアーがある。だが……

実際に働いている姿を見るという意味では、ツーリストは「舞台裏」を観光しているのだが、しかし実のところツーリストが見ることができるエリアは限られており、ツーリストが目にすることができるのは観光用にディスプレイされた場所なのである。このように現代の観光状況においては、本物（舞台裏）に触れたと思ったとしても、本物（舞台裏）風に演出されているだけである場合が少なくない。(17)

言われてみれば当然のことだが、それだけに本質的である。

観光の対象は演出されていない方が稀かもしれない。彼いわく「屋久島の天然杉をツーリストが見にくるのは、それが真正であるからである。つまりエコ・ツーリズムでは、『自然を演出している』のではなく、『自然を〝演出していない〟ということを演出している』のである」[18]。

するると、商品化され演出された文化は、それ以前のすがたとは、多かれ少なかれ変わっている。ならばそれはニセモノなのだろうか。いわゆる、文化の真正性――オーセンティシティ（authenticity）――の問題である。

これにはかなりの議論が重ねられている。文化の商品化は、それがニセモノかどうか、真正かどうか、善か悪かといった二元論で片づけられるほど簡単でもない。

ある文化が、かなり演出されて商品化しているとする。ある観光客がそれを楽しんで、あとになってじつは演出されていたと知ったら、本人にとってその文化はニセモノになってしまうだろう。この文化は、客観的には真正性が弱いことになる。だが、演出されていることを知ったうえで楽しんだなら、それは「楽しい経験」である。その演出に感動したなら、本人にとって主観的には価値ある経験である。こうした複雑さのなかでむしろ重要なのは、商品化のプロセスの「真摯さ」だと考えられている。

文化は本来的に外来者との関わりのなかで存在するし、観光との関係で言えば、商品化や演出からは逃れられない。ならば、真正かどうかだけでなく、その文化に関わる人びとが、いかに真摯に――どういう意図で、どのようにして――観光と関わっているかという「商品化のプロセス」を考えることが重要だと、近年では考えられている[19]。

それは逆に言えば、これからの観光振興では、いかに観光客に「話題になる」「刺さる」演出を考えるかではなく、いかに「真摯に」演出するかが重要だということである。ならば、いかに文化は観光によって商品化されるのか。その「プロセス」と、現代的な意義の一例を挙げておこう。

お寺が観光地なのはなぜ？

浅草寺や清水寺、出雲大社など、著名な寺社は観光地としても高い人気がある。こうした宗教的聖地が観光地として人気なのは、ひとつは「聖」なる空間だからである。

「聖と俗」と言われるように、この世の空間は、一般的・世間的でだれでも出入りできる「俗」の空間と、入れる人が限られる「聖」なる空間に分かれる。サウジアラビア中部にあるメッカのカーバ神殿が神聖なのは、ムスリムしか入れないからである。宗教的聖地は、本来は入れないから「聖地」なのである。実際、観光地化している浅草寺や清水寺も、敷地のすべてに入れるわけではない。

そして、入れないからこそ、入ってみたくなる。

自宅の最寄駅を観光する人がいないように、誰でも入れて、いつでも入っている空間には、わざわざ入ってみたいとは思わない。宗教的聖地は、「入れない」聖地としての神聖性が、「入りたい」観光地としての価値の源泉になっている。

矛盾はここにある。観光地はだれもがやってくる空間だから、かなり「俗」である。だから聖地の観光地化は、その神聖性を減衰させる。聖地が聖地であるためには、観光地化はなされるべきではない。そもそもお寺も神社も、本当は観光地ではない。しかし現実には、観光地化している寺社は多く、厳格な聖地はむしろ例外である。聖地の観光地としての価値はその神聖性にあるので、無闇に観光地化すると、聖地としても観光地としても、価値が失われてしまう。

宗教的聖地において、観光地化という「俗化」のシナリオは、一筋縄ではいかない。だがその複雑さに、観光と文化の関係を前向きに考える手がかりもある。

仏教を広めるための観光地化

京都府と滋賀県の県境にある比叡山・延暦寺は、七八八年に最澄によって開創された、天台宗の霊山である。比叡山は全域が延暦寺の境内になっていて、山にはケーブルカーやドライブウェイが整備されているなど、観光地化が進んでいる。親鸞や日蓮といった高僧を輩出してきた学問・修行の場としての「聖」と、観光地としての「俗」が入りまじっている。

歴史地理学者の卯田卓矢（一九八〇―）は、同地の観光地化のプロセスを、延暦寺の歴史資料の調査やフィールドワークによって分析している。

彼によれば、延暦寺はもともと、寺院が山上にある隔絶性もあって、学問や修業の場としての性格が強く、観光地化＝参詣者の獲得にはあまり関心がなかった。それが戦後になると、一九五八年の比叡山ドライブウェイの開業をきっかけに、大規模な境内整備や、施設の改修や新設が重点的に行われ、観光地化に舵をきった。また「参拝の奨励、誘致」を専門とする参拝部が新設され、信者や一般参詣者、修学旅行生の誘致が進められた。

問題は、その転換を延暦寺の教団自身がどう考えていたかである。

現代では延暦寺も、社会から隔絶されていては、信者や僧侶を確保したり、天台宗の教えを世に広められない。それゆえ延暦寺は、戦後の社会構造の変化のなかで、観光地化をむしろ戦略的に導入し、みずからの宗教的聖地や教団としての存在価値を高めようとした。つまり延暦寺は観光地化を経済利益の追求手段として純化したのでもなく、また観光開発の圧力に屈したのでもなく、みずからを観光地化によって「大衆への転法輪の場」、布教のための空間として再定義したのである。[20]

宗教的聖地としては別物だが、似たような例は、多くの歴史遺産で見られる。長崎県の世界遺産「長崎と天草地方の潜伏キリシタン関連遺産」でも、観光は、その「遺産」の価値を知ってもらうための存在とされている。

宗教的聖地の観光地化は、単純に消極的な俗化（なりゆきでの観光地化）でも、経済利益だけを追求した俗化（金儲けのための観光地化）でもなく、社会の変化のなかで、文化の維持や発展のための、布教のための観光地化という意味を持つこともある。

また昨今では「負の歴史」をもつ地域を訪れ、その歴史的な意義を学ぶ「ダークツーリズム」も知られている。ダークツーリズムでもやはり、たんに「負の歴史」を商品化して経済利益を得ようというのではなく、その歴史的・社会的な矛盾を知り、考えるために、観光が活用される[21]。

こうして観光は、文化の維持に積極的な役割を果たしている。文化は、かならずしも外界との関係を断って「保護」されるのではなく、いろいろな人びととの関わりのなかで変わりながら「保全」されている。文化の価値は、適切に観光の対象になることで広く共有されるのである。

価値の「ものさし」が溶解するなかで

長い時間のなかで残った文化に触れるのは、人びとにとって、自分の価値観を疑うきっかけになる。

第一章で紹介したバウマンの「社会の液状化」のように、現代社会では、ときに私たちは自分がなにをしたら良いのか、なにをしたいのかを知るのが難しくなりつつある。価値を評価する「ものさし」が、多様化しながら溶解しつつある。

こうしたとき、文化に触れる観光は状況の改善手段になる。好例として、第五章でも紹介したように、聖地的聖地への巡礼は観光の一環として人気になっている。

歴史学者の関哲行（一九五〇―）は、世界的に宗教的聖地への巡礼の人気が高まっているとし、その背景に「ヨーロッパ近代の伝統的価値観の動揺」があると指摘する。

日本と同様、ヨーロッパでもイスラーム世界でも、巡礼への関心が着実に高まっている。しかしこれは偶然の符合ではあるまい。生産と労働、成長と発展、最大利潤を基調としたヨーロッパ近代の伝統的価値観の動揺と深く係わっているみるべきであろう。「内面的癒やし」や「社会的癒やし」を求めての巡礼行は、ヨーロッパ近代の価値観と異なる、新たな価値観の模索を表象しているからだ。(22)

ヨーロッパ近代の伝統的価値観がゆらぎ、その一変種であった東欧社会主義圏が崩壊した二〇世紀末以来、宗教問題や民族問題、環境問題が世界各地で噴出し始めた。余暇や観光、巡礼への関心の高まりも、生産と労働、最大利潤に偏重した伝統的価値観への「異議申し立て」とみるべきであろう。(23)

第五章で論じたように、観光のひとつの特質は「知りたいという願望や欲求」に基づく変質性と還流性にある。観光するというのは、異質な空間で異質な体験をして、自らを変質させ、そして還っていく行為である。

その意味で巡礼には、宗教的聖地という異質な空間に身をおくことで（その過程でさまざまな経験をすることで）、みずからが疑問を抱く「伝統的価値観」とはちがう考え方を得たいという期待がかかる。それは伝統的価値観への「異議申し立て」であると同時に、人によっては、自らを押しつぶそうとする「伝統的価値観」からの「待避」でもある。

巡礼に限ったことではない。さまざまな文化や、異質なものとの邂逅は、現在を生きる私たちの価値観とは異なる、べつの可能性を示してくれる。ふだん働くオフィス街とはちがう自然豊かな保養地で観光したり、逆に大都市で最先端の物事に触れるなど、観光やレジャー全体に共通することであろう。

昨今では、一部の若者のあいだで「ソロキャンプ」が人気になっている。みんなで賑やかに楽しむのではなく、ひとりで楽しむのである。観光地理学でも調査されていて、現実世界からの一時的な「ログアウト」の手段だと評されている[24]。

これらは、問題を抱えた既存の価値体系からの待避場として機能する観光の一例である。こうした体験を得られる観光は、社会の価値観が多様化して、ゆらぐほど、ますます重要になっていくはずである。

3　観光は国土を守る——災害、水資源、安全保障

国土を守るとは？

地域の文化を守るには、地域に関わる人びとが必要である。関わる人びとがいなくなれば、地域の土地を手入れしたり、管理する人びともいなくなる。つまり、国土が荒れていく。地域の文化を守るのは、国土を守ることでもある。

「国土を守る」と言うとやや不穏だが、身近な問題でもある。

たとえば昨今の日本では、人口減少のなかで「負動産」問題が深刻化しつつある[25]。経済的な価値の低

い不動産を相続してしまって、捨てたいのだが法律的に難しい人が増えている。結果、土地の放置が進み、所有権のわからない土地も多くなっている。農村部の耕作放棄地や、都市部の空き不動産問題にも通じることである。こうした土地＝国土の管理は、人口減少時代の日本の大きな問題である。

第一部で論じたように、地域に「自助努力」で経済の活性化を追求させる観光の活性化は、地域どうしの経済格差を悪化させる。では、そのままだと国土はどうなるか。

まず地方の、とくに交通が不利で、大都市から離れた中山間地域の農村集落が、加速的に衰退していく。つまり人口減少で物理的に人間がいなくなっていく。残るのは耕作放棄地と空き家、不良債権化した土地である。農村の国土が放棄されていく。

農地のように、人間が手を加えた自然環境は、人間が管理しないと悪化していく。生物も放置すればより強い種ばかりが繁栄し、動物も食料を得られないなど、生態系が崩れる。イノシシやクマが集落に出没する問題なども、農村の土地放棄に一因がある。自然環境は「人の手が加えられない」ことによっても悪化する。

土地が管理されなければ、災害のリスクも把握しにくくなる。

これも農業の「多面的機能」のひとつとされるが、雨水が農地に降った場合、雨水は田畑に一時的に蓄えられて、ゆるやかに地下水になったり、川に流れていく。農地はこうして、洪水や土砂崩れを防いでもいる。

他方で、無秩序にアスファルト舗装や宅地化が進められたり、農地が放置されると、水害は悪化しかねない。アスファルト舗装された道路や宅地では、雨水は地表面をそのまま流れて加速し、直接、河川や地下水路に流れこむ。地下水路のキャパシティを超えた雨水は道路に溢れ出す。内水氾濫である。また農地が放置され、管理されないと、どれだけ雨水が蓄えられているのか、土地が適切に管理されているのかがわからず、災害リスクが増大する。

類例として二〇二一年の七月には、静岡県の熱海市で大雨による土石流が発生し、多くの人命が失われた。土石流の一因として、土地への不適切な「盛り土」によって地下水の流れが人為的に変えられてしまった可能性が指摘されている。[26]日本では地球温暖化の影響で豪雨災害が頻発しているという見方もあり、[27]こうした問題は、地方での人口減少が深刻化するとますます重大になる。

べつの問題として、昨今では外資による土地取得も注目されている。市場価値が低く「自助努力」の力がない土地を放置しておくと、外資による「国土の買収」が広がりかねない。

政府は自衛隊の基地や原子力発電所の周辺など、安全保障上の重要な土地の外資取得について規制を検討している。[28]北海道の土地への中国資本の流入も憂慮されていて、水源地となる森林の管理を問題視する見方もある。水源地があるのは地方や農村だが、その水は都市住民もつかう。地方や農村の土地問題は、都市住民の生活に直結している。

日本は「天然資源がない」などと言われるが、大間違いである。雨量が多く、かつ急流を流れるためきれいな水が豊富に得られる日本は、「水」という最重要資源の大量保有国である。ある推計では、二〇五〇年には世界人口のおよそ四〇％が深刻な水不足に見舞われると考えられている。[29]場合によっては、日本のこうした天然資源が観光の「自助努力」の副作用として、外資に買い叩かれかねない。

国土を守らなくてよいのだろうか？

外資による土地取得や水資源の問題は単純ではないので、これ以上は踏みこまない。また筆者は中国をはじめとした諸外国の資本による土地取得を、単純にすべて危険視しているわけではない。ただ、地域の衰退を放置することは「その地域の衰退」のレベルを超えて、大都市や国全体の衰退や社会的危機につながることには、強い留意が必要である。

その一方、本書の執筆時点で、日本の政権は自民党・公明党にある。この政府は安全保障や改憲に意欲的で、対外的にはタカ派、少なくとも保守派であろう。そして、観光による経済の活性化で「自助努力」による地域間の競走を煽っているのもこの政府である。

筆者には、この「保守」と「自助努力」の組み合わせが、不自然に思えてならない。イデオロギーではなく論理の問題として、いまの観光政策を進めていくと、国土を守れなくなる。外資による国土の買収も招きかねない。安全保障上の大きな問題ではないだろうか。一体なにを「保守」したいのか。

あるいはどの地域も、観光で経済を活性化し、その「自助努力」で国土を守ってくれという話なのだろうか。第四章を思い返すとそういう気もするが、それにはかなりの無理がある。観光が地域どうしの格差を悪化させる以上、「自助努力」的な観光を進めると、「守れる国土」と「守れない国土」が出てくる。

タカ派メディアの論者のなかには、土地買収によって「見えない戦争」が進んでいるという者もいる。(30)筆者はそれには同調しないが、こうした世論もあるなかで「守れない国土」が出てくることは、矛盾ではないだろうか。

政治地理学者の高木彰彦（一九五四―）は、近著『日本における地政学の受容と展開』の最後で、いまの日本の地政的リスクを、つぎのように説明する。

世界は太平洋を挟んで米中が対峙する情勢になってきている。日本はこの二大国の狭間にあって、米中のいずれをも、さらにはロシアも含めて対外政策を考慮するという、多元的な行動をとらざるをえなくなってきている（中略）。国家が領土に根ざした存在である以上、移動可能ではないため、国家間の力関係がシフトするということは、その国を取り巻く地政的環境が変化することにつながるのである。[31]

実際のところ、近い将来にアメリカのGDPが中国に追い抜かれるのはほぼ確実である。ロシアも軍事的に台頭してきた。ロシアは、まさに「見えない戦争」のような、直接的な武力行使とは異なる手段で諸外国に政治介入を図る「ハイブリッド戦争」を繰り広げているとも言われる。これらの国々を敵視せよと主張するのではないが、アメリカと中国、ロシアに挟まれた日本が、台湾や韓国とともに困難な立場にあるのは事実であろう。[32]どう対処するにせよ、国際秩序が急速に変化しているのは明らかである。

政府がこうした状況に危機意識を持つならば、現行の観光政策は安全保障上の問題を抱えている――というか、安全保障という観点がない――と言わざるを得まい。逆に言えば、「自助努力」による地域どうしの競争を激化させる観光政策を見直し、無理なく国土を守る観光を考えることは、安全保障上も有意義なはずである。

広報文化外交としての観光

外務省は近年、広報文化外交（パブリック・ディプロマシー）に力を入れている。伝統的な政府と政府との外交ではなく、広報や文化交流によって諸外国の世論に働きかける外交活動である。[33]

外務省はアニメやマンガなどのポップカルチャーの発信や、世界遺産制度の支援などを強調する。しかしそれだけでなく、訪日外国人観光客などに、日本へ好ましいイメージを持ってもらおうという意味で、国際観光には広報文化外交の側面がある。

たとえば文化庁は二〇二〇年から「日本博」事業を行なっている。これは同年に開催予定だった東京オリンピック・パラリンピックを契機に、「日本の美」なるものを体現する美術展覧会や舞台芸術公演、芸術祭などを開催し、インバウンドの拡充や「国家ブランディングの確立」を図るものだった。二〇二一年に国立新美術館で開催され、イッセイミヤケなどのブランドが参加した「ファッション　インジャパン」展などは、その一部である。

二〇一九年に愛知県で開催された芸術祭「あいちトリエンナーレ2019」は文化庁が補助金を不交付としたことで話題になったが、その補助金も、この「日本博」に向けたものである。[34][35] その要綱を見ればわかるが、事業目的にも「インバウンド需要回復や国内観光需要の一層の喚起」がはっきり含まれている。[36]

筆者としては一応、この「日本博」による「日本の美」なるものの称揚には賛同できないことを明記しておく。だが筆者の立場どうこうよりも、ここで重要なのは、観光が政治的に、こうした文化交流による国際広報や、国際コミュニケーションになることである。

だからこそ本来は、コミュニケーションの背後にある政治イデオロギーを注視せねばならない。また、それで本当に「国家ブランディング」なるものを確立できるかは、批判的に検証されるべきである。

観光は正しくつかえば、単なる観光消費の喚起とは次元の異なる、戦略的な国際政治のツールになる。

写真6－5・6　韓国系店舗が連なる大久保コリアタウンの景観．看板に日本語が多く見られることは，それが日本人観光客向けのビジネスであることを物語っている．
（出所）　筆者撮影

より理想論的に言えば、だからこそ観光は、個人間の国際交流による相互理解の促進という意味で「平和へのパスポート」とされるのである。観光のこの機能は、これからの国際情勢のなかでさらに注目され、洗練されるべきであろう。

外国人との共生社会化が進む日本

ただ、じつはこうしたことは、政府がやらなくても自然発生的に進んでいる。

中国の台頭を安全保障上の課題とするわりに日韓の政府間関係は冷えこんで久しいが、東京の大久保コリアタウンは若者から人気の街である（写真6－5・6）。ここはもともと、日本文化に不慣れな韓国系住民のための生活支援サービス——理容室や書店など——が発達していた生活地域だったが、二〇〇〇年代以降は、日本人向けの観光地化が進んでいる。二〇一四年のヘイトスピーチによって一時的に衰退したものの、大久保は、昨今ではより若い層からの人気が再燃している。

日本の若者は、海外旅行への関心は高いが、経済的な理由などさまざまな阻害要因によって、実際の海外旅行は広く行われていないとされる。都市地理学ではこうしたなか、大久保コリアタウンのようなエスニックタウンは、若者たちにとって韓国文化（異国文化）の擬似的な体験ができる場所と評価されている。

またおなじく東京の南千住の山谷地域は、かつて「ドヤ街」とよばれた日雇い労働者の街だった。観光地理学での研究では、同地は格安の簡易宿泊所やコインロッカー施設が林立していたが、時代の変化のなかで、簡易宿泊所から訪日外国人向けのゲストハウスへの改装が進んでいることがわかっている。ここでは高齢化する日雇い労働者が減っていくなかで、外国人の若いバックパッカーたちが暮らしている。

実際のところ、こうした事例はそれなりに稀有だと思われる。むしろ、地域住民が予期しないかたちでの移民社会化が、さまざまな地域で起きていて、住民と移住者の双方で困惑も広がっている。だが日本は二〇一九年の四月から入国管理法を改定し、外国人労働者の受け入れ拡大を決めた。日本社会の大きな転換点である。長期的な人口減少のなかで、これから外国人との共生がますます広がっていく。

こうしたとき、大久保コリアタウンのような国内のエスニックタウンを来訪するにせよ、海外旅行をするにせよ、あるいは訪日外国人観光客が増えるにせよ、擬似的であれ、観光による異文化との交流経験は、外国人との地域共生を進める上で、ますます重要になろう。

4　消費されない観光をめざす

観光は「社会の豊かさ」を探る補助線

とてもささやかだが、観光が私たちにどのようなメリットをもたらしてくれるのか、経済以外の観点から論じてきた。観光は、地域の暮らしやすさを保ったり、文化や国土を守るのである。それは観光消費の拡大による経済の活性化とは、次元の違うメリットである。

そしてこれらの議論は、暮らしやすさや文化、国土といった個別の問題にとどまらない。重要なのはもっと総合的な「観光」そのものの理解のしかた、すなわち「観光をきっかけに、社会そのものを豊かにできる」という観光へのビジョンである。観光は、経済活性化のツールではなく「社会の豊かさ」を探る補助線なのである。それは、観光の見すごされがちな可能性である。

ただし観光が文化や環境の保全につながること自体は、しばしば主張される。これが問題をややこしくしている。観光庁の「観光立国推進基本計画」でも、観光は文化財の保護と関係づけて論じられている。

> 我が国の「たから」である文化財は、観光振興に欠かせない資源である。このため、文化財を、災害や衰退の危機から保護し確実に次世代に継承する。(37)

一見、もっともらしいステートメントである。だがこれから注意せねばならないのは、この文化財の保護のような「非・経済的価値」が、経済活性化のような「経済的価値」との関係のなかで、論理的にどう扱われているかである。

すなわち「観光立国推進基本計画」の第一の基本方針は、「国民経済の発展」である。だから観光振興は国民経済の発展、つまり経済的価値の追求のためにある。そして文化財は、その観光振興のための「欠かせない資源」とされている。

だからこれは、経済的価値を追求するために文化を守ろうというロジックなのである。それは、本来は純粋に守られるべき非・経済的価値を、経済的価値に従属させる、論理の倒錯である。

経済的価値の追求で文化は守れない

そして、さらによくあるのは、経済的価値を追求すれば、非・経済的価値を守れるとか、非・経済的価値を守るには、その経済的価値を追求せねばならないといった主張である。文化財や国立公園を観光の活性化で「稼げる」産業にしようという発想である。

たとえば序章や第四章でも引用したが、政府の成長戦略会議のメンバーである著名な論者（投資家）は、文化財や町並みを守るには「自助努力」で稼いでもらうべきだと主張する。

> 文化財を整備するのにも、町並みを整備するのにも、先立つものはお金です（中略）。多額の税金を景観や文化財に注ぎ込むのが難しいのは言うまでもありません。そうなると、やはり自分自身で稼ぎ、自分自身で外国人観光客がくるような魅力ある文化財に整備していかなければいけないということです。つまり、自助努力です。(38)

文化財を単に税金を費やす「研究・学習の場」から、「自ら稼げる観光施設」に生まれ変わらせることで、自分たちで稼いだお金で、施設のメンテナンスや伝統文化の普及などを進めていくのです。[39]

しかし、はたして「自助努力」で文化を守れるのだろうか。

この人物は「自助努力」の参考例として、フランスのベルサイユ宮殿の観光利用を挙げる。彼はベルサイユ宮殿では一日に一五〇〇万円を支払えば「宮殿で晩餐会」もできるという。[40]とてもユニークな趣味だが、ベルサイユ宮殿のような、明らかに世界屈指の知名度をもつ事例は、いったいどれだけの地域や施設で「自助努力」の参考例になるのだろうか。

こういう、前提条件からして圧倒的に恵まれた例を挙げてそれに追随すべきだと、もとより無理なことを要求するのは、新自由主義的な弱者切り捨ての基本的なメソッドになってしまう。

そして同氏は二〇一七年の著書で、東京オリンピック・パラリンピックにも言及しながら、スポーツを産業化して観光の対象にすることを主張したが、[41]わずか四年後の二〇二一年には翻意している。朝日新聞のインタビューに「東京五輪が日本経済の起爆剤になるというのも、俗説（中略）。数週間のイベントがＧＤＰ五五〇兆円の日本経済に大きな影響を与えるはずがありません」と述べ、「日本の決定的な問題は、クリティカルシンキング（批判的思考法）が十分にできていないこと」という。[42]

スポーツの産業化はどうなったのだろうか。パラリンピックは眼中にないのか。本人的には整合的なのだろうが、その「批判的思考法」を自己批判につかっていただきたい。

「自助努力」で文化を守れとか、そうせざるを得ないと主張する論者は少なくないが、その人びとが

「自助努力」した地域を評価しつづける保証などない。むしろ簡単に翻意する論者や、それを無批判に称揚するマスコミや政府を信用して、地域が「自助努力」に邁進するのは悲劇的である。

経済的価値を追求する「自助努力」で文化を守れという主張は、それができない大多数の文化の切り捨ての主張にほかならない。「観光の『自助努力』で文化を守れ」という論は、「消費されない文化は守らない」論とイコールである。だから結局のところ、観光による経済の活性化――経済的価値の追求――では、文化や国土、あるいは暮らしやすさといった非・経済的価値は、かならずしも守れないのである。

観光の価値をめぐる「お得なレトリック」に気をつける

もう一つだけ、注意点を挙げておく。観光を論じるレトリックである。

左に引用するのは、本書でもしばしば引用してきた政策論者の、インバウンド論の締めくくりである。

> 訪日旅行は、外国人に実際の日本を知ってもらい、日本人と交流してもらう好機です（中略）。観光を通じた草の根交流によって、日本を理解してくれる人、好意を持ってくれる人が世界に増えていくと、日本が国際社会で起こす行動に力を貸してくれたり、共感してくれる人びとの増加が期待できます。わが国のソフトパワーが強化されていくのです（中略）。訪日外国人旅行者がもたらす消費は、わが国から外に持ち出すことができないサービス産業が外需を獲得するということです。外国人旅行消費は（中略）、企業間取引を通じて広く経済効果を及ぼしていきます。(43)

べつにこの人物を批判したいわけではない。おなじような文章は、さまざまなところで見られる。この文章は、前半では交流やソフトパワーなど、観光の非・経済的価値を解説し、後半では消費や経済効果など、観光の経済的価値を強調している。そして観光の活性化には、このふたつの価値があるとされる。観光は一粒で二度おいしいのである。

このレトリックの要諦は、本来的に異なる価値をセットにする「二面性」にある。

前半で言われている非・経済的価値は、たしかに存在する。本章でも論じたことである。だが後半の経済的価値——観光による経済の活性化——は、本書で論証してきたように、かならずしも発生せず、むしろ格差を悪化させる。両者のうち、経済的価値は従業者数や付加価値額などの数字ではっきりと成功・失敗がわかるが、非・経済的価値は数字にならないので、失敗が客観的に証明されにくい。

すると、この主張に基づいて観光の活性化を追求すると、観光による経済の活性化はほぼ確実に「失敗地域」が出てくるが、数字にならない非・経済的価値の方は、かならずしも「失敗」にはなりにくい。だから帰結は多くの場合、「経済的価値のメリットは（今回は）かならずしも得られなかったけど、非・経済的価値はそれなりに得られたようだ（得られなくはなかったようだ）」ということになる。つまり「それなりの成功」や「大失敗ではない」という結果を保証できるのである。非・経済的価値は、経済的価値の追求とセットにされると、全面的な失敗を避ける政治的な保険として機能する。

観光をめぐる「二面性」のレトリックは、それを用いる者が意図しているか否かはべつにしても、「失敗」を覆い隠してしまう政治的なメリットを持っている。

だから、私たちが注意すべきは、この経済的価値と非・経済的価値を、はっきりと切りわけることである。安易にふたつを「観光の価値」として抱きあわせる「お得な主張」に、よく注意することである。

「消費されない観光」をめざす

これからの観光で重要なのは、こうした経済的価値と非・経済的価値をめぐる、都合のいい論理の倒錯やレトリックに惑わされず、どちらかの価値をはっきり優先することである。

どちらを優先すべきかは、わかりきっている。

多くの地域において、経済の活性化は観光が――とくに観光産業が――担うべきミッションではない。地域の経済を活性化したければ観光以外の方法を選ぶべきである。その上で、観光の非・経済的価値をはっきりと追求すべきである。それはいわば、「消費されない観光」をめざすことである。

経済的価値を追求する観光は、観光客に「消費される観光」である。地域はより多くの観光客に、より多く、より効率的に消費されようとしてきた。

だが、その本質は地域間の競走による地域の淘汰と切り捨てであり、格差を無限に拡大しつづける。第二章で説明したように、観光は貯蔵も輸送もできないサービスなので、それを楽しむには、かならず、一定の時間の消費が必要になる。だから観光は、本質的に地域どうしを競合関係におく。

日本の休日が増えたり、人びとの可処分所得が増えて延べ観光客数が増えても、地域どうしが競合するのは変わらない。あるいは、もしある年に、自分たちの地域がたくさんの観光消費を得られたとする。しかし翌年、ほかの地域がもっと成功したら、相乗効果もあるかもしれないが、自分たちが前年とおなじだけの観光消費を得られるとは限らない。観光に頼る限り、地域の経済は安泰を迎えない。

「消費される観光」で得られる経済の活性化は、ほかの地域の動向や、パンデミックや戦争、異常気象などの世界的な情勢変化によって簡単に左右されてしまう。ものすごく努力して一時的に成果が出ても、いつ、それが失われてもおかしくない。経済的価値の追求という意味では、観光は本来的に持続可能性が高くない。

他方で「消費されない観光」は、ほかの地域に勝ったとか負けたとかは、あまり関係ない。暮らしやすさを保ったり、地域の文化や国土を守ることとは、自分たちのための「投資」だからである。

観光をきっかけに高められた地域の暮らしやすさは、ほかの地域がもっと観光客を集めたり、もっと暮らしやすくなっても、基本的には損なわれない。暮らしやすさは絶対値として積み重なる。国土を守って、災害に強い地域を作るのもおなじである。ほかの地域がもっと強靭になっても、それで自分たちの地域が災害に弱くなるわけではない。

こうした意味で、「消費されない観光」をめざすのは、国や地域、社会にとって「コスパ」のいい選択である。むしろ経済の活性化をめざす「消費される観光」の方が「コスパ」は悪い。

これから地域は「消費されない観光」をめざして、観光を、自分たちの生活をよりよくするために、もっと自分たちのためにつかってもよいのではないか。観光の活性化の議論は、いつも「どうやって観光客を楽しませるか」を考える。視線が、観光客の方を向いている。観光客にどうやって消費してもらうか。多くの地域は、他者から評価されるために無理を重ねてきた。

しかし、私たちは視線を、もっと自分たち自身に向けるべきであろう。

立てるべき問いは「他者からどう評価されるか」ではなく「自分たち自身がどう在りたいか」である。簡単なようで難問である。前者の答えは「他者」が教えてくれるが、後者の答えは、だれも教えてくれない。私たちは答えを出せるだろうか。

注

(1) ユネスコ「Dresden is deleted from UNESCO's World Heritage List」http://whc.unesco.org/en/news/522 二〇二一年八月二一日アクセス。

(2) そもそも、世界遺産は「増えつづける」宿命を持っている。遺産を守るのが世界遺産制度なので、世界遺産は減少せず、むしろその認定や権威をもとめて、しだいに世界遺産の数は増えていく。

(3) 「沖ノ島、一般の上陸全面禁止へ　現地大祭を中止」、『朝日新聞』二〇一七年七月一五日。

(4) 千葉（二〇一四）。

(5) 千葉前掲、一四四頁。

(6) 同右。

(7) 「加賀屋相談役小田禎彦氏――母子寮、職安でヒント」、『日経産業新聞』二〇一五年三月五日。

(8) 久木元（二〇一〇）の論文は観光現象の地理学的研究ではない。長時間保育ニーズへの対応という日本の保育サービス供給の問題が先鋭的に現れる地域として温泉観光地を選定した研究である。

(9) 一九九四年に公開されたスタジオジブリのアニメ映画『平成狸合戦ぽんぽこ』は、まさにこの話である。

(10) 野澤（二〇一六）二一五頁。

(11) 野澤前掲、二〇五頁。

(12) ただ、ショッピングモールなど郊外型のチェーン店の発展が中心市街地を衰退させているという理解は、かならずしも正しくはない。そもそもの店舗経営者の高齢化などが衰退の一因である。高齢化は「跡継ぎ問題」として認識されがちだが、中心市街地のような個人店の場合、高齢化は新規サービスの考案・導入や店舗のリニューアルへの経済的・労力的・気力的なハードルになる。つまり高齢化自体が中心市街地の魅力を減じていることがある。また中心市街地では、地域住民との長期的な取引による人間関係をベースに、ショッピングモールの入居店舗のような、企業経営的なチェーン店では提供できない細やかでインフォーマルなサービスを提供していることも多い。また店頭での小売販売・サービスだけでなく、卸売など、企業間取引で経営を成立させている店舗も少なくない。すなわちショッピングモールと中心市街地は、じつは、かならずしも競合しない。筆者らはこうした中心市街地の事例について現地研究を重ねている（福井ほか　二〇一四、二〇一五、二〇一六）。

(13)「ナマハゲ存続へ「外の人」受け入れ　交流に期待」、『朝日新聞』二〇二〇年一月二二日。引用部中の「双六」は男鹿市内の地区名。

(14) 外国人がかかわる「なまはげ」の例を好意的に取り上げているように、「文化を守るとは、地域を守ること」という筆者は、べつに「文化にはその地域の住民だけが関わるべきだ」などとは考えていない。ここで指摘しているのは、より広い意味で「地域を守る」ことを考えることの重要性である。

(15) それが「多機能性レジーム」のように政治的に作られた「正義」であるにせよの話である。

(16) 鈴木（二〇一九）三三二頁。

(17) 遠藤（二〇一九）七九―八〇頁。

(18) 遠藤前掲、八一頁。

(19) より詳しくは、遠藤（二〇一九）、橋本（二〇一九）、山下（二〇一九）、鈴木（二〇一九）、葛野（二〇一九）の議論が参考になる。

(20) なおこの過程では、延暦寺のおもな収入源が林業から観光（諸堂収入）になって経営構造が変わるなど、経済利益の問題も考えられていた。またこの例は、延暦寺が、そもそも京都や大津といった大都市の近郊に位置する霊山という地理的条件だからこそできた面もある（卯田　二〇一五）。

(21) ダークツーリズム研究者の井出（二〇一八）は、ダークツーリズムをつぎのように位置づける。「近代社会の矛盾の中に生きる我々が、その矛盾を捉え直すための身体的な方法論がダークツーリズムである」（一五頁）。「方法論としてのダークツーリズムは、あえて地域の影からアプローチをし、対象の全体像を見ようとする試みであり、こうした接近をすることで影だけではない光も含めた社会の全体像が分かるようになる」（一六頁）。

(22) 関（二〇一九）五―六頁。

(23) 関前掲、九―一〇頁。

(24) 渡邊（二〇二一）。

(25) 朝日新聞二〇二一年三月一〇日の社説「所有者不明地　問題の重さを共有して」では、この問題の深刻さと解決の必要性が主張され、まちづくりにも言及されている。
(26)「熱海土石流、盛り土が地下水せき止めか　水圧上昇で発生の可能性」、『毎日新聞』二〇二一年七月六日。
(27)「続く豪雨災害　もう想定外は通じない」、『東京新聞』二〇二一年八月一八日。
(28)「外資の土地取得に規制検討、WTO例外規定で、中国など念頭、安保上の要件絞り込み」、『日本経済新聞』二〇二〇年一一月六日。
(29) 国土交通省「水資源問題の原因」https://www.mlit.go.jp/mizukokudo/mizsei/mizukokudo_mizsei_tk2_000021.html　二〇二一年八月二一日アクセス。
(30) WEDGE「〝合法的〟に進む外資土地買収は想像以上　武器を持たない戦争に耐えうる国づくりを急げ」https://wedge.ismedia.jp/articles/-/21620　二〇二一年八月二一日アクセス。
(31) 高木（二〇二〇）二九九頁。
(32) あるいは北朝鮮もそうなのであろう。
(33) 外務省「広報文化外交」https://www.mofa.go.jp/mofaj/comment/faq/culture/gaiko.html　二〇二一年八月二一日アクセス。
(34) 美術手帖「あいトリに交付予定だった「文化資源活用推進事業」とは何か。「日本博」とも関連」https://bijutsutecho.com/magazine/news/headline/20640　二〇二一年八月二一日アクセス。
(35) 文化庁「あいちトリエンナーレに対する補助金の取扱いについて」。
(36) 文化庁「文化芸術振興費補助金（文化資源活用推進事業）交付要綱」。
(37) 観光庁「観光立国推進基本計画」、二〇頁
(38) アトキンソン（二〇一五）二五三―二五四頁。
(39) アトキンソン（二〇一七）二九七―二九八頁。
(40) アトキンソン（二〇一五）二五四頁。
(41) アトキンソン（二〇一七）二九九―三一三頁。
(42)「日本人が語る「日本」は理想論　アトキンソン氏の違和感」、『朝日新聞』二〇二一年二月二〇日。

(43) 矢ケ崎（二〇一八）二〇四頁。

終　章　これからめざす「無理しない」観光のかたち
――価値と多様性を再考する

1　パンデミックが暴いてしまったこと

「これからは地元の人々と向き合うべきだと思う」

二〇〇六年にノーベル文学賞を受賞したトルコ人作家のオルハン・パムク（一九五二―）は、とても地理学的な小説家である。彼は『雪』や『私の名は赤』などの作品で、東洋と西洋の狭間にあるトルコやイスタンブールという地理的空間の「ローカルな限定性」を、冷静かつ斬新に表現している。パムクは二〇二〇年のインタビューで、ＣＯＶＩＤ－１９のパンデミックと地域について、つぎのように述べている。

私の運営している博物館では来館者の半分以上は外国人だったが、誰も来なくなった。これからは地元の人々と向き合うべきだと思う。レストランやホテルも飛行機で来る人々ではなく、地元の人々に対応することになるだろう。これは大切なことだ。(1)

観光依存、インバウンド依存の脆弱性と、ローカルな価値の重要性。パンデミックが多くの人びとに気づかせたことである。それを私たちは、いつまで記憶できるだろうか。

観光を論じる以上、今回のパンデミックに言及しないわけにはいくまい。終章として、パンデミックの意味も考えながら、これからの「無理しない」観光のかたちを考えよう。なおＣＯＶＩＤ－１９に関する記述は、二〇二一年六月時点の状況認識に基づいている。

＊

二〇二〇年は、観光の華々しい年になるはずだった。東京オリンピック・パラリンピックの開催をきっかけに、日本の「観光立国」の総仕上げが待っているはずだった。(2)

パンデミックがそれを一変させた。歴史のあるホテルや飲食店の廃業を、私たちは何度も見たし、これからも見るだろう。消費の大幅な減少や雇用の崩壊は、観光需要をさらに縮小するかもしれない。「不要不急」の余暇活動にすぎない観光は、社会変動の影響を強く受ける。

他方、日本政府がオリパラを強行したように、多くの国の政府は、観光による経済の活性化に固執した。結果、先進各国で国際的なスポーツイベントや国際映画祭などがつぎつぎに開催され、感染は半ば人為的に広げられていった。

今回のパンデミックが社会経済に大きなインパクトを与え、私たち自身が変わらねばならないことは、冷徹な識者たちは、早い段階で見通していた。

たとえば、著名な投資家のウォーレン・バフェット（一九三〇―）は、二〇二〇年の五月、早々に航空株をすべて売却した。彼は「世界は変わってしまった」「三、四年後、人々が昨年と同じくらい飛行機に乗るのかどうかわからない」と、自身の投資会社の株主総会で述べている。(3)

おなじ時期、グーグル社CEOのサンダー・ピチャイ（一九七二―）も、会見で「緊急事態が終わっても、世界は以前と同じような姿ではないだろう」「オンライン上での仕事、教育、医療、買い物、娯楽は今後も増えていく」と指摘した。(4)(5)

観光もまた、変わらねばならない。「ポストコロナ」の観光が論じられるなかで、観光が抱えるリスクや不正義を見直す動きも、少しずつ出てきている。

予見されていたパンデミック

パンデミックが世界の観光に破壊的な影響を与えることは、前々から警鐘を鳴らされていた。本書で何度か言及した社会学者のジョン・アーリは、二〇〇七年の代表作『モビリティーズ』で、はっきりと「病気」に言及している。

> 移動は（中略）、リスク、事故、病気、密売、テロリズム、監視、とりわけ地球規模の環境破壊を引き起こしている。現代の動的な世界は、動的なリスクに満ちた生活の新たな機会はもとより、人や場所、環境に対する並外れた危険と規制をもたらしているように思われる。(6)

アーリは同書でしばしば、二〇〇三年に中国や台湾、シンガポール、イギリスやアメリカに広がったSARS（重症急性呼吸器症候群）を論じている。彼は、観光は人の活発な移動を促進するため、パンデミックやテロなどの社会的リスクには宿命的に弱く、さらに観光自体が、それらのリスクや気候変動を増大し促進すると指摘している(7)。

だがそうした観光の根本的な問題は、観光による目先の経済効果が追求されるなかで、あまり解決されてこなかった。筆者のような観光研究者もまた、その無力をあらためて自省せねばならない。

パンデミックが暴く不正義、ワクチンを独占した自由主義国

日本でも著名な政治哲学者のマイケル・サンデル（一九五三―）は、アメリカ社会の格差を批判する近著で、パンデミックが暴いた、ごく一部のエリートとそれ以外とのあいだの不正義を指摘している。サンデルは、ラテンアメリカ系住民と黒人の死亡率は、白人と比べてそれぞれ二二％、四〇％も高かったというアメリカの分析結果を紹介する。パンデミックは有色人種に最も大きなダメージを与えたのである。それは「不平等が深刻化し、きわめて多くの労働者が実入りのいい仕事や社会的敬意を奪われていた(8)」という、経済的な不正義の結果である。

そして一方、特権的に安全圏にいられた人びともいる。

グローバルな市場、サプライチェーン、資本移動の経済的恩恵を手にした人びとは、生産者としても消費者としても、自らの同胞への依存をますます減らすようになっていた。彼らの経済的展望やアイデンティティはもはや、地域や国のコミュニティを頼りとしてはいなかった。グローバリゼーションの勝者が敗者から距離を置いたとき、彼らは彼らなりのソーシャルディスタンス戦略を実行していたのだ(9)。

感染の危険な地域があるなら、離れてしまえばいい。仕事の感染リスクが高いならやめればいい。安全な土地で、リモートで投資でもしていよう。そうすれば感染しないし、経済的なダメージも小さい。この世界には、それができる人たちと、したくてもできない人たちがいる。

Ｗｉｎｄｏｗｓ９５の起動音の作曲者としても著名な現代音楽家のブライアン・イーノ（一九四八―）は、二〇二〇年一〇月のインタビューで、一二万人以上もの死者を出しつつある当時のイギリスで、つぎのように談笑している。

　私個人にとっては非常に充実した年になった。三月にロンドンを離れて、田舎に持っている家に来た（中略）。これは常に言ってきたことだけど、生きていてある一定のところまで来ると、お金は重要ではなくなる。ほしいのは金ではなく、時間だ（中略）。私は今、イギリス東部のノーフォーク州とサフォーク州の境にある小さな村に住んでいる。イギリスの中でも人口が少なく、静かで美しい平地と大きな空のある場所だ。そこでまた思索し、音楽を聴くようになった。(10)

彼ほどの富と地位があれば、パンデミックなど他人事である。羨ましいかぎりだが、無邪気にそんな経済的ソーシャルディスタンスをとれる恵まれた人は、わずかしかない。パンデミックが暴いてしまった最大の矛盾のひとつは、観光にかぎらず、この世界そのものがいかに、こうした政治的・経済的不正義を抱えているかという現実であろう。

国際社会も同様である。典型例として、先進諸国は経済の活性化のために、あるいは国際的な影響力や政権の維持のために、ワクチンの確保に躍起になった。

一時、イギリスは成人ひとりあたり九回分以上、カナダに至っては一三回分以上ものワクチンを抱えこんだ。どのワクチンが有効なのか確信が持てなかったから、その資本力で過剰発注したのである。自身が感染して生死の境をさまよった英首相ボリス・ジョンソンはともかく、日ごろのリベラルな発言(と、その欺瞞[11])で知られるカナダ首相のジャスティン・トルドーの見識は、疑わざるを得ない。当時『エコノミスト』誌は、こうしたヨーロッパと北米の富裕国の不正義を厳しく批判した。

余剰分は至急他の国に回すべきだ。(筆者注:富裕国の)死亡リスクが極めて低い一〇代の若者に、貧しい国の高齢者や医療従事者より先に接種するのも間違っている。豊かな国は万が一に備えて人口の何倍ものワクチンを備蓄すべきではない[12]。

世界は先進国だけで成り立っているわけではない。大多数の国々ではワクチン供給が追いつかなかった。筆者は地理学者として、先進国の国民がワクチン接種を済ませたら「ポストコロナ」だ、などとはまったく思えない。

しかしこうした不正義は、先進国でワクチンを打った消費者たちの「ポストコロナ」の観光の楽しさで忘れられるのかもしれない。世界は「ポストコロナ」を見据えて急速に、観光による経済活性化をまた追求しつつある。

「ポストコロナ」の観光も富裕層に期待しよう

ワクチン接種に期待が集まるなかで、「ポストコロナ」や「アフターコロナ」の観光がさかんに論じられている。

たとえばアクセンチュア社とトリップアドバイザー社は、アメリカ人を対象とした共同調査で、今後の観光は、三〇歳前後で年収十万ドル以上の富裕な人びとが牽引するという。この人びとは、パンデミックの期間中は経済的に安全圏にいたので貯蓄が進んでおり、一度に五〇〇〇ドル以上の旅行をするなど、余ったお金の使い道を探しているからである。(13)

読んでいてうんざりするレポートである。だが事実、パンデミックで消費の機会が少なくなった結果、余ったお金は投資にまわされ、金融商品や暗号通貨はさらに高騰し、富裕層や機関投資家はさらに富を増やすことになった。

そして、ワクチンを無事に接種した人たちから、観光が解禁されつつある。日本でも、ワクチン接種を証明する「ワクチンパスポート」の導入が決まった。(14)観光に頼った経済の活性化に傾倒しているのは日本だけではない。たとえばイタリアは、毎日五千人前後の新規感染者を出していた二〇二一年五月に、「隔離なし」での外国人観光客の受け入れを決めた。(15)国民の安全と経済（あるいは、政治家や資本家の地位）が天秤にかけられていく。

結局「ポストコロナ」の時代も引き続き、恵まれた人びとが、そうでない人びとの観光労働に支えられて、素敵な景観や美食、芸術鑑賞を楽しみ、人生をより豊かにしていく。(16)その傍らには、パンデミックで財産を使い果たした人びとや、ワクチンが打てずにパンデミックの危険のなかで生活せざるを得ない貧困国の人びとがいる。

観光による「ポストコロナ」の経済追求は、パンデミックが暴いた不正義を再生産しつつある。だが、観光を脅かすリスクは、観光それ自体が増大させることを忘れてはならない。

つぎに観光が顕在化させるリスクはなんだろうか。またパンデミックか、あるいはテロか、気候変動か、もっとすごい「なにか」か。このままでは、新たなカタストロフが起きるのも時間の問題であろう。

観光を称賛した政府は、観光をパンデミックから救わなかった

日本でも、二〇二〇年に実施された観光支援策の「ＧｏＴｏキャンペーン」は、経済の再生と引きかえに感染を再拡大させると批判された。

だが政府の文書を読むと、そもそも経済の再生など目標にされてすらいなかった。クーポン、ポイント付与、割引、プロモーションによる「需要喚起」が目標であり、雇用の維持どころか、消費の拡大すら目標ではない。経済を再生できなくても、政府が責任をとらなくて済むように設計されている。需要を喚起したら、あとは各自の「自助努力」次第ということである。

この政策は地域格差への配慮も薄く、もしこれで観光が活性化したとしても、地域格差が悪化してしまう。[17]そして地方の宿泊施設や飲食店ではなく、東京や大都市圏の旅行代理店やオンライン予約サイトの運営企業に利益が流出するという、第三章で論じたデジタル化の弊害も、この政策はあらためて表面化させた。[18]

いったい、なんのための政策だったのか。それまで政府は「観光立国」や「地方創生」のスローガンのもと、観光の可能性を称賛し、観光による経済活性化を進めてきたのに、いざパンデミックで窮地に陥ったら、観光に関する企業や人びとを救わなかったのである。「ＧｏＴｏキャンペーン」は、本当に観光を救おうという意識と、制度設計の精緻さに欠けていたと言わざるを得まい。むしろ実質的な意義の薄い政策目標、地域格差の再生産、デジタル化による利益流出など、はじめからわかりきっていた観

光の問題を繰りかえし、観光に対する社会の反感を生んだのである。

観光学でもパンデミックが日本の観光に与える影響が調査されており、「ポストコロナ」の観光論は数多く発表されている。有力視されているのは、デジタル化やワーケーションの推進、近距離観光への注目、夜間・早朝時間の活用、富裕層のさらなる優遇などである。[19] だが、それらは前々からの既定路線か、単に脚光をあびてこなかった分野である。「ＧｏＴｏキャンペーン」や「ポストコロナ」の観光論が共有しているのは「経済の活性化のための観光」という、これまでと本質的に変わりがなく、かつ本書がこれまで実効性を疑問視してきた観光のあり方である。いわば「ポストコロナ」ではなく、「プレコロナ」の観光論である。

いま真に必要なのは、観光の構造的な、根本的な問題の見直しではないだろうか。

パンデミックをきっかけに観光を再考すべきという提言は、日本では、早い段階でなされてもいる。日本の代表的な観光研究者である石森秀三（一九四五―）は、自身がかねてより主張してきた、地域との「共存共栄」の重要性をあらためて指摘している。

> コロナ禍を通して「観光ファースト」よりも、もっと大切な物事が軽んじられてきたことが明白になった。要するに地域との「共存共栄」が実現されていないと、地域観光の持続可能な推進は極めて困難になるということだ。[20]

冒頭に紹介した、パムクの気づきとおなじである。

地域格差やオーバーツーリズムに陥ってきた近年の日本の観光は、一部の例外地域を除けば、地域との「共存共栄」、つまり地域を中心におき、地域を守る観光を大切にできてきたとは言いにくい。日本の観光はもっと地域中心であるべきという根本的な問題が、結果的にせよ、わきに置かれつづけたのである。もし「ポストコロナ」の観光論が、経済のために表面的な観光トレンドを追うだけなら、それはこれまでの、観光をめぐる不正義への加担と言わざるを得ない。

だから地域と観光に関して、パンデミックを契機に私たちが考えるべきことは、観光をめぐる不正義である。経済の活性化を追求する観光は、本質的に不正義とともにある。

観光を突き離して考える

ならば観光をめぐる不正義と、私たちはどう向きあえばよいのだろうか。社会や地域は、観光とどう関わればよいのか。

本書は、経済追求型の観光をめぐる根本的な不正義を論じてきた。観光による社会格差と地域格差、デジタル化の不平等、地方自治体をコントロールする中央集権的な税制システム、「自助努力」という新自由主義的イデオロギー、官僚主義と「数によるガバナンス」。みな、観光をいびつにする、観光の内外にある不正義である。

だが「それは不正義だ」と指摘しただけでは、観光のすがたは変わっていかない。広く社会で指摘を受け入れられるかは、別問題だからである。政策哲学者のジョナサン・ウルフ（一九五九―）は、そうした政策への哲学的アプローチの限界について、皮肉な指摘をしている。

もし哲学者が真実は発見され、論争は終わったと言い張るなら、彼または彼女は論争が自分抜きで続いていくのを知ることになるだろう（中略）。哲学者の役割は「権力者に真実を告げること」だと言ってきた人もいる。それは大変結構なのだが、あなたは本当に真実を知っており、権力者にそれを聞かせる手段を知っているとそれほど確信できるだろうか。[21]

その通りであろう。

観光がどうあるべきなのか、どう転換すべきなのかは、本書ですでに論じてきた。だからもう一歩踏みこむ必要がある。どうすれば不正義から離れて「無理しない」観光をめざせるのか。「無理しない」観光をめざすことは、観光以外の世界において、どういう意味があるのか。できるだけ一般的に、受け入れやすく説明したい。

本書の方法論は、序章で述べたとおり「観光を突き離して考える」だった。観光のことだけ見つめていても、観光のことはわからない。だから観光の外側に立って、広い視野から観光を考えてきた。ここでは本書の最後に向けて、もっと観光を突き離して考えたい。

2　地域と観光をめぐる「構造的不正義」

シングルマザーの寓話

フェミニズム理論家のアイリス・マリオン・ヤング（一九四九―二〇〇六）は、一九九〇年代以降のアメリカを代表する、早逝の政治哲学者だった。[22]

彼女の遺著『正義への責任』では、「サンディ」という架空のシングルマザーが追いこまれた不条理

が、寓話的に述べられる。左はその要約である。(23)

＊

サンディはふたりの子どもと都市中心部の古いアパートに住んでいたが、デベロッパーによる再開発で、アパートは分譲マンションに建てかえられる。二ヶ月後には立ち退かねばならない。

彼女は販売員として郊外のショッピングモールまで往復三時間かけて通勤していた。サンディは引っこし先を探すが、職場近くのアパートの家賃は衝撃的に高い。不動産屋も熱心に物件を探してくれたが、やむなく、彼女は貯金を切り崩して通勤用に自動車を買い、職場から遠く離れた劣悪なアパートを選んだ。

しかし賃貸契約の直前、保証金として三ヶ月分の家賃の前払いが必要だと言われる。自動車を買った彼女にそんなお金はない。大家が意地悪なのでもなく、保証金制度は一般的だとされる。サンディたちはホームレスになる危機に追いこまれた。

＊

ヤングは、この寓話を注意深く組みあげたという。

というのも、ここに特定の悪人はいないことになっている。不動産屋のように、サンディに親切な人すらいる。ヤングによれば、アパートの大家たちも生活がかかっているから、分譲マンションへの建てかえや保証金を設定しているのかもしれない。

住宅政策に問題があるとも考えられるが、それだけが原因でもない。政策を挙げるなら、シングルマザーや子育て世帯への福祉政策や、自動車による長時間通勤と接客サービスの低賃金労働をめぐる都市政策や労働政策も問題であろう。さらに設定ではサンディ自身も、みずからシングルマザーを選んだし、大学に進学しなかった。だから「自己責任」の面もある。

つまりサンディの危機には、単一の原因としての不正義は導き出せない。そしてこうした状況は、シングルマザーやアメリカの住宅に限らず、社会のさまざまなところで見られる。

ヤングはこの種の複雑な不正義を「構造的不正義」と呼ぶ。個人の選択や資質ではなく、ある人びとが結果的に困難な状況に追いこまれ得る立場を作る、社会的な構造に関する不正義である。

サンディのような状況について、ほとんどの人びとが、直感的になにかが間違っていると応えるだろう。しかし、なにが間違っているのか、そして、誰にその責任があるのか。ここでの不正とは、構造的不正義である。(24)

構造的不正義とは、社会のなかで一方では、人びとが自分の潜在能力を発揮でき、(25)他方では、べつの人びとが潜在能力を発揮・行使するのが難しくなる状況を指している。言いかえれば「ある構造が、ある人びとには可能性を開き、べつの人びとには可能性を制限する」という、かたよった利益配分を生じる構造の問題が、構造的不正義である。

地域はつながりあっている

構造的不正義の見方には、おそらくフェミニズム的に大きな意義がある。社会の構造から男性が特権階級的に利益を（無自覚に）得て、その他の人びとの剝奪と支配に加担しているという、構造の表裏による社会の不正義を、あざやかに示すからである。

こうした構造的不正義の視点には、観光や地域の問題にも通用する力があると思われる。たとえば東京の豊富な経済力は、空間的に言えば、東京一極集中という構造の産物である。東京には、埼玉・千葉・神奈川の三県を中心に、多くの地域からの通勤者がいる。東京の大学や学校に通っている人もそうだし、東京には移住してきた人や、その子孫も多い。物品もそうである。さまざまな地域で作られた物品が、東京に集められ、売られている。東京でつかわれる電力も、地方の発電所に依存している。

東京の人びとの生活は、その他のさまざまな地域の人びとに支えられて成立している。それと表裏一体にして、地方圏や農村部を中心に、東京に人口や労働機会、投資や消費の場を奪われている多くの地域がある。[26][27]東京の強みや魅力は、いわば「集められていること」、あるいは「剝奪していること」である。

観光もおなじである。ある有名な地域に観光客が集まるのは、その地域だけの力ではない。それぞれの観光客が住んでいる地域や、宿泊施設で働く人びとの通勤圏、飲食店に素材を提供する農村など、海外も含む、その観光地に関わっているさまざまな地域との結合関係のなかで、観光という現象は成立している。

地域は、本来的につながりあっている。――その「つながり」の構造が、観光においては必然的に、最終的に経済が活性化する地域と、そうでない地域を生み出してしまう。

地域と観光をめぐる構造的不正義

この、ある地域には経済成長や人口の確保を、べつのある地域には経済の衰退や人口減少をもたらしている構図には、不利益を被っている地域にとっての構造的不正義がある。

すなわち地域に対して、政府や政策が観光の活性化という「自助努力」を求めたところで、それぞれの地域が観光でどれだけ「稼げる」かには、一定の束縛的な構造がある。それゆえその構造は、あまねく地域が「観光による経済の活性化」というミッションを与えられたとき、特定の少数の地域には経済の活性化をもたらし、その他の多くの地域には、経済の衰退や、国土や文化の劣化をもたらす。つながりあった地域どうしの構造は、偏った利益配分を生じている。観光をめぐる地域格差の悪化は、構造的不正義の結果である。

ヤングは、構造的不正義に直面したときには、自分がその不正義に、いかに加担してしまっているかを考えるべきだと語りかける。

> わたしたちは、つぎのようにも問うべきなのである。自分たちの行為によって、他者に比べて限られた選択肢しかもてないような特定の立場にある人びとが、剝奪と支配に曝されやすくなってしまうような構造上のプロセスに加担していないかどうか、しているとすれば、いかにして、と。(28)

地域や観光をめぐる「構造的不正義への加担」とは、あまねく地域に「自助努力」による観光の活性化をめざさせて、それでうまくいかないのは「自己責任」だとする考え方に、無批判に与することであろう。

だから地域の不成功を「自己責任」で片づけるのは不正義への加担である。地域どうしが相互結合的である以上、「平等な自助努力」は成立しない。こうした不正義を助長する考え方を避け、社会が地域どうしのつながりのなかで成立していることを想像し、理解するのは、構造的不正義を多少なりとも改善する、私たちの重要なステップだろう。

3　地域の責任と自由を考える

うまくいかない地域に責任はないのか？

だが、じつはそこに疑問がある。

地域が観光や経済で成功するかは、多かれ少なかれ、その地域がどういう環境にあるかという前提条件――本質的には、それを決める「運」――に左右されている。地域の失敗や不成功を「自己責任」で片づけるのが不正義なのは、「運」が関わるからである。だから「うまくいかない責任を地域が負う必要はないのだ」と、地域の責任を否定するのは、リベラルというか、寛容で進歩的かもしれない。

しかしながら、そこで免じられる「責任」とはなんだろうか。もし「自己責任」が免責されるとしたら、それは地域にとって、なにを意味してしまうだろうか。

責任は、政治哲学の中心的なテーマのひとつである。

サンデルの教え子で気鋭の若手政治哲学者、ヤシャ・モンク（一九八二―）は、著書『自己責任の時代』で、責任の概念を「運」の視点から興味深く論じている。彼は、現代の「責任」には懲罰的な意味が含まれているとする。

この何十年かの間、責任の概念は懲罰的な核へと収斂してきた。今日では通常、責任に訴えることは、正しく責任あるふるまいを――懲罰という脅しをちらつかせながら――人に強いる方法なのである。[29]

その典型例が「自己責任」である。

ある人が好ましくない結果に直面したとき、もしそれを自分で招いたなら「自己責任」であり、その人は公的な援助を請求する権利が狭められることになる。自分で招いてなければ大丈夫。一般的な自己責任論ではこうして、「ある人が公的援助を受けるに値するかどうかは、（おそらく）当人みずから困窮に陥ったとみなせるか否かという先行問題にかかっている[30]」と考える。

「自己責任」なんて存在しない？

こうした自己責任論の弱点は、ある結果を「自分で招いたのか」を簡単には判別できないという、シンプルな現実である。

ある人が貧困に陥ったとして、それは本人が資格取得や入学試験、就職活動で努力しなかったからかもしれない。だが、そもそも努力できるような家庭環境に恵まれなかったという「不運」のせいかもしれないし、逆に恵まれすぎて努力できなかったという「不運」かもしれない。また、どんなに努力したって、突然の病気や事故、災害といった「不運」で仕事を失うかもしれない。

ならば自己責任の有無は、運ではない部分で判別すればよいのではないか。いや、それも不可能である。モンクは運と責任の関係を、パラドクス的に説明する。

ある人が、みずからの行動の責任を完全にとれるとする。ならばそれは、その人がみずからの行動の裏づけとなる才能や学力などを、自分で完全に身につけたことになる。とするならば、その才能や学力もまた、過去の自分が完全に自力で得た結果である。その過去の自分の力も、そのまた過去の自分が完全に自力で得て……というように、問うべき責任は起源を求めて「無限背進」に陥ってしまう。この無限背進を止める術はなく、責任は運の問題に帰結する。

こうして運の観点から「責任」を突きつめて考えると、自己責任はおろか、「問うべき責任」というもの自体が、そもそも存在しないとわかってしまう。だから論理として、責任は問えないはずなのである。

「他者への責任」を尊重する

モンクによれば、理想論的な哲学はしばしば、こうして理詰めで責任を否定し、リベラル的な立場をとるという。だが彼の興味深いのは、そういう「責任否定論」にも問題があると考えるところである。

ひとつには、運の観点から責任を否定するのは、論理的には成立しても、だいぶ極端な話になる。もし責任の無限背進を手ばなしで認めるなら、いまの状況はぜんぶ神が作ったとか、「昔、ビッグバンが起きて宇宙が生まれなければ、いまのあなたの仕事の成功はなかった」のような、極端に決定論的な世界観になってしまう。そんなのは、多くの人には受け入れにくい。ビッグバンに感謝しても仕方ないし、私たちの人生は何なんだという話である。だからこそ責任否定論が説得力を持てず、懲罰的な自己責任論が幅をきかせているとも言える。

もう一つの問題は、より重要なこととして、主体性の不尊重である。「責任は問えないのだ」という立場は一見リベラルで、個人の主体性を尊重しているように見える。だがその考え方は「最初は有望そうに思えても、あっという間に個人の主体性の余地を根こそぎ否定するところにまで発展してしまう」[31]。

つまり、もし、ある人の失敗をみんな「運のせい」と考えるなら、社会において、その人の存在意義は限りなく薄くなってしまう。その人がなにをしようが、いかに主体的に努力しようが、結局みんな運なのだから、意味がない。「いったん人の行動が遺伝子構造や周囲の環境といった制御不可能な要因からどの程度影響されているかを数え上げ始めると、たちまち自我というものは溶けてなくなってしまう」[32]のである。

責任を問えないと見なすことは、その人を、主体的に行動できない存在と見なすことを意味してしまう。責任の否定には、やさしさと残酷さ、あるいは傲慢さが併存している。

だからモンクは、責任という概念の、「自己責任」のように懲罰的ではない、より前向きで協力的で主体的な側面に注目すべきだという。「他者への責任」である。

他者への責任を果たすには多種多様なやり方がある。友人や家族に思いやりをもって接するという単純な行為から深い満足を得る人もいる。一定の社会的役割、配偶者や親、ペットの飼い主としての役目を引き受けようと決意する人もいるが、そこにはこれらの役割に伴う責任が自分にとって

たいへん有意義だという思いがはたらいている。(33)

実際のところ、多くの人はそれなりのシチュエーションにおいて、主体的に「他者への責任」を果たそうとしている。責任の否定は、そんな主体的な責任も否定してしまう。

「他者への責任」は、進んで「役目」や「役割」を引きうけて他者に貢献しようという、その人なりに有意義な「したいこと」への主体性を尊重する考え方である。それは「過去のある過失の原因が自分にあるか否か」という、過去志向で懲罰志向な「自己責任」の概念とは、正反対である。(34)

地域の責任・主体性・自由を尊重する

地域の話にもどろう。

ある地域がうまくいかないのは、構造的不正義の結果である。ならば、その不利益の責任は、地域とどのような関係にあると考えるべきか。

仮に責任否定論をとって、成功しない地域にはなんら責任がないと考えるとする。その地域は悪くないことになるが、同時に、みずから多少なりとも努力して世界に貢献しようという、地域の主体性も否定される。そして、政府のさらなる不毛な介入を招いてしまう。条件の不利な地域には、自力でやっていく力がない。ならば、政府が面倒を見るしかない。政府はこれまで以上に、ますます多くの政策を考案し、ますます多くの数値目標、補助金、ガイドラインを地域に課す必要がある。地域は、より強く、政府がコントロールせねばなるまい。地域のみなさんは一丸となって、政府の決めた方法で一層に努力してください――。

地域の責任を否定すると、こうして「君たち弱者（地域）はたいしたことができないのだから、われわれ強者（政府）のほどこしを受ければよいのだ」という話になってしまう。結果、地域は実情に合わない画一的で非合理的な観光政策のもとで、さらに「自助努力」を要求される。政府のやさしくて傲慢な「救済」によって、地域は無限に疲弊していく。

だから政府はともかく、少なくとも私たちは、地域の主体性を尊重する必要がある。すなわち、たしかに地域の成功や不成功は、構造的不正義の産物である。だからその責任を「自助努力」が足らないなどと、地域の「自己責任」で済ますのは、不正義への加担である。だが同時に、「地域にはなんら責任がない」というのも、じつは危険である。私たちは、地域の主体的な「他者への責任」も尊重すべきである。それぞれの地域には、それぞれなりにできることや、したいことがあるはずだからである。

個人の自由の尊重とは、地域を理解すること

ならば、それぞれの地域は、いったいなにをしたいのか。どうなりたいのか。どういう地域でありたいのか。私たちはそれを主体的に考えるとともに、ほかの地域の人びとの考えを、よりよく理解していけないだろうか。

私たちはみな、つねに、どこかの地域のなかで生きている。ならば地域で、私たちは個人として、なにをしたいのか、どうなりたいのか。地域をどうしたいのか。なにができるのか。もし、私たちがそうした問いに答えられないなら、地域や私たちの「他者への責任」は尊重されなくなってしまうかもしれない。

答えを出すヒントは、地域にある。

本書では、人びとがどのような地域で、どのように生きてきたのかも説明してきた。筆者が説明できたのはこの社会のほんのわずかな部分にすぎない。だが、そうした「地域への理解」は、地域やそこで生きる私たちが、社会でどう在りうるのかの可能性を導き出す糸口ではないだろうか。多様な地域をいっそうに理解すれば、私たちが地域でできることも、できないことも、わかってくるはずである。それはすなわち、地域で生きる私たちの、自由の可能性と限界を理解し、尊重することである。だからその意味で、個人の自由の尊重とは、地域を理解することなのである。

私たちはいかなる地域で、いかなることができるのか、できないのか。私たちは自由な社会に向けて、こうした地域の可能性と限界を、さらに深く、広く知っていけるはずである。

4 「無理しない観光」から、「無理しない社会」へ

地域をめぐる価値と多様性を再考する

繰りかえすように、社会のあらゆる人間活動は、どこかの「地域」のなかで生じている。どの地域にも、それぞれ固有の地理的環境――その地域の自然環境や社会・経済状況、地理的位置など――がある。人間活動はみな、その地理的環境から、なんらかの影響や束縛を受ける。結果、あらゆる人間活動には必然的に「地域差」が生じる。

私たち人間の活動は、地域差という束縛のなかでやっていかざるを得ない。その束縛を超えてなにかを達成しようとすると、つまり「無理」すると、観光の場合はオーバーツーリズムや、労力のわりに活

性化しないという徒労が待っている。

だからこそ、あらゆる地域が観光で経済の活性化をめざす意味など、ないのである。それぞれの地域には、それぞれの価値がある。観光地や観光資源としての経済的価値だけが、価値のすべてではない。地域の多様性を無視して、みんなして地域を「観光による経済の活性化」というマラソンレースに参加させるのは、地域という概念を致命的に誤って理解した発想である。それは社会に矛盾をもたらしていく。

地域を考えるときに最も重要なのは、地域差が生み出す、地域の多様性である。それを理解し、尊重することが、地域を守るアルファでありオメガ——始まりであり終着点——である。私たちはいまいちど、地域の多様性を尊重できないだろうか。それは社会の多様性や豊かさ、自由を守ることにつながるはずである。

グローバル化やデジタル化で、世界がフラット化して均質化していく現代社会において、地域差の概念はきわめて重要である。一見、均質的に見えるこの世界は、多様な地域が複雑につながりあって成立している。均質化するからこそ、多様性がより重要な意味を持つ。

真に豊かな観光や社会をめざすには、無理せず、目の前の地域を理解し、尊重すればよいのではないだろうか。私たちはそうして、観光や地域の価値を、多様性のある「無理しない」かたちに考え直せると思う。

冗談みたいな世界でなにをめざすか？

「無理しない観光」には、反論もあるかもしれない。

なんて甘く無責任な考えだ。もっと努力しなければ、このままでは国も地域も維持できない。「無理しない」などと言っている余裕はない。もし「自助努力」できないなら、国の指示に従うのは当然ではないか――。

この反論はまったく間違っているのだが、それなりの含蓄もある。だから最後に一応、受け止めて考えておきたい。

まず、いまの経済は「自助努力」くらいで地域の状況を好転・維持できるほど単純ではない。たとえば、アメリカのブラックロック社は世界最大の投資運用会社である。同社は世界中から集めた資産を、「ウォールストリートのアマゾン」と呼ばれる、「アラジン」(Aladdin) という名のリスク管理システムでモニターし、同社とその顧客に巨万の富をもたらしている。モニターしている資産額、じつにおよそ一八兆ドル (二〇〇〇兆円) である。[35]

日本の二〇二一年度の国家予算は一〇六兆円、アメリカでも六六〇兆円である。いかに途方もないかがわかる。そしてCEOのラリー・フィンクは、二〇二〇年二月、日本経済新聞のインタビューで、同社の独占的なテクノロジーをつかって機関投資家と富裕層に奉仕する立場を鮮明にしている。

「アラジン」事業は六八カ国、九〇〇社を超える機関投資家を顧客として抱えている。これからの外販先として期待しているのは、富裕層の運用担当者や個人投資家だ。機関投資家向けと同じレベルのリスク管理機能を使うことで、個人も投資収益を高められるようになり、より安心な老後を迎えることができる。[36]

さらにブラックロック社は気候変動やサステナビリティに配慮しない企業への投資を見直すと声明を出すなど、一企業のレベルを超えたグローバルな政治的圧力を世界の企業にかけている(37)。

その一方で、いきなり巨額の損失が起きる事態もある。二〇二一年の三月以降、アメリカの投資会社アルケゴス・キャピタル・マネジメント社は、自身たった一社の投資の失敗で、突如、日本と欧州の金融機関にそれぞれ数千億円を損失させた。いわゆるファミリー・オフィスの危険性を周知させた「アルケゴス・ショック」である(38)。金融の極端な力が世界を動かしつつあるのは、いまの世界の現実の一側面である。

金融でいえば、日本政府も不可解である。

日銀はインフレターゲットを達成するため、二〇一〇年一二月から上場投資信託（ＥＴＦ）を、年間六兆円を基準に、一〇年以上にわたって買いつづけてきた。日銀のＥＴＦ購入は見直されたが、二〇二一年二月末の時点で、日銀保有のＥＴＦは三五・七兆円にのぼり、日銀は国内株の最大保有者になっている(39)。

地方圏を中心とした条件不利地域に、観光の活性化という「自助努力」で地域をどうにかしろと圧力がかかり、政府が年間たった一兆円程度の予算で「地方創生」などと言っていたのは、まさに日銀がＥＴＦを買いまくっていた時期である。この時期、地域の人びとが観光の活性化のために「自助努力」させられる一方、金融市場は当然、日銀が機械的にＥＴＦを買ってくれるから活況がつづいた。おかげで、外資を含む機関投資家や富裕層たちは一般に得をしてきたのである。

日銀が何兆円も金融商品を買って経済的特権階級たちに富をもたらしてきたのに、なぜ地域の経済は、地域の人びとが無理して「自助努力」で活性化せねばならないのか。もし本当に地域の維持が重要かつ困難なら、そのお金を地域に出せばよかったではないか。そう思う人は、少なくなかろう。手が届かない場所で巨大な金融資金が流動して、富裕な特権階級がマネーゲームで得をする――あるいは世界経済をもっとめちゃめちゃにする――一方で、観光の活性化で地域を盛りあげよ、「自助努力」で地域の経済を再生せよというのは、いったい、どういうことなのか。少なくとも筆者には、まったく意味がわからない。

「観光の『自助努力』による経済の活性化」を主張する人びとは、このどうしようもなく徒労で冗談みたいな金融資本主義の世界を、どう考えているのだろうか。それでも地域の経済を観光の「自助努力」で活性化させようというのは、明らかに無理がある。

「無理しない」では無理だとしたら?

繰りかえすように筆者の立場は、社会を豊かにし、地域を守るには「無理しない観光」をめざそう、である。だが、柔軟に考えることもできる。あえて反対の「『無理しない』では、地域も国も維持できないのだ」という立場に立つと、どういう思考になるか。

出てくるのは解決策ではなく、つぎのようなシンプルな疑問である。

もし無理して、つまり、いままでのように大量の補助金の申請書を作って、地域のことを知らない外部の「有識者」を連れてきて、富裕層のために生産性の低い観光サービスで工夫してがんばって、それで格差を広げてまでして、それで維持される国とか地域は、私たち個人にとって、そんなに大切なものなのだろうか。

すなわち、それで維持される「国」や「地域」とは、具体的にはなんなのだろうか。

政府から言われたとおりに、みんなでおなじことをやって（やらせて）、それで喜ぶのはだれなのか。地域の人びとが観光で無理させられるのは、具体的に、だれのためなのか。

こういう疑問も出てくる。

個人や地域は、国が維持されなければ、成立しないのだろうか。もしそうだとしたら、そうなっている仕組みの方が問題ではないだろうか。なぜ個人や地域は、国より優先されないのだろうか。

人口減少や高齢化、過疎化、東京一極集中、財政悪化、格差と不平等の拡大といった、国の長年にわたる失政――より具体的には政府中枢をほぼ独占してきた、経済的に恵まれた同質的な老齢男性たちの失政――を、なぜ、女性や外国人労働者、若い世代を含む多様な地域の多様な人びとが、観光の活性化という「自助努力」でサポートしてあげねばならないのか。国や地域は、あるいは観光は、だれのためのものだろうか。

これらの疑問に、筆者はまだ答えを持っていない。

持っているのは問いだけである。だがその答えが、だれにでも受け入れられるかたちではっきりしなければ、わざわざ無理して努力する意味を認めるのは難しいだろう。

「無理しない観光」から、「無理しない社会」へ

少なくとも、いまの時代、個人の論理よりも国の論理を優先すべきだ、個人よりも国が大切だ、国のために個人は努力すべきだ、といった発想を、限りなく意味不明だと考える人は少なくないのではないだろうか。地域の価値の多様性を再考するのは、さらに踏みこめば、これからの国―地域―個人の関係のなかで、地域や個人の自由を最大限に尊重する方法を考えることである。

地域格差と社会格差の拡大、富裕層が得しつづけるシステム、デジタル化による新たな支配と搾取、地方自治体を縛りつける中央集権的な政治、「自助努力」や「自己責任」を求める新自由主義的イデオロギー。本書で論じてきたこうした社会の歪みは、観光をいびつにした。

しかし、だからこそ、観光の歪みを見つめれば、社会がめざすべき未来もよくわかる。現代の観光は、この社会が、いかに壊れつつあるかを表している。観光は、壊れつつある社会の写し鏡である。「無理しない観光」をめざすのは、「無理しない社会」をめざすことを意味している。

また本書は、ただ観光を絶望視してきたわけではない。

観光を生かした人びとの自由なネットワーク化や、地域のパラダイムの再構築による経済の活性化、地域の暮らしやすさ、景観、文化、国土を守る観光など、本来の自由な観光には多様な価値がある。それらを守る「無理しない観光」は、多様な価値を守れる「無理しない社会」につながっていく。本書が示してきた「無理しない観光」のすがたは、めざすべき社会の未来像の一面である。

国とは、地域とは、個人とはなにか。自由や豊かさとはなにか。こうした問題はいま、観光と分かちがたく結びついている。「無理しない観光」をめざす方法は、自由で、無理のない社会をめざす方法でもあるだろう。

注

（1）　47NEWS「トルコのノーベル賞作家が怒っている理由とは？　オルハン・パムク氏　コロナ禍で考えた

人生、アヤソフィアのこと」https://nordot.app/676385249571947617?c=39546741839462401　二〇二一年八月二一日アクセス。

(2)　とはいえ、本書で論証してきたように、もしパンデミックがなかったとしても、オリンピック・パラリンピックをきっかけに訪日外国人がたくさんやってきたところで、地域格差が悪化するだけである。

(3)　「バフェット氏の投資会社、赤字五兆円超　航空株全て売却」、『朝日新聞』二〇二〇年五月三日。

(4)　「グーグルCEO「世界は戻らない」　デジタル化加速予測」、『朝日新聞』二〇二〇年四月二九日。

(5)　そもそも観光は、余暇時間や隙間時間の使用方法のひとつにすぎない。すでに現代先進国ではゲームやSNS、動画サイトや音楽配信サービスなど、オンライン上での娯楽や「ひまつぶし」をふくめて、さまざまな産業やサービス間での「時間の奪いあい」が激化している。件の発言はCEOとしてオンラインサービスを提供する経済的意義を強調するポジショントークではあるが、安価なオンライン上の消費や娯楽のさらなる拡大は、観光の逆風になるかもしれない。

(6)　アーリ（二〇一五）二四頁。

(7)　厳密に言えば、アーリは今回のパンデミックの事態そのものは予見していない。だが観光がこうした事態を招きうるリスクは確実に指摘されていた。

(8)　サンデル（二〇二一）一二一―一二三頁。

(9)　サンデル前掲、一三三頁。

(10)　ローリングストーン「ブライアン・イーノが語る、ポストコロナ社会への提言とこれからの音楽体験」https://rollingstonejapan.com/articles/detail/35164/1/1/1　二〇二一年八月二一日アクセス。

(11)　トルドー首相は、過去の人種差別的行為や女性への圧力で批判されている。CNN「カナダ首相、差別的な化粧を再度謝罪　回数は「分からない」」https://www.cnn.co.jp/world/35142908.html、AFP「トルドー首相、女性議員に敵対的態度か　カナダ首相府は疑惑否定」https://www.afpbb.com/articles/-/3215023　いずれも二〇二一年八月二一日アクセス。

(12)　エコノミスト（日本経済新聞）「豊かな国はワクチン備蓄やめよ」https://www.nikkei.com/article/DGXZQOGM160FP0W1A510C2000000/　二〇二一年八月二一日アクセス。

(13) "The Future of Travel" https://preview.shorthand.com/23Faqrgvpquovd4i、ビジネスインサイダー「裕福なミレニアル世代が旅行業界の救世主…パンデミックで貯めたお金を豪華旅行に」https://www.businessinsider.jp/post-234596　二〇二一年八月二一日アクセス。

(14) ロイター「アングル：ワクチンパスポートは航空業界の「救世主」になるか」「コラム：コロナの出口戦略、ワクチンパスポートが重要な手段に＝熊野英生氏」https://jp.reuters.com/article/vaccine-aviation-idJPKBN2CE0F7、https://jp.reuters.com/article/column-hideo-kumano-idJPKCN2DB0LO　いずれも二〇二一年八月二一日アクセス。

(15) ＣＮＮ「イタリア、隔離なしで観光客受け入れ　日本も対象に」https://www.cnn.co.jp/world/35170794.html　二〇二一年八月二一日アクセス。

(16) つまりこれからも世界は観光で富裕層のお金を奪いあう。そして一般に富裕層は、みずからのお金を奪いあわれると、観光の活性化で金融資産の価値が増大するので、結果として経済的に得をしやすい。観光のマッチポンプである。

(17) 地域格差に関しては報道でも問題が顕在化した。たとえば二〇二〇年一〇月一五日の朝日新聞や同一六日の日本経済新聞では、「ＧｏＴｏトラベル」事業において全国を十三地域にわけた「地域枠」の予算設定をめぐり、旅行会社や旅行者間で混乱が生じ、国土交通大臣が「地域枠」の適用を当面見あわせることを発表したことが報じられた。

(18) 「「ＧｏＴｏイート」事業の闇　大手予約サイト優遇店から「送客手数料」」、『しんぶん赤旗　日曜版』二〇二〇年一一月一日。

(19) 田中（二〇二一）および、観光庁「アフターコロナにおける観光マーケットの傾向と本質的課題解決への事例集」ＪＴＢ総研「アフターコロナの世界を見据えて、構想すべき未来とは~雪国観光圏代表理事・株式会社いせん代表取締役　井口智裕氏に聞く~」https://www.tourism.jp/tourism-database/column/2020/04/post-covid19/、「【特別寄稿】アフターコロナの観光復活 ~北海道十勝地区での回復のシナリオと未来~」、https://www.tourism.jp/tourism-database/column/2020/05/after-covid19/、国土計画協会「ウィズ／アフターコロナ時代の生活者の意識変化と観光復興による地域活性化のあり方」https://www.kok.or.jp/project/pdf/

lecture_20201208.pdf、日本交通公社「ポストコロナを見据えた観光地イノベーションの方向性」https://www.jtb.or.jp/wp-content/uploads/2020/11/2020kouza_kougiroku_kougi5.pdf、いずれも二〇二一年八月二一日アクセス。

(20) 石森(二〇二〇)一頁。

(21) ウルフ(二〇一六)二六二頁。

(22) 食道がんにより五七歳で逝去。

(23) ヤング(二〇一四)六二—六三頁の要約。

(24) ヤング前掲、六四頁。

(25) ここでいう「潜在能力」は、経済学者アマルティア・セン(一九三三—)の不平等論における「潜在能力アプローチ」を前提としている。詳しくはセン(二〇一八)を参照。

(26) 問題の焦点がわかりやすいようにやや単純化して説明したが、現実はもう少し複雑であろう。たとえば地方の地域は、東京に人口や消費機会を奪われているかもしれないが、その地域で生産した商品を東京で販売することで利益を得ていることもあり、その意味で相互依存的である。ただし総体としてはやはり東京からの「剥奪」の力の方が、東京が地方に利益する力よりも大きいだろう。だが問題をややこしくするのは、その剥奪と利益のパワーバランスは、厳密に把握しようとすると、あまりに複雑になることである。その意味で、厳密にパワーバランスが「どうなっているか」も重要だが、ここではより単純化して、またヤングの理論を援用する意味で「どう見るべきか」を重視した説明を試みた。

(27) こうした「東京への通勤圏」のように、複数の地域が結びついて、ある機能を成立させている空間的な範囲のことを、地理学では「機能地域」(Functional region)と呼ぶ。他方で、宿泊施設が集まる観光集落や、田畑が広がる農業地域、ビルが並ぶオフィス街など、おなじような性質を帯びた、等質で連続的なひとまとまりの地域を「等質地域」(Uniform region)と呼ぶ。おそらく一般的に「地域」という言葉が指すのは、どちらかといえば等質地域であろう。また、等質地域は景観としてひとつのまとまりになるので、見た目で認識しやすい。一方で機能地域は、地域どうしの関係の概念なので、目で見ることはできず、概念的な理解がなければ認識しにくい。しかし機能地域の概念は、地域がいかに本質的に相互結合的で、地域どうしがいかに有機的に結びついてこの世界の秩序を作っているのかを説明できる。
(28) ヤング前掲、一〇三頁。
(29) モンク（二〇一九）二一頁。
(30) モンク前掲、一九―二〇頁。
(31) モンク前掲、一七頁。
(32) 同右。
(33) モンク前掲、一五九頁。
(34) この考え方は、たぶん、あまり斬新な発想ではなかろう。だがモンクが言うのは、こういう本来あった責任の意義を、もっと大切にすべきではないだろうかということである。
(35) フォーブス「「ウォールストリートのアマゾン」ブラックロックの秘密兵器」https://forbesjapan.com/articles/detail/20945 二〇二一年八月二一日アクセス。
(36) 「米ブラックロックCEOラリー・フィンク氏――資本主義、次の進化促す」、『日本経済新聞』二〇二〇年二月八日。
(37) ブラックロック「金融の根本的な見直し」https://www.blackrock.com/jp/individual/ja/about-us/larry-fink-ceo-letter-2020 二〇二一年八月二一日アクセス。
(38) ブルームバーグ「アルケゴスで試練、6兆ドルのファミリーオフィスが反撃を準備」https://www.bloomberg.co.jp/news/articles/2021-04-23/QRZ0DBT0AFBB01 二〇二一年八月二一日アクセス。「アルケゴスショックで明暗――日欧勢、共同歩調で傷深く、「早く処理」米系、大打撃回避」、『日本経済新聞』二〇二一年四月一七日。
(39) 「日銀、ETF購入柔軟に、年六兆円目安、削除案が浮上、株高で買い入れ見送り。」、『日本経済新聞』二〇二一年三月一三日。

おわりに

本書のもとになった研究は、観光の経済効果に対する疑問からはじまった。序章で書いたように、観光は経済の活性化と引きかえに、さまざまなリスクをもたらすという。だが、そもそも観光の経済効果は本当に大きいのか。そこには地域格差があるのではないか。筆者はその空間的な一般法則を導き出そうとした。

パンデミックが起きたのはその矢先である。

地理学者は、事象の空間的な集中と分散に敏感である。中国の武漢市に集中していたパンデミックが全世界に分散する（すでにしている）のは、すぐにわかった。そして、とくに大きな影響を受ける観光は、そのあり方が問い直されると考えた。そこで研究も一般法則の解明ではなく「観光政策がいかに格差を悪化させているか」という応用的な方向に進め、いくつかの論文を発表した。

それが一段落した頃、前著『自由の地域差』をご覧くださったミネルヴァ書房東京の編集部より、観光に関する書きおろしでの単著執筆のオファーを受けた。以後、編集部と企画を詰め、執筆してきた。

観光の本が世に数多くあるなかで新しいものを作るには、地理学の思想を前に出すことが必要だと筆者は考えた。世界を「フラット化」させるグローバル化とデジタル化のなかで、地理学が解き明かす地域の多様性は、ますます重要になっているはずである。

地理学では学術的な厳密性と科学的な再現性が重視されることも多い。だが地理学のポテンシャルを生かせば、もっと思い切った、思想性のあるものも書けるのではないか。地理学の思想は、観光や社会をより広く、深く理解するのに役立つと思う。

本書では、観光だけでなく地理学の可能性も広げるべく、筆者なりに努力したつもりである。地理学のおもしろさや可能性を感じた方がひとりでも増えたら、私はとてもうれしい。

最後に、本企画を筆者に依頼してくださったミネルヴァ書房東京の宮川友里さん、編集をご担当いただいた本田康広さんに御礼を申し上げる。そして妻子にも日ごろの感謝を伝えよう。

二〇二一年八月

福井一喜

参考文献

序 章

麻生憲一「観光経済学の視点」、観光学評論（三）、二〇一五年。

阿部大輔「オーバーツーリズムとは何だったのか」、阿部大輔編著『ポスト・オーバーツーリズム――界隈を再生する観光戦略』、学芸出版社、二〇二〇年。

アレックス・カー、清野由美『観光亡国論』、中央公論新社、二〇一九年。

井口　貢『反・観光学――柳田國男から、「しごころ」を養う文化観光政策へ』、ナカニシヤ出版、二〇一八年。

大羽昭仁『地域が稼ぐ観光――ボクらはコトづくりでチイキのミライをつくる』、宣伝会議、二〇一八年。

大社　充『地域プラットフォームによる観光まちづくり――マーケティングの導入と推進体制のマネジメント』、学芸出版社、二〇一三年。

河井孝仁『「関係人口」創出で地域経済をうるおすシティプロモーション2.0――まちづくり参画への「意欲」を高めるには』、第一法規、二〇二〇年。

筧　裕介『人口減少×デザイン――地域と日本の大問題を、データとデザイン思考で考える。』、英治出版、二〇一五年。

後藤和子「観光と地域経済――文化観光の経済分析を中心に」、地域経済学研究（三四）、二〇一八年。

高坂晶子『オーバーツーリズム　観光に消費されないまちのつくり方』、学芸出版社、二〇二〇年。

古賀弥生『芸術文化と地域づくり――アートで人とまちをしあわせに』、九州大学出版会、二〇二〇年。

佐滝剛弘『観光公害――インバウンド四〇〇〇万人時代の副作用』、祥伝社、二〇一九年。

ジグムント・バウマン、デイヴィッド・ライアン著、伊藤茂訳『私たちが、すすんで監視し、監視される、この世界について――リキッド・サーベイランスをめぐる七章』、青土社、二〇一三年。Bauman, Z., Lyon, D. 2013. LIQUID SURVEILANCE. Popity: Cambridge.

ジョン・アーリ著、吉原直樹・伊藤嘉高訳『モビリティーズ――移動の社会学』、作品社、二〇一五年。Urry, J. 2007. MOBILITIES.

Polity.

田中輝美『関係人口をつくる――定住でも交流でもないローカルイノベーション』、木楽舎、二〇二〇年。

デービッド・アトキンソン『新・観光立国論――イギリス人アナリストが提言する二一世紀の「所得倍増計画」』、東洋経済新報社、二〇一五年。

デービッド・アトキンソン『世界一訪れたい日本のつくりかた――新・観光立国論【実践編】』、東洋経済新報社、二〇一七年。

デヴィッド・ハーヴェイ著、吉原直樹監訳『社会学の思想③ ポストモダニティの条件』、一九九九年。Harvey, D. 1990. The Condition of Postmodernity. Blackwell.

徳野貞雄「人口減少時代の地域社会モデルの構築を目指して――「地方創生」への疑念」、牧野厚史・松本貴文編『暮らしの視点からの地方再生――地域と生活の社会学』、九州大学出版会、二〇一五年。

戸崎　肇「富裕層に重点を置いた観光政策への転換」、産業総合研究（二九）、二〇一九年。

中居治郎『パンクする京都――オーバーツーリズムと戦う観光都市』、星海社、二〇一九年。

中島　恵『中国人富裕層はなぜ「日本の老舗」が好きなのか――中国インバウンド五四のヒント』、プレジデント社、二〇一八年。

二宮兼児『山奥の小さな旅館が連日外国人客で満室になる理由』、あさ出版、二〇一七年。

野田邦弘・小泉元宏・竹内潔・家中茂『アートがひらく地域のこれから――クリエイティビティを生かす社会へ』、ミネルヴァ書房、二〇二〇年。

野田邦弘「アートが地域を創造する」、野田邦弘・小泉元宏・竹内潔・家中茂『アートがひらく地域のこれから――クリエイティビティを生かす社会へ』、ミネルヴァ書房、二〇二〇年。

橋本和也「人をつなげる観光戦略」、橋本和也編『人をつなげる観光戦略――人づくり・地域づくりの理論と実践』、ナカニシヤ出版、二〇一九年。

原　忠之「米国観光立地事例より展望する日本の観光立国・地域づくりへの道標と地域活性化への試案」、観光科学研究（八）、二〇一五年。

フンク・カロリン、大塚寛子、張　楠「アート・ツーリズムにもとづく発展の可能性と課題――直島の事例から」、広島大学大学院総合科学研究科紀要（八）、二〇一三年。

牧野知弘『インバウンドの衝撃――外国人観光客が支える日本経済』、祥伝社、二〇一五年。

宮崎裕二・岩田賢編著『DMOのプレイス・ブランディング――観光デスティネーションのつくり方』、学芸出版社、二〇二〇年。

村山慶輔『観光再生――サステナブルな地域をつくる二八のキーワード』、プレジデント社、二〇二〇年。

矢ケ崎紀子「観光政策の課題――競争力のある観光産業を目指して」、サービソロジー（二）、二〇一五年。

山田香織「アートプロジェクトにおける観光文化の創造――地方開催の国際芸術祭運営に関わる人びとの協働と住民のアート実践」、橋本和也編『人をつなげる観光戦略――人づくり・地域づくりの理論と実践』、ナカニシヤ出版、二〇一九年。

山田　拓『外国人が熱狂するクールな田舎の作り方』、新潮社、二〇一八年。

安田信之助編著『地域発展の観光戦略』、創成社、二〇一九年。

リチャード・フロリダ著、井口典夫訳『クリエイティブ資本論――新たな経済階級の台頭』、ダイヤモンド社、二〇〇八年。Florida, R. 2002. The Rise of the Creative Class. Owl's Agency Inc.

第一章

小崎哲哉『現代アートとは何か』、河出書房新社、二〇一八年。

加藤幸治『サービス経済化時代の地域構造』、日本経済評論社、二〇一一年。

苅谷剛彦『追いついた近代　消えた近代――戦後日本の自己像と教育』、岩波書店、二〇一九年。

川上征雄「わが国の国土計画における観光政策の変遷に関する一考察」、地域学研究（四一）、二〇一一年。

経済企画庁国民生活局『人生８０年時代における労働と余暇』、大蔵省印刷局、一九八六年。

幸田麻里子・臺純子『会いたい気持ちが動かすファンツーリズム――韓流ブームが示唆したもの　嵐ファンに教わったこと』、流通経済大学出版会、二〇二〇年。

小原丈明「都市の発展が生むインナーシティ問題」、伊藤達也・小田宏信・加藤幸治『経済地理学への招待』、ミネルヴァ書房、二〇二〇年（A）。

小原丈明「グローバル化時代の都市と都市ネットワーク」、伊藤達也・小田宏信・加藤幸治『経済地理学への招待』、ミネルヴァ書房、二〇二〇年（B）。

塩谷英生「都道府県観光費の動向とその規定要因」、観光研究（二四）、二〇一三年。

ジグムント・バウマン著、森田典正訳『リキッド・モダニティ』、大月書店、二〇〇一年。Bauman, Z. 2000. LIQUID MODERNITY. Polity.

ジグムント・バウマン著、伊藤　茂訳『新しい貧困――労働、消費主義、ニュープア』、青土社、二〇〇八年。Bauman, Z. 1998 WORK, CONSUMERISM AND THE NEW POOR, second edition. Open University Press.

柴田浩喜「観光の経済効果と地域課題」、エネルギア地域経済レポート（四八九）、二〇一五年。

ジョルジュ・フリードマン著、小関藤一郎訳『細分化された労働』、川島書店、一九七三年。Friedmann, G. 1964. Le travail en mietres. Éditions Gallimard.

ジョン・アーリ著、須藤廣・濱野健監訳『オフショア化する世界――人・モノ・金が逃げ込む「闇の空間」とは何か？』、明石書店、二〇一八年。Urry, J. 2014. OFFSHORING. Polity.

杉本興運・菊地俊夫「日本における観光資源分布の地域的特徴」、地学雑誌（一二三）、二〇一四年。

辻　のぞみ「日本のインバウンド観光政策の変遷についての一考察」、名古屋短期大学紀要（五六）、二〇一八年。

寺前秀一「観光政策の意義と役割」、寺前秀一編著『観光学全集　第9巻　観光政策論』、原書房、二〇〇九年。

中澤高志「「地方創生」の目的論」、経済地理学年報（六二）、二〇一六年。

日本交通公社「旅行年報　二〇一九」、日本交通公社、二〇一九年。

橋本健二『アンダークラス――新たな下層階級の出現』、筑摩書房、二〇一八年。

福井一喜「美術館・博物館はどこにある？――芸術鑑賞機会の地域（格）差の分析に向けて」、社会学部論叢（二九）、二〇一九年。

マルセル・デュシャン、カルヴィン・トムキンズ著、中野　勉訳『マルセル・デュシャン　アフタヌーン・インタビューズ　アート、アーティスト、そして人生について』、河出書房新社、二〇一八年。Duchamp, M., Tomkins, C. 2013. THE AFTERNOON INTERVIEWS. Badlands Unlimited.

山田雄一・柿島あかね「観光客数と人口規模の関係――宿泊客数を対象に」、日本国際観光学会論文集（二三）、二〇一六年。

山田良治『知識労働と余暇活動』、日本経済評論社、二〇一八年。

龍　瀟「資本に依存する中産階級――西洋型社会における中産階級の現状を視点に」、社会システム研究（一八）、二〇一五年。

Kureha, M. 2010. Research trends in the geography of tourism in Japan. Japanese journal of human geography. 62.

第二章

山田良治『知識労働と余暇活動』、日本経済評論社、二〇一八年。

ウィリアム・J・ボウモル、ウィリアム・G・ボウエン著、井上　惇・渡辺守章監訳『舞台芸術──芸術と経済のジレンマ』、芸団協出版部、一九九四年。Baumol, W. J. and Bowen, W. G. 1966. Performing arts the economic dilemma. Massachusetts: The MIT Press.

松原　宏編著『現代の立地論』、古今書院、二〇一三年。

中平千彦「投資理論と観光」、中平千彦・薮田雅弘編『観光経済学の基礎講義』、九州大学出版会、二〇一七年。

加藤幸治『サービス経済化時代の地域構造』、日本経済評論社、二〇一一年。

加藤和暢『経済地理学再考──経済循環の「空間的組織化」論による統合』、ミネルヴァ書房、二〇一八年。

新名阿津子「山梨県における経営コンサルティングサービスの供給者特性──「中小企業向け公的経営指導・支援機関」と小規模ビジネスサービス業の連携に注目して」、経済地理学年報（五五）、二〇〇九年。

柴田浩喜「観光の経済効果と地域課題」、エネルギア地域経済レポート（四八九）、二〇一五年。

矢ケ崎紀子「観光政策の課題──競争力のある観光産業を目指して」、サービソロジー（一）、二〇一五年。

デービッド・アトキンソン『新・観光立国論──イギリス人アナリストが提言する二一世紀の「所得倍増計画」』、東洋経済新報社、二〇一五年。

深尾京司・金　榮慤・権　赫旭「観光産業の生産性」、日本労働研究雑誌（六一）、二〇一九年。

第三章

荒井良雄「情報化社会とサイバースペースの地理学──研究動向と可能性」、人文地理（五七）、二〇〇五年。
イーライ・パリサー著、井口耕二訳『フィルターバブル　インターネットが隠していること』、早川書房、二〇一六年。Pariser, E. 2011. The filter bubble. What the internet is hiding from you. Intercontinental literary agency.
遠藤貴美子「東京城東地域におけるカバン・ハンドバッグ産業集積の存立基盤──企業間の受発注連関とコミュニケーションの分析を通じて」、地理学評論（八五）二〇一二年。

遠藤貴美子「東京を中心とするニット製衣服産業の生産システム」、経済地理学年報（六五）、二〇一九年。

島川崇・神田達哉・青木昌城・永井恵一『ケースで読み解くデジタル変革時代のツーリズム』、ミネルヴァ書房、二〇二〇年。

清水久仁子「宿泊予約の流通変化から見る宿泊業とＯＴＡ」、日本観光学会論文集（二一）、二〇一四年。

武邑光裕・若林　恵『さよなら、インターネット――ＧＤＰＲはネットとデータをどう変えるのか』、ダイヤモンド社、二〇一八年。

デイヴィッド・ライアン著、河村一郎訳『監視社会』、青土社、二〇〇二年。Lyon, D. 2001. SURVEILLANCE SOCIETY: Monitoring everyday life. Open University Press.

中谷秀樹・清水久仁子『観光と情報システム』、流通経済大学出版会、二〇一七年。

中村　努『医療システムと情報化――情報技術の受容過程に着目して』、ナカニシヤ出版、二〇一九年。

福井一喜「群馬県草津温泉の宿泊業におけるインターネット利用の動態――宿泊施設の経営戦略に着目して」、地理学評論（八八）、二〇一五年。

福井一喜「温泉観光地における需給接合と情報流通の再編――群馬県草津温泉における宿泊業のインターネット利用の分析から」、地学雑誌（一二六）、二〇一七年。

福井一喜『自由の地域差――ネット社会の自由と束縛の地理学』、流通経済大学出版会、二〇二〇年。

藤曲万寿男「熱海温泉旅館街の現状について」、人文地理（一三）、一九六一年。

松岡慧祐『グーグルマップの社会学――ググられる地図の正体』、光文社、二〇一六年。

マニュエル・カステル著、大澤膳信訳『都市・情報・グローバル経済』、青木書店、一九九九年。Castells, M. 1999. GLOBAL ECONOMY, INFORMATION SOCIETY, CITIES AND REGIONS.

マニュエル・カステル、ペッカ・ヒマネン著、髙橋睦子訳『情報社会と福祉国家――フィンランド・モデル』、ミネルヴァ書房、二〇〇五年。Castells, M. And Himanen, P. 2002. The Information Society and the Welfare State: The Finnish Model. Oxford University Press.

マニュエル・カステル著、矢澤修次郎・小山花子訳『インターネットの銀河系――ネット社会のビジネスと社会』、東信堂、二〇〇九年。Castells, M. 2001. The Internet Galaxy: Reflections Internet Business. Oxford University Press.

森　正人「スマートなるものと確率化される現実社会――人と物のデジタル的管理への批判的視角のために」、観光学評論（六）、二〇一八年。

第四章

アイザイア・バーリン著、小川晃一・小池銈・福田歓一・生松敬三訳『自由論』、みすず書房、二〇一〇年。Berlin, I. 1969. Four essays on liberty. Oxford university press.

アラン・シュピオ著、橋本一径・嵩さやか訳『法的人間　ホモ・ジュリディクス——法の人類学的機能』、勁草書房、二〇一八年。Supiot, A. 2005. HOMO JURIDICUS. Éditions du Seuil.

アラン・シュピオ著、橋本一径訳『フィラデルフィアの精神——グローバル市場に立ち向かう社会正義』、勁草書房、二〇一九年。Supiot, A. 2010. L' Esprit de Philadelphie. La justice sociale face au marché total. Éditions du Seuil

大羽昭仁『地域が稼ぐ観光——ボクらはコトづくりでチイキのミライをつくる』、宣伝会議、二〇一八年。

大森　彌「課税自主権」、全国町村会（Ｗｅｂサイト）、二〇〇〇年。（https://www.zck.or.jp/site/column-article/4967.html）

梶田　真「地方交付税の配分構造からみた戦後地方行財政の特質——少人口自治体に焦点を当てて」、地理学評論（七六）、二〇〇三年。

梶田　真「小人口町村に対する地方交付税削減策の展開とその解釈——市町村合併政策との関係を中心に」、地理学評論（八一）二〇〇八年。

梶田　真「地域間の財政力格差と財政トランスファー」、神谷浩夫・梶田真・佐藤正志・栗島英明・三谷薫編著『地方行財政の地域的文脈』、古今書院、二〇一二年。

梶田　真「地理学の公共政策への応用」、竹中克行編著『人文地理学への招待』、ミネルヴァ書房、二〇一七年。

京都市行財政局税務部税制課「京都市宿泊税について」、都市とガバナンス（三一）、二〇一九年。

佐藤一光「税源移譲の理想と現実——課税自主権行使による地方財源充実の困難性」、都市とガバナンス（三二）、二〇一九年。

ジョン・グレイ「序論」、ペルチンスキー・Z・A、グレイ・J編、飯島昇藏・千葉眞訳『自由論の系譜——政治哲学における自由の観念』、行人社、二〇〇六年。Gray, J. 1984. Introduction. Pelczynski, Z. and Gray, J. ed. 1984. Conceptions of liberty in political philosophy. The athlone press.

デービッド・アトキンソン『新・観光立国論——イギリス人アナリストが提言する二一世紀の「所得倍増計画」』、東洋経済新報社、二〇一五年。

デヴィッド・グレーバー著、酒井隆史訳『官僚制のユートピア——テクノロジー、構造的愚かさ、リベラリズムの鉄則』、以文社、

二〇一七年。Graber, D. 2011. The Utopia of Rules. On Technology, Stupidity, and the Secret Joys of Bureaucracy. Melville House.

馬場　健「公共サービスと行政サービスについての整理」、法政理論（三九）、二〇〇七年。

平田徳恵「先進観光地における評価指標の設定についての分析――地域ブランディングの視点から交流という地域資源に着目して」、観光科学研究（一〇）、二〇一七年。

前田高志「地方公共団体の課税自主権――法定外税を中心として」、産研論集（三七）、二〇一〇年。

宮崎雅人「「平成の大合併」における市町村合併要因の分析」、四方理人・宮崎雅人・田中聡一郎『緊縮財政下の公共政策』、慶應義塾大学出版会、二〇一八年。

矢ケ崎紀子『インバウンド観光入門――世界が訪れたくなる日本をつくるための政策・ビジネス・地域の取組み』、晃洋書房、二〇一七年。

山田雄一・柿島あかね「観光客数と人口規模の関係――宿泊客数を対象に」、日本国際観光学会論文集（二三）、二〇一六年。

山田雄一「観光振興財源について」、都市とガバナンス（三二）、二〇一九年。

若森みどり「新自由主義時代における市場社会の危機と甦るポランニー」、季刊経済理論（五〇）、二〇一三年。

若森みどり「シュンペーターとハイエク――社会主義への前進と新自由主義的逆転」、立教経済学研究（七〇）、二〇一七年。

第五章

青山裕子、ジェームズ・T・マーフィー、スーザン・ハンソン著、小田宏信・加藤秋人・遠藤貴美子・小室　譲訳『経済地理学キーコンセプト』、古今書院、二〇一四年。Aoyama, Y., Murphy, J. T., Hanson, S. 2011. KEY CONCEPTS IN ECONOMIC GEOGRAPHY. SAGE Publications Ltd.

東　浩紀『ゲンロン〇――観光客の哲学』、ゲンロン、二〇一七年。

アナリー・サクセニアン著、本山康之・星野岳穂監訳『最新・経済地理学――グローバル経済と地域の優位性』、日経BP、二〇〇八年。Saxenian, A. 2007. The New Argonauts: Regional advantage in a global economy. Massachusetts: Harvard University press.

参考文献

飯塚浩二「解題」、ブラーシュ著、飯塚浩二訳『人文地理学原理　上巻』、岩波書店、一九三九年。Vidal de la Blache, P. 1922. Principles de géographie humanie.

飯塚浩二「地理学の方法論的反省――特に人文地理学のために」、飯塚浩二『飯塚浩二著作集　六　人文地理学説史　地理学批判』、平凡社、一九七五年。

飯塚　遼「ルーラルツーリズムとしてのウィスキーツーリズムからみたスコットランド・クライゲラヒ村」、飯塚遼・菊池俊夫著『観光地誌学――観光から地域を読み解く』、二宮書店、二〇二一年。

市川康夫『多機能化する農村のジレンマ――ポスト生産主義後にみるフランス山村変容の地理学』、勁草書房、二〇二〇年。

大橋めぐみ「日本の条件不利地域におけるルーラルツーリズムの可能性と限界――長野県栄村秋山郷を事例として」、地理学評論(七五)、二〇〇二年。

小口千明「海水浴」、白坂蕃・稲垣勉・小沢健市・古賀学・山下晋司編『観光の辞典』、朝倉書店、二〇一九年。

菊池俊夫、兼子　純、田林　明、仁平尊明、トム・ワルデチュック「バンクーバーカウティンバレー地域における農資源の活用――ワイナリーを基軸とした都市―農村強制システムの構築」、田林明編著『カナダにおける都市―農村共生システム――農村空間の商品化と地域振興』、農林統計出版、二〇二〇年。

川端基夫『立地ウォーズ――企業・地域の成長戦略と「場所のチカラ」』、新評論、二〇〇八年。

呉羽正昭「群馬県片品村におけるスキー観光地域の形成」、地理学評論(六四)、一九九一年。

呉羽正昭「スキー」、白坂蕃・稲垣勉・小沢健市・古賀学・山下晋司編『観光の辞典』、朝倉書店、二〇一九年。

白坂蕃・稲垣勉・小沢健市・古賀学・山下晋司編『観光の辞典』、朝倉書店、二〇一九年。

白坂蕃「観光の定義」、白坂蕃・稲垣勉・小沢健市・古賀学・山下晋司編『観光の辞典』、朝倉書店、二〇一九年。

関　哲行『前近代スペインのサンティアゴ巡礼』、流通経済大学出版会、二〇一九年。

外枦保大介「進化経済地理学の発展経路と可能性」、地理学評論(八五)、二〇一二年。

手塚　章「フランスにおける農村地理学の動向」、地学雑誌(八九)、一九八〇年。

中村文宣、神谷隆太、大谷万里絵、鈴木将也、福井一喜、山下清海「日立市の機械金属工業における中小企業の自立化」、地域研究年報(三四)二〇一二年。

野澤秀樹『ヴィダル＝ド＝ラ＝ブラーシュ研究』、地人書房、一九八八年。

野尻　亘「進化経済地理学とは何か」、人文地理（六五）、二〇一三年。

平野紗季子『生まれた時からアルデンテ』、平凡社、二〇一四年。

福井一喜「東京のベンチャーＩＴ企業をめぐる情報技術者コミュニティの役割——東京の大規模会合の分析を通して」、経済地理学年報（六二）、二〇一六年。

福井一喜『自由の地域差——ネット社会の自由と束縛の地理学』、流通経済大学出版会、二〇二〇年。

ブラーシュ著、飯塚浩二訳『人文地理学原理　下巻』、岩波書店、一九九一年。Vidal de la Blache, P. 1922. Principles de géographie humanie.

武者忠彦「空き不動産と地方都市再生の人文学」、箸本健二・武者忠彦編『空き不動産問題から考える地方都市再生』、ナカニシヤ出版、二〇二一年。

山村順次『新版　日本の温泉地——その発達・現状とあり方』、日本温泉協会、一九九八年。

山本俊一郎「東京都台東区履物産地における高付加価値生産システムの再構築」、地理学評論（七八）、二〇一五年。

與倉　豊「産業集積地域におけるインフォーマルネットワークの構築と役割——静岡県浜松地域を事例として」、E-journal GEO（七）、二〇一二年。

米田和史「社交と観光」、流通経済大学社会学部論叢（二〇）、二〇一〇年。

Aoyama,Y. 2009. Entrepreneurship and regional culture: the case of Hamamatsu and Kyoto, Japan. Regional Studies, 43.

Granovetter, M. S. 1973. The Strength of Weak Ties. American Journal of Sociology. 78.

Fukui, K. 2016. Local Potential Fostering IT Venture Companies: An Analysis of Programming-Community in Japan. University of Tsukuba.

第六章

井出　明『ダークツーリズム拡張——近代の再構築』、美術出版社、二〇一八年。

卯田卓矢「比叡山における鉄道敷設と延暦寺」、歴史地理学（五七）、二〇一五年。

遠藤英樹「真正性」、遠藤英樹・橋本和也・神田考治編著『現代観光学——ツーリズムから「いま」がみえる』、新曜社、二〇一九年。

大橋めぐみ「日本の条件不利地域におけるルーラルツーリズムの可能性と限界――長野県栄村秋山郷を事例として」、地理学評論（七五）、二〇〇二年。

金　延景「東京都新宿区大久保地区における韓国系ビジネスの機能変容――経営者のエスニック戦略に着目して」、地理学評論（八九）、二〇一六年。

金　延景「若者であふれるエスニックタウン――韓流ブームと大久保コリアタウンの形成」、杉本興運・磯野　巧編著『若者と地域観光――大都市のオルタナティブな観光的魅力を探る』、ナカニシヤ出版、二〇二一年。

久木元美琴「地方温泉観光地における長時間保育ニーズへの対応――石川県七尾市の事例から」、地理学評論（八三）、二〇一〇年。

葛野浩明「オーセンティシティ」、白坂蕃・稲垣勉・小沢健市・古賀学・山下晋司編『観光の辞典』、朝倉書店、二〇一九年。

鈴木富之「東京山谷地域における宿泊施設の変容――外国人旅行客およびビジネス客向け低廉宿泊施設を対象に」、地学雑誌（一二〇）、二〇一一年。

鈴木涼太郎「文化の商品化」、白坂蕃・稲垣勉・小沢健市・古賀学・山下晋司編『観光の辞典』、朝倉書店、二〇一九年。

関　哲行『前近代スペインのサンティアゴ巡礼』、流通経済大学出版会、二〇一九年。

高木彰彦『日本における地政学の受容と展開』、九州大学出版会、二〇二〇年。

千葉昭彦「世界遺産と地域経済――平泉の観光・まちづくりを対象として」、経済地理学年報（六〇）、二〇一四年。

デービッド・アトキンソン『新・観光立国論――イギリス人アナリストが提言する二一世紀の「所得倍増計画」』、東洋経済新報社、二〇一五年。

デービッド・アトキンソン『世界一訪れたい日本のつくりかた――新・観光立国論【実践編】』、東洋経済新報社、二〇一七年。

野澤千絵『老いる家　崩れる街――住宅過剰社会の末路』、講談社、二〇一六年。

橋本和也「観光者の観光経験」、遠藤英樹・橋本和也・神田孝治編著『現代観光学――ツーリズムから「いま」がみえる』、新曜社、二〇一九年。

廣瀬陽子『ハイブリッド戦争――ロシアの新しい国家戦略』、講談社、二〇二一年。

福井一喜、神　文也、渡邊瑛季、周　軼飛、薛　琦、中川紗智、市川康夫、山下清海「需給チャネルからみた首都圏外縁部中心市街地の商業特性――茨城県水海道地域を事例に」、地域研究年報（三六）、二〇一四年。

福井一喜、金　延景、上野李佳子、兼子　純「長野県佐久市岩村田地区における商業空間の変容」、地域研究年報（三七）、二〇一五年。

福井一喜、金　延景、上野李佳子、兼子　純「地方都市の中心商店街における新規事業の創出——長野県佐久市岩村田本町商店街の事例」、都市地理学（一一）、二〇一六年。

福永　昭「インバウンド（訪日外国人旅行）」、白坂蕃・稲垣勉・小沢健市・古賀学・山下晋司編『観光の辞典』、朝倉書店、二〇一九年。

溝尾良隆・菅原由美子「川越市一番街商店街地域における商業振興と町並み保全」、人文地理（五二）、二〇〇〇年。

矢ケ崎紀子『インバウンド観光入門——世界が訪れたくなる日本をつくるための政策・ビジネス・地域の取組み』、晃洋書房、二〇一七年。

山下晋司「文化という観光資源」、白坂蕃・稲垣勉・小沢健市・古賀学・山下晋司編『観光の辞典』、朝倉書店、二〇一九年。

渡邊瑛季「個人化する若者キャンプ——ソロキャンプの価値観とキャンプ場の対応」、杉本興運・磯野　巧編著『若者と地域観光——大都市のオルタナティブな観光的魅力を探る』、ナカニシヤ出版、二〇二一年。

終　章

アイリス・マリオン・ヤング著、岡野八代・池田直子訳『正義への責任』、岩波書店、二〇一四年。Young, I. M. 2011. RESPONSIBILITY FOR JUSTICE. Oxford university Press.
アマルティア・セン著、池本幸生・野上裕生・佐藤　仁訳『不平等の再検討——潜在能力と自由』、岩波書店、二〇一八年。Sen, A. 1992. INEQUALITY REEXAMINED. Oxford University Press.
石森秀三「地域との共存共栄の大切さ」、観光文化（二四六）、二〇二〇年。
岡田　豊「コロナ禍の観光振興」、みずほインサイト、二〇二〇年。
五木田玲子「新型コロナウイルス感染症流行下の日本人旅行者の動向——ＪＴＢＦ旅行実態調査結果より」、観光文化（二四六）、二〇二〇年。
桑波田浩之「新型コロナウイルスによる観光客の減少が青森県の経済に与える影響」、人文社会科学論叢（九）、二〇二〇年。
ジョナサン・ウルフ著、大澤律・原田健二朗訳『「正しい政策」がないならどうすべきか——政策のための哲学』、勁草書房、二〇一

六年。Wolf, J. 2011. ETHICS AND PUBLIC POLICY. Routledge.

ジョン・アーリ著、吉原直樹・伊藤嘉高訳『モビリティーズ——移動の社会学』、作品社、二〇一五年。Urry, J. 2007. MOBILITIES. Polity.

田中伸彦「ポストコロナ時代の観光のカタチ」、森林環境研究会『森林環境２０２１』、森林文化協会、二〇二一年。

マイケル・サンデル著、鬼澤　忍訳『実力も運のうち——能力主義は正義か？』、早川書房、二〇二一。Sandel, M. J. 2020. THE TYRANNY OF MERIT: What's Become of the Common Good?

真子和也「持続可能な観光をめぐる政策動向——コロナ時代の観光を見据えて」、調査と情報——ISSUE BRIEF（一一一〇）、二〇二〇年。

ヤシャ・モンク著、那須耕介・栗村亜寿香訳『自己責任の時代——その先に構想する、支えあう福祉国家』、二〇一九年。Mounk, Y. 2017. THE AGE OF RESPONSIBILITY: Luck, Choice, and the Welfare State. Harvard University Press.

山田浩久・宮原育子・櫛引素夫・林　玉恵・山口泰史・初沢敏生「Post COVID-19に向けた東北の観光戦略」、経済地理学年報（六六）二〇二〇年。

《著者紹介》

福井　一喜（ふくい・かずき）

1987年　埼玉県生まれ。
2016年　筑波大学大学院生命環境科学研究科地球環境科学専攻　博士後期課程修了。
　　　　博士（理学）（筑波大学）。
現　在　流通経済大学社会学部国際観光学科准教授。
著書に『自由の地域差　ネット社会の自由と束縛の地理学』（流通経済大学出版会，2020年）がある。

「無理しない」観光
——価値と多様性の再発見——

2022年２月28日　初版第１刷発行　〈検印省略〉

定価はカバーに
表示しています

著　者　福　井　一　喜
発行者　杉　田　啓　三
印刷者　坂　本　喜　杏

発行所　株式会社　ミネルヴァ書房
〒607-8494　京都市山科区日ノ岡堤谷町１
電話代表　(075)581-5191
振替口座　01020-0-8076

冨山房インターナショナル・藤沢製本

ISBN 978-4-623-09232-1
Printed in Japan